探寻
适合中国社会文化的
幼儿园**创造性**教育

——基于教育人类学的视角

张婕◎著

上海教育出版社
SHANGHAI EDUCATIONAL
PUBLISHING HOUSE

本研究获上海市教育发展基金会和上海市教育委员会"晨光计划"资助（项目编号：11CG27）

目　　录

第一章

绪　论

　　能够创造是人之所以为人的一大意义，创造是人类历史上各方面发展和成就的重要推动力。但人不是长大了才有创造性，而是在创造中长大。儿童并不因年龄小而沦为受人摆布的"知识容器"，儿童恰恰是因"未成熟"而成为更富有潜能和可能性的"小创造家""小发明家"。[①]创办世界上第一所幼儿园的福禄培尔（Friedrich W. A. Froebel）也提出幼儿[②]具有创造的本能，并为幼儿设计了可以促进幼儿创造性发展的恩物。诸多理论和实践也证实了幼儿是具有创造性的主体，其创造的意愿和潜能甚至令成人感到惊讶。因而如何更好地帮助幼儿发展创造性潜能，应是幼儿园教育的重要议题。在与国内外教师和学者就中国幼儿园创造性教育进行交流时，发现有对中国文化和中国教育的不同看法，同时也夹杂关于西方创造性教育理念和方法在中国是否适宜的疑问，也有"在鼓励个体独创性的创造性教育中是否还需要集体教学活动"的疑惑。这些复杂的现象对笔者产生了很多触动，也引发了进一步研究的兴趣。虽然国内外已有不少从心理学等视角对幼儿创造性教育的研究，但本研究试图结合教育人类学的视角，着重基于中国社会文化对中国幼儿园的创造性教育进行系统探讨，也尝试基于现实情况和理论分析，为我国教师实施适宜中国社会文化的幼儿园创造性教育提供一些具体建议。

① 张华.让学生创造着长大——2022年版义务教育课程方案和课程标准核心理念解析[M].北京：教育科学出版社，2022：75.
② 特指6岁以下儿童时，本书使用"幼儿"一词。但在有些语境下意指更宽泛年龄的儿童时，则使用"儿童"一词。

第一节　研究背景与意义

一、问题的提出

（一）创造性是新时代幼儿教育的重要目标

在新时代的背景下，尤其是在信息技术社会以及第四次工业革命的新冲击和新要求下，创造性（creativity，也称创造力）[①]日益被世界各国认定为未来人才应具备的关键能力之一，它作为一个核心素养，当前为各国际组织和经济体高度重视。[②]例如，美国21世纪学习联盟（Partnership for 21st Century Learning，简称P21，前身为美国21世纪技能联盟，The Partnership for 21st Century Skills）建立了在世界范围内产生广泛影响的21世纪技能框架体系，其中"创造性与创新"被列为可以让学生在21世纪获得成功的重要技能之一。经济合作与发展组织（Organisation for Economic Co-operation and Development，简称OECD）于2018年修订了此前2003年"素养的界定与选择：理论和概念基础"项目所界定的学生发展质量目标，发布了"教育和技能的未来：2030项目"（也称"OECD 2030学习框架"），其中新增了"创造新价值"这一核心素养。[③]欧盟于2018年出台的《欧洲终身学习核心素养建议框架2018》将创新创业素养列为八大核心素养之一。[④]世界经济论坛

[①] 各类文献对 creativity 的翻译有所差别，有的译"创造性"，有的译"创造力"。本研究采用"创造性"的译法，但在引用某些采用"创造力"译法的文献时，会保留原文的说法。

[②] 师曼，刘晟，刘霞，等.21世纪核心素养的框架及要素研究［J］.华东师范大学学报，2016（3）：29-37，115.

[③] 舒越，盛群力.聚焦核心素养，创造幸福生活——OECD 学习框架 2030 研究述要［J］.中国电化教育，2019（3）：9-15.

[④] 常飒飒，王占仁.欧盟核心素养发展的新动向及动因——基于对《欧盟终身学习核心素养建议框架 2018》的解读［J］.比较教育研究，2019（8）：35-43.

（World Economic Forum）于2020年发布了一份题为《未来学校：为第四次工业革命时代定义新的教育模式》的白皮书，该白皮书呼吁教育、企业、公共部门的管理者必须超越"维持现状"的思维，过渡到专为适应第四次工业革命而设计的教育系统，即"教育4.0"。教育4.0全球框架明确了"第四次工业革命时期的高质量学习"，其学习内容和学习体验具有八个关键特征，"重视创新和创造力培养"就是其中之一。

　　创造性之所以如此被强调，不仅是因为各国希望通过培养创造性来增加人才竞争力和促进社会发展，也因为创造性已成为一个人在不断发展变化的世界里、在面对不可知的未来时应具备的重要生存能力。当今世界正以惊人的速度变化着，并充满了新的技术。这种知识的膨胀引起了人们关于"如何让儿童为将来做好准备"的大量讨论。具体的事实和记忆性的知识是我们的教育体系中长期以来的主要组成部分，但对于生活在这个知识膨胀的世界中的儿童来说，这些已经不再有用。相反，儿童必须能够解决问题、灵活地思考、愿意探索尚待发现的新的学习领域。因此，如今的儿童必须是有创造性的思考者。[1]与此同时，创造性还被证明有助于其他方面的发展。例如，有研究表明，它与社会和情感因素的发展呈正相关，并且已被证明有助于获得幸福感。[2]具有创造性、结果开放的艺术活动还能帮助儿童建构自我执行功能，"因为这类活动鼓励儿童计划、评估，并调整自己的行为以达成目标"。[3]创造性所涉及的一些关键的非认知技能，如坚持性和对经验的开放性，也被证明有助于获得学业和就业中的成功。还有研究显示，创造性对个体发展成就的预测是智商的3倍。[4]

① ISBELL R T, RAINES S C. 幼儿创造力与艺术教育［M］. 王工斌，杨彦捷，王景瑶，等，译. 北京：北京师范大学出版社，2012：1.
② SELIGMAN M, CSIKSZENTMIHALYI M. Positive psychology: An introduction［J］. American Psychologist, 2000, 55(1): 5–14.
③ MAYNARD C, KETTER K J. The value of open-ended art［J］. Teaching Young Children, 2013, 7(1): 24–27.
④ PLUCKER J A. Is the proof in the pudding? Reanalyses of Torrance's (1958 to present) longitudinal data［J］. Creativity Research Journal, 1999, 12(2): 103–114.

而诸多研究和实践都显示，创造性从童年早期阶段就开始萌发。"差不多每一个孩子到了4—7岁时，在有合适环境的鼓励下，都是极富于创造性的。对于所有的孩子来说，这个阶段正是最自由的阶段。"[①]也因此，幼儿期常常被认为"是最富有创新精神的阶段"。[②]还有不少研究认为："2—6岁是创造性发展的关键期，如果不能及时加以培养，那么创造性在以后的生活中很难再被激发出来。"[③]幼儿时期的创造性不仅与未来的适应能力、发展、学习和成长呈正相关，[④]而且可以预测成年时期的创造性。[⑤⑥]"对一些在建筑方面有杰出成果和创造表现的工程师进行回溯研究，结果发现，他们在童年时期比无创造成就的工程师的创造力水平显著地高。"[⑦]因此，不少国家都非常重视促进幼儿创造性的发展。例如，英国《早期基础阶段法定框架》（Statutory Framework for Early Years Foundation Stage）就明确"创造性和批判性思维"是早期教育阶段有效学习的三个特点之一。

在国际教育比较中，中国学生往往被认为基础扎实，但是在创造性方面不足，甚至存在"短板"。[⑧]自"钱学森之问"提出以后，创造性人才培养问题更是引起了全社会的共同关注。随着社会需求的发展变化，对教育体系和方法的反思，近年来我国也将创造性培养列为教育改革的一个关键着眼点。中共中央、国务院于2016年5月印发的《国家创新驱动发展战略纲要》指出，要让创新成为引领发展的第一动力，要推动教育创新，改革人才培养

① 加登纳.艺术与人的发展［M］.兰金仁，译.北京：光明日报出版社，1988：332-333.
② 教育部基础教育司.《幼儿园教育指导纲要（试行）》解读［M］.南京：江苏教育出版社，2002：177.
③ LEHANC S. The creative child［M］. New Jersey: Practice Hall, 1979: 2.
④ GARDNER H. Art, mind and brain: A cognitive approach to creativity［M］. New York: Basic Books, 1984.
⑤ AYMAN-NOLLEY S. Vygotsky's perspective on the development of imagination and creativity［J］. Creativity Research Journal, 1992, 5(1): 77-85.
⑥ RUSS S W. Pretend play: Antecedent of adult creativity［J］. New Directions for Child and Adolescent Development, 2016(151): 21-32.
⑦ 董奇.儿童创造力发展心理［M］.杭州：浙江教育出版社，1993：45.
⑧ 臧莺.创造力是中国学生的"短板"——时报专访国际著名数学家丘成桐［J］.基础教育论坛，2012（3）：37-38.

模式，把科学精神、创新思维、创造能力和社会责任感的培养贯穿教育全过程。中共中央、国务院2019年印发的《中国教育现代化2035》在阐述"发展中国特色世界先进水平的优质教育"任务时也强调了要强化创新能力的培养。党的二十大报告提出，在"实施科教兴国战略，强化现代化建设人才支撑"部分再次强调，"必须坚持科技是第一生产力、人才是第一资源、创新是第一动力，深入实施科教兴国战略、人才强国战略、创新驱动发展战略""着力造就拔尖创新人才""坚持创新在我国现代化建设全局中的核心地位"。在课程改革方面，有学者指出，2017年普通高中课程改革和2022年义务课程改革的根本理念是"让学生创造着长大，发展每一个学生的核心素养"，我国课程与教学体系也进入了新阶段——创造阶段。① 《义务教育课程方案（2022年版）》也指出，应"注重幼儿园、小学、初中、高中各学段之间的衔接"。幼儿时期作为个体创造性发展的奠基阶段和黄金时期，该阶段的创造性教育自然被日益重视起来。与此同时，在学术研究上，我国诸多学者也一直呼吁，自主创新是幼儿的天性、天能与天权，② "培养创造精神应该从幼儿时期做起"。③ 在这样的背景下，我国对于创造性教育的重视逐渐延伸到了幼儿教育领域，并成为我国幼儿园教育改革的重心。教育部在2012年颁布的《3—6岁儿童学习与发展指南》中明确指出，要帮助幼儿逐步养成"乐于想象和创造"的良好学习品质。

（二）我国幼儿园创造性教育研究需加强对中国社会文化的探讨

在过去二十多年的教育改革中，我国的幼儿园教师正逐步从仅仅强调教授幼儿知识和技能，转向越来越多地关注幼儿创造性的培养，④⑤ 其中涉

---

① 张华.让学生创造着长大——2022年版义务教育课程方案和课程标准核心理念解析［M］.北京：教育科学出版社，2022：2-3.

② 吴康宁.自主创新：幼儿的天性、天能与天权［J］.学前教育研究，2002（4）：19-21.

③ 刘佛年.幼儿创造教育门外谈［J］.幼儿教育，1985（3）：2-3.

④ ZHU J, ZHANG J. Contemporary trends and developments in early childhood education in China［J］. Early Years, 2008, 28(2): 173-182.

⑤ LI Z, JOHNSTON A. Promoting creativity in Chinese classrooms: An examination based on educational policies［M］//WEGERIF R, LI L, KAUFMAN J. The Routledge international handbook of research on teaching thinking. London: Routledge, 2015: 168-180.

及很多教育理念、形式和方法等方面的改变和探索。由于目前我国幼儿园创造性教育尚处于摸索阶段，教师们在教育实践中存在较多问题和困惑。不少幼儿园和教师认可创造性的重要作用，并将其列为教育目标，但对创造性教育的具体指向和策略又倍感零散和模糊，期待能获得更多、更系统的指导。然而，从整个研究现状来看，当前我国幼儿创造性教育研究是名副其实的薄弱环节，有研究统计发现，学前创造教育方面的著作在我国已出版的创造教育著作中仅占0.8%。[①]而在该领域缺乏丰富研究和系统研究的情况下，以尊重和发扬中国社会文化为前提的探讨则进一步缺失。[②]有学者指出，反观这些年我国与学前创造教育研究相关的论文，不难发现，多数研究者缺乏国际视野，常常将西方教育常识视为自己的"新发现"，或忽视史料的深入挖掘，创新人才早期培养的优秀传统难以传承。[③]若以教育人类学等理论为依据，我们对教育问题的分析必须关注社会文化对教育的影响，这在创造性教育研究领域同样如此。因此，在对我国幼儿园创造性教育进行探讨时，文化背景是一个不可规避而且非常关键的分析视角。

首先，从教育人类学的视角来看，即使某个国家或文化中的教育需要变革，但"他们需要从自己的实际出发，以尊重其本土文化的方式来展开变革"。[④]和所有教育领域一样，创造性教育应该根植于它所处的社会文化，如果把源于其他文化的教育理念和方法直接纳入进来，教育实践将面临很多冲突和矛盾。创造性是在具体的文化情境中发生发展的，所涉及的思维、人格和实践是复杂的，不可避免地需要尊重隐含的文化体系、价值取向和人们的行为和思维特点等。普洛克（Plucker）、贝加托（Beghetto）和道（Dow）等将创造力定义为"能力、过程和环境之间的相互作用，个

---

① ③ 王灿明，周思雨.我国学前创造教育研究40年：回溯与前瞻［J］.教育理论与实践，2020，40（23）：19-22.
② 刘仲林.中西会通创学：两大文化生新命［M］.天津：天津人民出版社，2017：445-478.
④ 托宾.从民族志研究视角看学前教育的质量［M］//朱家雄.国际视野下的学前教育.上海：华东师范大学出版社，2007：142.

人或群体生产出的、在某个社会背景中被认为既新颖又有用的可感知产品"。① 该定义反映了创造性的社会性特征。2019年4月，经济合作与发展组织发布的《PISA 2021创造性思维框架（第三版）》也主张学生的创造性思维具有社会性特征，创造性思维的社会促成因素既包括教育方法、学校与课堂氛围，也包括文化规范和期望等更广泛的文化环境因素。毫无疑问，作为起始阶段的幼儿创造性培育也必须考虑社会文化因素。因此，致力于培养幼儿创造性能力的中国幼儿教育在借鉴国外有益的教育思想和方法时，不能照搬照抄，应加强对这些思想和方法在中国社会文化中的适宜性和本土化发展的考察。

其次，在创造性教育问题上，很多研究倾向于从障碍论的角度去思考我国的社会文化，很多实践也倾向于去改革中国的传统理念、传统文化。虽然我国幼儿园的一些观念和做法确实需要改变，但从教育人类学的视角来看，"幼儿保育和教育中的文化传统应当受到尊重和重视（这并不是说它们不应该受到批判和发生改变），学前教育实践中的国家差异和文化差异应当受到尊重，而不应被当作是某种缺陷。如若不然，则是殖民主义、种族中心主义和学术地方主义的表现"。② 正如习近平在亚洲文明对话大会开幕式上所讲的："人类只有肤色语言之别，文明只有姹紫嫣红之别，但绝无高低优劣之分。"同时，他在纪念孔子诞辰2565周年国际学术研讨会上指出："文明特别是思想文化是一个国家、一个民族的灵魂。无论哪一个国家、哪一个民族，如果不珍惜自己的思想文化，丢掉了思想文化这个灵魂，这个国家、这个民族是立不起来的。"中华文明博大精深且历来鼓励创新，因此中国的社会文化中同样有不少有助于创造性培养的观念和做法，甚至有不少理念和实践也让国外的教育者们颇受启发。因此，我们有必要尊重、发掘和发扬中国社会

---

① PLUCKER J, BEGHETTO R, DOW G. Why isn't creativity more important to educational psychologists? Potentials, pitfalls, and future directions in creativity research［J］. Educational Psychologist, 2004, 39(2): 83－96.

② 托宾. 从民族志研究视角看学前教育的质量［M］//朱家雄. 国际视野下的学前教育. 上海：华东师范大学出版社，2007：143.

文化中有价值的幼儿园创造性教育理念和方法，既谋求我们在该领域的话语权，又探寻更适合中国社会文化的本土经验。

再次，诸多民族志研究（如"三种文化中的幼儿园"和"重访三种文化中的幼儿园"等研究）揭示幼儿园教学是带有深刻文化特点的活动。当面对相似的教育情境时，不同国家的幼儿教师会采用非常不同的做法，例如：当幼儿发生冲突时，美国教师倾向于立即干预，并且鼓励有纠纷的孩子谈谈自己的感受和情绪，且不鼓励其他幼儿围观；日本教师在看到美国教师要求两个正在发生纠纷的孩子用言语表达他们的气愤情绪后感到很惊讶，[①]他们在面对幼儿冲突时倾向采用观察等待的策略，让孩子尝试独立自主地解决争议，认为这是发展幼儿创造性解决问题能力的时机；中国教师观察到幼儿自主解决冲突的事件后，常常会选择把孩子之间的冲突作为一次教育契机，带领孩子们一起讨论什么才是恰当的行为，会在言语及行为中隐性地强调和传递"和平友善""以和为贵""求同存异，和而不同"等中国传统的人文精神。这些做法都自觉遵循了隐性的文化逻辑（implicit cultural logic）。这些基于本土文化的教育理念和实践被称为"国家性的教学文化"（national teaching cultures）[②]或"具有文化性的教学法"（cultural pedagogies），[③]或"民间教育学"（folk pedagogy，布鲁纳将其定义为"从关于儿童如何学习和教师如何教学的根深蒂固的文化信仰中产生的理所当然的实践"）。[④]它们因为隐含了文化信念、价值观和实践，潜移默化地影响了幼儿对社会文化的习得和传承。中华优秀传统文化是海内外华人共有的精神家园，是中华民族生命力、凝聚力、创造力的重要源泉。因此，我们务必珍视这个"根"和"魂"。如若我们能基于包括传统文化在内的社

① 托宾，薛烨，唐泽真弓.重访三种文化中的幼儿园［M］.朱家雄，薛烨，译.上海：华东师范大学出版社，2014：119.

② ANDERSON-LEVITT K. Teaching cultures: Knowledge for teaching first grade in France and the United States［M］. Cresskill, NJ: Hampton Press, 2002: 109.

③ HAYASHI A, TOBIN J. Teaching embodied: Cultural practice in Japanese preschools［M］. Chicago: University of Chicago Press, 2015: 12.

④ BRUNER J. The culture of education［M］. London: Harvard University Press, 1996: 46.

会文化，梳理幼儿园教师有效促进幼儿创造性发展的"具有文化性的教学法"，那么也将有助于幼儿在发展创造性的同时自然习得和传承中国社会文化。

　　综上所述，在中国社会文化下探寻有效的幼儿园创造性教育，对推进我国幼儿园教育发展具有非常重要的价值。本研究试图基于教育人类学的视角，深入挖掘和分析适合中国社会文化，具有中国特色的幼儿创造性教育策略，为学前教育研究者和实践者提供一些不同的观点和可供参考的策略方法，为基于本土文化构建幼儿园创造性教育领域的中国话语体系贡献力量，丰富和拓展该领域的对话、思考、实践和研究。

二、国内外研究现状分析

　　目前已有较多文献从不同角度、不同主题、不同学科和不同对象等方面对创造性和创造性教育进行了研究和探讨。但与中小学和高等教育学段的创造性教育相比，幼儿创造性和幼儿园创造性教育的研究偏少、偏弱，国内研究少于国外研究；与其他较为成熟的学前教育研究领域相比，幼儿园创造性教育研究起步也晚。不过，近些年相关研究还是获得了较大发展，相关研究和文献的数量呈现增长趋势。从整体情况来看，目前国内外关于幼儿园创造性教育研究的内容主要集中在以下几方面。第一，关于幼儿创造性教育一般理论的研究。这类研究主要包括对幼儿创造性教育思想理论的述评，如对陶行知创造教育思想的述评，探讨幼儿创造性教育的必要性、可行性和意义，幼儿园创造性教育的含义。第二，关于幼儿创造性教育应遵循的幼儿发展特点及一般培养原则的研究，[1][2][3][4]其中有不少文献

① 董奇.儿童创造力发展心理［M］.杭州：浙江教育出版社，1993.
② 王小英.幼儿创造力发展的特点及其教育教学对策［J］.东北师大学报，2005（2）：149-154.
③ 张先敏.幼儿园3—6岁幼儿创造力培养策略研究［D］.南充：西华师范大学，2016.
④ MOHAMMED R. Creative learning in the early years: Nurturing the characteristics of creativity［M］. London & New York: Routledge, 2018.

针对创造性思维、创造性人格、创造性行为等不同要素分别展开相关特点或培养原则和策略的研究。①②第三，关于幼儿创造性培养的实验研究或干预研究，③④其中有诸多研究探讨了影响幼儿创造性发展的因素。第四，关于幼儿园创造性教育课程的研究。这类研究主要包括：关于课程整体架构和实施的研究，其中包括理念、目标、内容、具体实施策略及方式方法、评价、管理，以及具有创造性的教师培养等各方面的研究；⑤⑥⑦不同学习与发展领域的幼儿创造性培养研究，⑧其中艺术领域的幼儿创造性研究尤为居多；⑨幼儿园教师创造性教育和课程实施的行动研究及经验总结。⑩第五，关于当前幼儿园创造性教育现状的研究，包括教师的观念和实践现状、实际存在的问题与改进建议等。⑪⑫这些研究为当前幼儿园创造性教育研究奠定了较强的基础，也为幼儿园创造性教育实践带来诸多启示或可借鉴的实践经验。

① CRAFT A, CREMIN T, BURNARD P, et al. Possibility thinking: Culminative studies of an evidence-based concept driving creativity? [J]. Education 3-13, 2013, 41(5): 538-556.
② 叶平枝，马倩茹.2—6岁儿童创造性思维发展的特点及规律 [J].学前教育研究,2012（8）: 36-41.
③ ALFONSO-BENLLIURE V, MELÉNDEZ J C, GARCÍA-BALLESTEROS M. Evaluation of a creativity intervention program for preschoolers [J]. Thinking Skills and Creativity, 2013 (10): 112-120.
④ 王灿明，孙琪.学前情境教育影响儿童创造性思维发展的实验研究[J].教育研究与实验，2018（5）：41-45.
⑤ 刘学兰.儿童创造力教育的体系构建 [J].教育导刊, 1996（10）：7-9.
⑥ 袁爱玲.学前创造教育课程论 [M].北京：北京师范大学出版社，2001.
⑦ 郁亚妹.培育幼儿创造力：幼儿园"乐创教育"十年行动纪实 [M].上海：华东师范大学出版社，2020.
⑧ 王灿明，等.学前儿童创造力发展与教育 [M].南京：南京大学出版社，2016.
⑨ GUPTA A. Vygotskian perspectives on using dramatic play to enhance children's development and balance creativity with structure in the early childhood classroom [J]. Early Child Development and Care, 2008(8): 1-13.
⑩ 上海市教育委员会教学研究室.我是快乐的艺术家——高瞻课程创造性艺术活动本土化实践研究 [M].上海：上海教育出版社，2020.
⑪ LI Z, LI L. An examination of kindergarten teachers' beliefs about creative pedagogy and their perceived implementation in teaching practices [J]. Thinking Skills and Creativity, 2019(32): 17-29.
⑫ 胡文芳.幼儿园创造教育研究 [D].武汉：华中师范大学，2005.

综观近年来与幼儿园创造性教育相关的文献，已有的国内外研究呈现以下特点。

（一）幼儿园创造性教育研究大多从"去背景"的角度进行探讨

长期以来，在整个创造性研究领域，大部分研究倾向于"将创造性视为具有一套固定规律的潜在认知过程，而不管文化经验如何"。[①] "虽然有一些声音呼吁从系统的角度重新概念化创造性，但这种观点在很大程度上被一种去语境化甚至简化的方法所掩盖。研究人员和理论家正在尽其所能，将创造性问题分解成他们可以控制和测量的绝对最小的组成部分。"[②] 受此影响，在包括幼儿园学段在内的创造性教育领域，国内外的已有研究大多数也是基于忽视文化因素的发展心理学理论，以及从去背景的、应然的教育学角度进行探讨，倾向于将创造性教育视为具有普适性规律的过程，相对忽略对不同社会文化背景的考量。[③] 不过，国外关于创造性教育的新近文献越来越多地开始挑战忽略文化因素的传统观点，有研究采用实验的方法在美国和沙特阿拉伯的学前班和小学一二年级收集数据后发现，"没有通往创造性的唯一道路，在一种文化背景下走的路可能与在另一种文化背景下走的路截然不同"。[④]

我国幼儿园创造性教育研究起步较晚，自改革开放以来也引入了不少国外研究资料，这些资料对于开拓我国学者和实践者的思路起到了一定作用，但也不可避免地导致国内的幼儿园创造性教育研究"自觉吸收西方国家的相关成果"，[⑤] 或者基于学前儿童创造性的普适性发展心理学理论进行

① DAI D Y, CHENG H, YANG P. QEOSA: A pedagogical model that harnesses cultural resources to foster creative problem-solving [J]. Frontiers in Psychology, 2019(10): 833.

② HENNESSEY B A. Taking a systems view of creativity: On the right path toward understanding [J]. The Journal of Creativity Behavior, 2017, 51(4): 341-344.

③ 刘诚，许娜娜，吴恩泽.创造力：一次东西方之交汇 [M] // 刘诚，许娜娜，吴恩泽.创造力：当东方遇上西方.程励，金培，译.成都：四川人民出版社，2016：1-8.

④ HENNESSEY B A. Creative behavior, motivation, environment and culture: The building of a systems model [J]. The Journal of Creative Behavior, 2015, 49(3): 194-210.

⑤ 王灿明，周思雨.我国学前创造教育研究40年：回溯与前瞻 [J].教育理论与实践，2020，40（23）：19-22.

论述，因而大多会认同源自西方的一些理念和实践。也有少量研究通过问卷的方法考察了中国幼儿教师关于学前儿童创造力的内隐观，①②但尚没有从社会文化的角度对广大教师的内隐观进行细致而系统的剖析，且大多认为教师的理念存在需要改进的地方。

应当承认，在借鉴国外理念和实践的背景下，中国幼儿园创造性教育实践确实有了较大改变和进展。但当我们进一步分析和思考目前幼儿园创造性教育时，我们仍然会发现不少问题，教师在实施创造性教育时碰到了不少困难或疑惑。对于这些问题和困惑，已有研究倾向于从教师理念和实践无法跟上现状的角度去思考。但是，教育根植于社会文化背景，从中国社会本土文化和价值观对教育的影响出发，去探讨中国幼儿园创造性教育的现状和存在的问题，应该是一个不可规避而且非常关键的分析视角。目前，国内已有的幼儿园创造性研究大多缺乏这种分析视角，因而也影响了研究结果供实践参考的价值，以及解决实践问题的有效性。

（二）在反思西方创造性教育是否适合中国的研究中，中国幼教阶段对创造性的研究相对缺乏

虽然关于创造性教育的理论大多来自西方，③但近年来，有少量关于创造性教育的研究开始涉及对中国社会文化的初步考量，开始探讨创造性教育和学习上的文化差异，开始反思中国的理论和实践是否过多地依赖西方，或者西方的理论和实践是否适合中国，但这些研究基本上都是针对中小学或高等教育的。幼儿的创造性发展及相关教育有其独特性，有待进行专门研究。

① 刘宝根，李菲菲，徐宇.幼儿教师创造性儿童特征内隐观研究 [J].学前教育研究，2007（7-8）：89-93.
② 王灿明，吕璐.幼儿教师创造教育内隐观的调查研究 [J].南通大学学报（社会科学版），2015，31（3）：107-113.
③ 刘诚，许娜娜，吴恩泽.创造力：当东方遇上西方 [M].程励，金培，译.成都：四川人民出版社，2016：6.

（三）多数研究从障碍论角度思考中国社会文化对幼儿创造性教育的影响

诸多文献从跨文化研究的角度讨论创造性时，往往会出现一些先入为主的概念、观念和假设，如强调孝顺、迷信权威、从众、集体主义、爱面子等不利于创造性培养的文化特质，认为在重视一致性的中国传统文化下的教学风格，与创造性教育之间具有不相容性。[①]有研究者在着重研究中国儿童的创造性教育时会论及社会文化因素，但往往也从障碍论的角度去思考儒家文化等的影响，[②③④]有些说法"似乎就已约定俗成，诸如中国儿童的创造力普遍低于西方儿童，而中国传统文化是中国儿童创造性低下的根源"。[⑤]从这个立场出发，很多幼儿园的实践研究倾向于弱化中国传统文化影响，进而引进和借鉴国外的教育理念。也有研究认为，中国的幼儿园教师在理念上认同根植于西方个人主义文化背景下的一些创造性教育理念，但在实际教育行为上又会出现与这些理念的不一致，其原因在于受到中国本土文化（如儒家文化）的约束，教师可能很难在实践中充分纳入创造性教学法。[⑥]

（四）一些研究基于我国本土环境提出具有中国特色的幼儿创造性教育实践方法，但缺乏对理念、策略的系统提炼和理论研究

上述障碍论或矛盾论的观点在某些方面的确有一定道理，也有助于幼儿园破除一些桎梏来促进幼儿创造性的发展，但中国社会文化从根本上说

① CHENG V M Y. Tensions and dilemmas of teachers in creativity reform in a Chinese context[J]. Thinking Skills and Creativity, 2010, 5(3): 120–137.
② 胡文芳. 幼儿园创造教育研究[D]. 武汉：华中师范大学，2005.
③ 杨莉君. 儿童创造教育障碍论[M]. 长沙：湖南师范大学出版社，2008.
④ HO W. The challenges of implementing diverse political directives in contemporary China: Between creativity and confucianism[M]//KALLIO A, WESTERLUND H, KARLSEN S, et al. The politics of diversity in music education. Cham: Springer, 2021: 103–118.
⑤ 朱家雄. 创造性教育与中国文化[J]. 幼儿教育，2009（12）：4–5.
⑥ LI Z, LI L. An examination of kindergarten teachers' beliefs about creative pedagogy and their perceived implementation in teaching practices[J]. Thinking Skills and Creativity, 2019(32): 17–29.

是鼓励创新的。中国过去在世界上有诸多领先的发明或发现，也印证了中国传统文化所蕴含的巨大创造力。正如李约瑟（Neeham）博士所说："中国的文献、考古证据或图画见证，清楚地向我们显示了一个又一个不平凡的发明与发现，确实一般而言，它们比欧洲类似的或引进的发明与发现领先很长一段时间。无论是二项式系数排列，还是旋转运动与直线运动相互转换的标准方法，是最早的钟表擒纵装置，还是可锻铸铁犁桦，是地植物学与土壤学的开创，还是皮肤—内脏反射或天花痘苗接种的发现——不管你探究哪一项，中国总是一个接一个地位居'世界第一'。"[1]在国内外参与研讨和学术交流时发现，基于中国本土文化背景的幼儿园教育实践和理念同样有不少能助力创造性教育的发展。虽然这些理念和实践与目前被认为具有普适性的创造性教育理念有所不同，但让国外学者和教师在创造性教育方面颇受启发。也有学者从一般教育意义上指出，那种简单地认为中国文化缺乏创造性基因并因此压制创造性人才成长的说法在认识上是片面和错误的，[2][3]但具体哪些中国社会文化元素有助于培养幼儿创造性并形成了有效的理念方法，目前没有系统梳理，也没有适用性的相关研究。

最近几年，随着中国特色教育思想和方法的形成，有非常少量的研究在吸收国外创造性教育理论和经验的基础上，基于中国本土的情况和实践经验，提炼出适合中国幼儿园的创造性教育模式或方法。例如，李吉林从古典文论"意境说"中得到启示，提出情境的本质特征是"情景交融，境界至上"，认为情境是"人为优化的、促使儿童能动地活动于其中的环境，是教育中创设的一种主客体间相互作用的动态场域，更强调主观的'情'与客观的'境'的交融统一"。[4]其在此基础上发展的情境教育思想被认为是在中国大地上土生土长发展起来的，是具有中国特色

---

① 坦普尔.中国的创造精神：中国的100个世界第一［M］.陈养正，等，译.北京：人民教育出版社，2004.

② 石中英.中国传统文化阻碍创造性人才培养吗？［J］.中国教育学刊，2008（8）：1-6.

③ 朱家雄.创造性教育与中国文化［J］.幼儿教育，2009（12）：4-5.

④ 李吉林.中国式儿童情境学习范式的建构［J］.教育研究，2017（3）：91-102.

的教育思想流派。王灿明和孙琪（2018）将李吉林情境教育思想从小学引入学前阶段和创造性教育领域，着力探讨了学前教育情境促进儿童创造性思维发展的基本原则、情境建构和操作要义，并从情境优化的视角调整幼儿园的活动结构，以期为推进我国创新人才早期培养提供一种模式与经验。① 还有北京市幸福泉幼儿园积极探索东方中庸智慧与西方创造技法融合的有效途径，创立"巧思法"，并和国外学者合作将实践路径进行概念化，提出了适用于幼儿园的蕴含中国文化因素的教学模式QEOSA（问题Question—探索Exploration—优化Optimize—展示Show—行动Act），相关成果发表于 *Frontiers in psychology*。② 但这些研究比较聚焦于探讨某一种特定的或在少数幼儿园适用的创造性教育方法，尚未进行系统提炼和理论研究。

综上所述，目前已有的幼儿园创造性教育研究在诸多方面已做了较为深入的剖析，但总体来看缺乏对中国社会文化背景的考量，可以说，目前还没有一项专门的系统研究对中国文化背景下的幼儿创造性教育进行深入解析。教育人类学则主张，没有普适性的教育，对教育的研究应重视和尊重某个国家和民族的文化传统。因此，在幼儿园创造性教育方面，我们有必要引入教育人类学的研究视角和方法，在尊重中国社会文化的基础上思考如何实施适合我国幼儿园的创造性教育，一方面使得研究更加贴合中国的实际而产生更加切实的研究意义，另一方面也为国内外的相关学术研究补充一些新的观点和思考，既为构建具有中国特色的学前创造教育理论体系③ 贡献力量，又为西方学前创造教育提供不同的视角、思考和方法，碰撞出更有助于幼儿未来创造性发展的教育研究和实践。

---

① 王灿明，孙琪.学前情境教育影响儿童创造性思维发展的实验研究［J］.教育研究与实验，2018（5）：41-45.

② DAI D Y, CHENG H, YANG P. QEOSA: A pedagogical model that harnesses cultural resources to foster creative problem-solving［J］. Frontiers in Psychology, 2019(10): 833.

③ 王灿明，吕璐.幼儿教师创造教育内隐观的调查研究［J］.南通大学学报（社会科学版），2015, 31（3）：107-113.

第二节 概 念 界 定

一、幼儿创造性

（一）何为幼儿创造性

人们对创造性/创造力（creativity）的理解有许多不同的角度，不同的学者都在用不同的方式尝试界定创造性的概念和内涵。甘秋玲等（2020）在对各类创造性概念的内容进行梳理后，认为有一个人们普遍能接受的共识：几乎所有的关于创造性的定义都包含了"新颖"和"有价值"（有用性或适当性）这两个要素。[①] 由于创造的目的往往是为了解决问题，因此研究者们还常常将创造性的定义与问题解决关联起来，[②] 即在创造性的研究领域，用新颖的方式创造性地解决问题或者解决新颖的问题就可被认为是创造性的表现。

在众多关于创造性的定义中，对基础教育影响较大的概念阐释是美国心理学家考夫曼（Kaufman）和贝加托（Beghetto）提出的创造性4C理论，即把创造性从低到高分成"微创造性"（Mini-C）、"小创造性"（Little-C）、"专业创造性"（Pro-C）、"大创造性"（Big-C）。[③] 微创造性是指个体在学习过程中对经历、活动等进行的有意义的顿悟和解释，微创造对于别人来说不一定是新颖的、有意义的，但对创造者本人具有创新意义；小创造性

---

① 甘秋玲，白新文，刘坚，等.创新素养：21世纪核心素养5C模型之三 [J].华东师范大学学报（教育科学版），2020（2）：57-70.

② 张亚坤，陈龙安，张兴利，等.融合视角下的西方创造力系统观 [J].心理科学进展，2018，26（5）：810-830.

③ KAUFMAN J C, BEGHETTO R A. Beyond big and little: The four c model of creativity [J]. Review of General Psychology, 2009, 13(1): 1-12.

是指在日常生活中表现出来的新颖的解决问题的能力及创造性，主要指普通人在日常生活中做出的新颖又有一定社会意义的创造；专业创造性是指具有某种专业或职业素养的人所展现出来的创造性；大创造性则是指卓越的创造力，如爱因斯坦等科学家所展现出的创造性。他们认为，对创造性的这四种分类，既代表了四个不同水平，也代表了创造性的四个不同发展阶段。每个人都有可能经历这四个阶段，但发展模式又各有不同。总的来说，各类文献和研究都认可微创造性和小创造性可以通过实践和教育来获得。教师、家长要小心呵护并鼓励孩子的微创造，帮助其把微创造发展成小创造，这样经过多年学习并获得专长之后，他们的创造可能发展到专业创造乃至大创造水平。

在幼儿教育中，通常把幼儿的创造性定位在微创造性和小创造性层次，甚至更多的时候是微创造性，这也是很多学前教育研究者和实践者所认同的。①② 研究也显示，幼儿的创造往往最开始是更多地考虑个人需要和仅具有个人价值和意义，③ 之后随着年龄的增长，才逐步向具有社会价值和意义的方向发展。莱格特（Leggett）认为，即使一个结果可能不会被认为对整个社会有用，但如果它对儿童来说仍然是新奇的或对儿童社区有用，那么它就是一种创造性的行为。④ 杜威（Dewey）也曾将儿童的创造与专业的创造性区别开来，他指出，"一个3岁的儿童发现他能用积木做什么事情，或者一个6岁的儿童发现他能把5分钱和6分钱加起来成为什么结果，即使世界上人人知道这件事情，他就是真正的发现者（discoverer）……儿

---

① 郁亚妹. 培育幼儿创造力：幼儿园"乐创教育"十年行动纪实［M］. 上海：华东师范大学出版社，2020.

② ALFONSO-BENLLIURE V, MELÉNDEZ J C, GARCÍA-BALLESTEROS M. Evaluation of a creativity intervention program for preschoolers［J］. Thinking Skills and Creativity, 2013(10): 112−120.

③ 董奇. E.P. 托兰斯的创造力研究工作［J］. 心理发展教育，1985（1）：40−42，59.

④ LEGGETT N. Early childhood creativity: Challenging educators in their role to intentionally develop creative thinking in children［J］. Early Childhood Education Journal, 2017, 45(6): 845−853.

童自己所体验到的快乐是理智建构—创造的快乐，如果创造一词的使用不被误解的话"。① "儿童与成人之间、儿童的不同发展阶段之间，均是创造、思维和理解的程度上不断加深、范围上不断扩大、社会意义不断提升的过程。"② 我们既要承认幼儿创造性的潜在价值，也要尊重幼儿创造性的特点。

与此同时，越来越多的研究认为，与专业创造和大创造更注重产品和结果不同，幼儿的创造不一定跟产品和结果相关联，而是更多地表现为面对日常生活或问题时具有创造性的能动性和潜力，成人应更加关注幼儿是否具有创造性的认知、体验和行动过程。意大利瑞吉欧教育方案的创始人马拉古齐（Malaguzzi）就强调："当成人更重视幼儿在不同领域的学习活动和认知过程，而不仅仅是看重结果时，创造力会变得更形象具体。"③ 在这个过程中，孩子们可能通过想象的思维或行为来展示他们的创造性，寻找其他人没有注意到的可能性，④ 或者他们以一种新的或稍微不同的方式体验某件事，⑤ 但不一定有明显的新颖产品或结果。

因此，本研究在讨论幼儿园创造性教育时，更多是在微创造性和小创造性层面上讨论幼儿的创造性，即幼儿在一日活动中产生的具有一定价值的新理解、新想法、新行动、新制作、新表达以及新颖地解决问题的品质和能力。幼儿在活动中的创造可能对社会有价值，但更多情况下是从对幼儿自己或同年龄段幼儿有意义的角度上来说的；可能会产生一定的新颖产品或结果，但更多地表现在认知、体验和行动过程中。

---

① DEWEY J. The middle works, 1899–1924, Vol.9［M］. Carbondale, IL: Southern Illinois University Press, 2008: 166.

② 张华.让学生创造着长大——2022年版义务教育课程方案和课程标准核心理念解析［M］. 北京：教育科学出版社，2022：72-73.

③ 甘第尼.历史、理念与基本原则：对话罗里斯·马拉古齐［M］//爱德华兹，甘第尼，福尔曼.儿童的一百种语言（第3版）：转型时期的瑞吉欧·艾米利亚经验.尹坚勤，王坚红，沈尹婧，译.南京：南京师范大学出版社，2014：53.

④ CRAFT A. Creative thinking in the early years of education［J］. Early Years: An International Journal of Research and Development, 2003, 23(2): 143–154.

⑤ SAMUELSSON I P, CARLSSON M A. The playing learning child: Towards a pedagogy of early childhood［J］. Scandinavian Journal of Educational Research, 2008, 52(6): 623–641.

根据此定义，本研究也同意现在被普遍认同的观点：创造性并非少数幼儿才能拥有的能力或特质，而是所有幼儿都可以具有的。[①]这在一些研究中也被称为"普通的创造性"（ordinary creativity）或"民主的创造性"（democratic creativity）。我国创造教育理论与实践的开拓者和奠基人陶行知先生也提出："处处是创造之地，天天是创造之时，人人是创造之人。"[②]因此，本研究所探讨的幼儿园创造性教育是以培养所有幼儿而非少数天才幼儿的创造性为目标。

此外，关于幼儿"创造性教育"，也有学者和教师使用"创新教育"这个词汇。如果加以细分，"创造力"和"创新"的概念可能的确有不同之处，学界一般认为"创造力就是产生新颖而有价值的想法的能力，而创新则是将这些想法付诸实施的过程"。[③]但有研究者认为，创造和创新有许多重叠和相似之处，不需要进行明确区分，[④]在国际心理学界创新和创造性也被视为同义词。[⑤]由于幼儿的创造性常常是在行动中表现出来的，因而本研究中将两者看作同义词，统一采用"创造性教育"来表述。

（二）幼儿创造性素养的要素

在对已有相关文献做进一步分析梳理后，可以发现目前研究者和实践者都更加认同"创造力不应被视为一种独立的心智功能，而是思考、认知和决策时所表现出来的特质"，[⑥]它是一种涉及多个成分或维度的、复杂

① SHARP C. Developing young children's creativity: What can we learn from research? ［J］. Topic, 2004(32): 5-12.
② 陶行知.陶行知全集第四卷［M］.成都：四川教育出版社，1991：5.
③ 甘秋玲，白新文，刘坚，等.创新素养：21世纪核心素养5C模型之三［J］.华东师范大学学报（教育科学版），2020（2）：57-70.
④ ANDERSON N, POTOČNIK K, ZHOU J. Innovation and creativity in organizations: A state-of-the-science review, prospective commentary, and guiding framework ［J］. Journal of Management, 2014, 40(5): 1297-1333.
⑤ 林崇德.创造性心理学［M］.北京：北京师范大学出版社，2018：3.
⑥ 甘第尼.历史、理念与基本原则：对话罗里斯·马拉古齐［M］//爱德华兹，甘第尼，福尔曼.儿童的一百种语言（第3版）:转型时期的瑞吉欧·艾米利亚经验.尹坚勤，王坚红，沈尹婧，译.南京：南京师范大学出版社，2014：53.

的复合素养。①因此，对创造性的要素或结构进行讨论是创造性研究领域的重要话题。从教育的角度来看，"早期教育实践者的角色是确定与创造性相关的诸多要素，而不是确定创造性本身，并通过创造性的过程、环境和教与学的方法来促进和培养这些要素的发展"。②换言之，只有明晰了创造性的要素有哪些，才能有针对地、全面地思考创造性教育的策略和方法，才能辨析这些教育策略和方法是否能够起到促进作用，因此明晰创造性的要素对于系统思考和实施创造性教育同样十分重要（见图1-1）。在分析探讨具体的适合中国社会文化的幼儿园创造性教育策略和方法之前，我们有必要对幼儿创造性的要素（在有的研究中被称为结构）进行初步讨论，以便为后续的研讨打下基础。

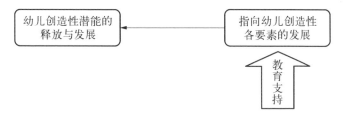

图1-1　创造性、创造性要素与教育的关系

　　基于对已有相关文献的梳理以及对幼儿园教育实践的考察，本研究认为幼儿创造性素养的要素不仅包括创造性思维和创造性人格，而且包括创造性实践。

　　1. 创造性思维与创造性人格

　　从已有研究来看，关于创造性要素或结构的研究众说纷纭，研究的角度也各不相同，并且还在不断发展。被称为"创造性之父"的吉尔福特（Guilford）从智力三维结构出发，提出创造性构成的两大指标，即创造性

① LUCAS B. A five-dimensional model of creativity and its assessment in schools［J］. Applied Measurement in Education, 2016, 29(4): 278−290.
② MOHAMMED R. Creative learning in the early years: Nurturing the characteristics of creativity［M］. London & New York: Routledge, 2018: 68.

人格（creative personality）和创造性思维（creative thinking）。[①]此后，虽然各项研究关于创造性要素的说法并不统一，但各项研究基本达成普遍共识，即创造性人格和创造性思维是个人创造性的重要组成部分，两者缺一不可，在创造性过程中共同发挥作用。著名学者林崇德也认为，在人类创造性心理的发展过程中，外因是创造性的环境，内因是创造性的心理结构。创造性心理结构的表达方式为：创造性人才=创造性思维（智力因素）+创造性人格（非智力因素），以此实现创造性的过程、产品和个体三者的统一。[②]

2. 创造性实践

还有诸多研究强调创造性实践（creative practices）或创造性行为（creative behaviors）是创造性素养的要素。[③]北京师范大学中国教育创新研究院与美国21世纪学习联盟在合作研究后，也提出在中国基础教育阶段，学生的创新素养包括创新人格、创新思维和创新实践三个要素。创新人格侧重于情意因素，创新思维侧重于认知层面的思维过程和方法，创新实践侧重于外显的行为投入，三个方面相互关联、相互促进。创新人格和创新思维是实践的基础，创新实践是创新人格和创新思维在特定任务情境下的综合表达。[④]

一些针对幼儿创造性教育的理论或实践研究也认同创造性行为或实践是幼儿创造性的要素。[⑤][⑥]本研究也认同此观点，主要原因如下：第

---

① 吉尔福特.创造性才能——它们的性质、用途与培养［M］.施良方，沈剑平，唐晓杰，译.北京：人民教育出版社，1991：44.
② 林崇德.创造性心理学［M］.北京：北京师范大学出版社，2018：187.
③ AMABILE T, MUELLER J. Handbook of organizational creativity［M］. New York: Lawrence Erlbaum Associates, 2008: 58.
④ 甘秋玲，白新文，刘坚，等.创新素养：21世纪核心素养5C模型之三［J］.华东师范大学学报（教育科学版），2020（2）：57-70.
⑤ MOHAMMED R. Creative learning in the early years: Nurturing the characteristics of creativity［M］. London & New York: Routledge, 2018: 354.
⑥ 郁亚妹.培育幼儿创造力：幼儿园"乐创教育"十年行动纪实.上海：华东师范大学出版社，2020.

一，具有新颖性的想法、创意、解决问题的办法往往需要通过实际操作来实现、验证或改进，因而创造性实践是创新素养的重要组成部分。国内外教育界越来越重视将参与实践作为培养青少年科学创造能力的重要途径。比如，美国国家研究理事会（National Research Council）于2011年发布的《K-12年级科学教育框架》，就以实践作为一个重要维度，提议让K-12年级的学生通过以围绕科学大概念而组织的实践来提升科学素养，提高创造性。[①]中共中央、国务院于2016年印发的《国家创新驱动发展战略纲要》中也强调要"推动创客文化进学校，设立创新创业课程，开展品牌性创客活动，鼓励学生动手、实践、创业"。第二，幼儿认知发展的特点和学习方式决定了他们往往是通过对具体实物的动手操作来进行思考和想象创造，因此，创造性实践是其发展创造性思维的重要途径。根据皮亚杰（Piaget）的建构主义理论（constructivism），儿童是积极主动的建构者，他们的想法不是外来的，而是他们自己创造出来的。西蒙·派珀特（Seymour Papert）在皮亚杰建构主义理论的基础之上，又提出了"建构主义"（constructionism，亦译建造主义或构造主义）的学习观，他强调儿童应从"制作中学习（learn by making）"。[②]"孩子最有效地建构知识的时刻，是他们积极参与建构周围事物的时候，亦即当他们是制造者的时候。派珀特称他的方法为建构主义，因为它汇集了两种建构：当孩子建构周围事物时，他们在脑海中建构了新的思想，这反过来又促使他们建构了新的东西。"[③]其思想的支持与倡导者米切尔·雷斯尼克（Mitchel Resnick）也认为，各个年龄段的人都必须学会创造性地思考和行动，而最好的方法就是像幼儿园的孩子一样来探索学习，在制作、构

① National Research Council. A framework for K-12 science education: practices, crosscutting concepts, and core ideas［M］. Washington, D. C.: National Academies Press, 2012: 83-84.

② ACKERMANN E. Piaget's constructivism, Papert's constructionism: What's the difference?［J］. Future of Learning Group Publication, 2001, 5(3): 1-11.

③ 米切尔·雷斯尼克.终身幼儿园［M］.赵昱鲲，王婉，译.杭州：浙江教育出版社，2018：63.

造的过程中成长为创造型思考者。[①]这一观点也启示我们,在幼儿园培养幼儿的创造性时,更应强调制作、构造等创造性实践。第三,与成人或其他年龄段学生的创造性相比,幼儿的创造性更多地体现在过程中而非显性的产品或结果中,因而创造过程中的实践行为是反映创造性的重要方面。

综上所述,创造性实践或行为是幼儿创造性的要素,创造性行为可能更倾向于外显行为的评估,创造性实践在内涵上能包容对创造性过程的强调。因此,本研究采用"创造性实践"的说法。

本研究认为幼儿创造性本身的要素主要包含创造性思维、创造性人格和创造性实践三个方面。虽然还有不少研究重点提出产生创造性工作的其他条件,如创造性动机(意愿),领域知识,外在环境等,但这些因素都可归入创造性人格或者创造性的外在条件。此外,关于创造性思维、创造性人格和创造性实践的具体特征,不同研究仍持不同看法,并且越来越多的研究认为它们受社会文化的影响,这也是本研究想要深入探讨的内容。

二、社会文化

(一)社会文化的含义

一些研究在探讨社会文化与幼儿园创造性教育的关系时,会探讨不同文化下较为广泛的社会背景对教师理念和实践的影响,强调幼儿园创造性教育的生态性,如调查揭示教师的专业化水平、教师的工作量和压力、家长参与和支持状况、教育政策和制度、教育设施与环境、地区经济差异等方面对创造性教育的影响。[②][③]这些研究有其启发性和研究价值,不过基于

① 米切尔·雷斯尼克.终身幼儿园[M].赵昱鲲,王婉,译.杭州:浙江教育出版社,2018:23-73.
② CHIEN C Y, HUI A N N. Creativity in early childhood education: Teachers' perceptions in three Chinese societies[J]. Thinking Skills and Creativity, 2010, 5(2): 49-60.
③ LI Z, LI L. An examination of kindergarten teachers' beliefs about creative pedagogy and their perceived implementation in teaching practices[J]. Thinking Skills and Creativity, 2019(32): 17-29.

教育人类学的立场，本研究在"社会文化"的界定上采用文化人类学关于"文化"的概念范畴。虽然人类学研究者们对于文化的界定纷繁复杂，至今没有统一的定论，但他们一般会更多地关注某个社会共享和经由社会传递的思想、价值观念、情感模式、认知及行为方式等。毫无疑问，这些社会文化会对教师的教育理念和实践以及幼儿行为产生深刻影响。

与此同时，在人类学的立场上，文化更多地被认为是代代相传的，是延续传统的。文化虽然会有变迁和发展，但现代文化与传统文化绝不是截然割裂的。传统文化与现代文化的关系，"不是结果的统一性而是活动的统一性；不是产品的统一性而是创造过程的统一性"。① 美国人类学家克罗伯（Kroeber）和克拉克洪（Kluckhohn）曾罗列过从1871年到1951年期间，人们给文化所下的164种定义，最终他们给文化作了这样的定义：文化是借助符号获得有关交流的各种明确的和模糊的行为模式，文化构成了人类群体的成果，包括物化的成果。文化的核心是传统观念（即经由历史的演变和选择保留下来的观念），尤其是附属于观念的价值。文化一方面是行为产品，另一方面又是构成远期行为的必要条件。② 虽然这一定义也没有被公认为唯一的关于文化的定义，但至少在一定程度上表达了大多数人类学家的观点：文化是根植于传统文化发展起来的，一个族群或民族的文化发展不可能离开其传统文化的根基；传统文化会随着历史的推移不断发展和自我更新，并逐渐与现代文化进行融合。因此，本研究在对"社会文化"进行探讨时，也会尤为关注中国传统文化。

（二）社会文化的层次

"文化"一词在人类学领域有非常多的界定，但至今都没有大家公认的定义，人类学家公认文化是复杂的，包含不同方面，本研究将其分为四个

---

① 卡西尔. 人论［M］. 甘阳，译. 上海：上海译文出版社，1985：90.
② KROEBER A L, KLUCKHOHN C. Culture: A critical review of concepts and definitions［M］. Cambridge: Peabody Museum Press, 1952: 181.

层次。①

　　文化包括显性的、正式的文化，通常表现为庆典仪式、节日和传统艺术等。这与"文化遗产"等概念中使用的"文化"的含义有些相似。

　　文化还包含日常的、司空见惯的文化（everyday, quotidian culture），表现为一种文化下的人们是如何与家人、朋友、同事互动的，又是如何在市场及其他公共场所进行社会交往的。即便这些非正式的、日常的交互行为几乎都没有明确的、显性的规则，但人类学家的研究认为其中蕴含非显性的规则和经过长久发展形成的习俗，因此每种文化视野下的社会交往都会存在颇具特色的范式。就如格奥尔格·齐美尔（Georg Simmel）所指出的，"即使是最为普通、不起眼的生活形态"也是对更为普遍的社会和文化秩序的表达。②不少人类学家如布洛尼斯洛·马林诺夫斯基（Bronislaw Malinowski）、玛格丽特·米德（Margaret Mead）和欧文·戈夫曼（Irving Goffman）都着重于日常文化的研究，他们的重点都是研究人们日常生活中代代相传又不断发展的文化，其中都蕴含着传统文化，而且是更有生命力的传统文化。格尔兹（Geertz）也曾强调日常文化的重要意义，"理解一个民族的文化，即在不削弱其特殊性的情况下，昭示出其常态"，"把他们置于他们自己的日常系统中，就会使他们变得可以理解"。③举例来说，"合群""乐群""群策群力""群居和一"等强调群体活动、群体力量的文化一直被认为是中国社会弥足珍贵的优秀传统文化之一。④群体文化经常体现在中国的一些日常活动中，其中一项典型的活动就是广播体操。⑤事

① 张婕，托宾.关注多层次的中国幼儿园传统文化教育——基于人类学视角的思考［J］.学前教育研究，2021（9）：14-28.
② 英格利斯.文化与日常生活［M］.张秋月，周雷亚，译.北京：中央编译出版社，2010.
③ 格尔兹.文化的解释［M］.韩莉，译.南京：译林出版社，2014：18.
④ 宋国恺.群学：荀子的开创性贡献及对其精义的阐释［J］.北京工业大学学报（社会科学版），2017，17（4）：8-14.
⑤ 托宾，薛烨，唐泽真弓.重访三种文化中的幼儿园［M］.朱家雄，薛烨，译.上海：华东师范大学出版社，2014：44.

实上，广播体操不仅在幼儿园和中小学作为常规活动存在着，在其他场所，如办公室、公园、广场等也都自发存在着。它的存在不是因为强制性，而是因为中国人由衷地希望与他人有所联系，而广播体操满足了这种需求。它通过很多人同步进行的集体运动呈现了一种人与人相关联的方式，参与的人能够表现出和感知到与他人、与集体的联系，能够有不一样的快乐。这种集体主义形式符合中国人传统的日常行为方式，也是中国社会文化中的"乐群"在日常生活中的体现。广播体操的例子，可以说明社会文化不仅存在于显性的文化载体中，而且常常显现在现代日常生活行为方式中。

还有一个层次的文化比非显性的文化还要隐蔽，人类学家和社会学家称其为"具身文化"（embodied culture）或者"身体惯习"（body habitus）。正如法国人类学家莫斯（Mauss）在1934年（后于1973年发表）的一篇文章中指出的那样，人们坐、走、排队、游泳、跳舞和交流的方式都带有他们社会阶层、性别和文化的特征。法国人和英国人拿刀叉的方式不同，跳舞的方式不同，甚至游泳的姿态也不一样。[1]"我们每个人在儿童时期学会模仿我们周围人群中典型的身体举止方式"，"每一代人将其'身体文化'——表达该群体文化生活的形态活动方式与行为方式——传递给后代"。[2]

教育人类学的分支研究领域还增加了文化的第四个维度，就是具有某种文化特征的教学法。这些教育实践行为被称为"国家性的教学文化"或"具有文化性的教学法"。这些教学方法隐含了某个国家地区或社会的文化逻辑，也在潜移默化中影响着幼儿对社会文化的习得和传承。例如，在"三种文化中的幼儿园"系列研究和我们近期的研究中发现，与日本、美国的教师相比，中国教师尤为强调幼儿的优良行为表现。教育者深信，教育孩子用正确的方式为人处世是很重要的，这背后隐含的观念与"崇德向

[1] MAUSS M. Techniques of the body [J]. Economy and Society, 1973, 2(1): 70–88.
[2] 英格利斯.文化与日常生活 [M].张秋月，周雷亚，译.北京：中央编译出版社，2010：36.

善、见贤思齐"的中国文化是一致的。

本研究着重从教育人类学的视角出发，更强调第四个维度，即具有中国文化特征的教学法。但由于具有中国文化特征的教学法隐含了中国文化逻辑，这些文化逻辑与前三个层次的文化并不是截然分开的，因此本研究在论述适合中国社会文化的创造性教学法时，势必也会提及前三个层次的文化。

第三节　研究目的、方法与过程

一、研究目的

本研究旨在借鉴教育人类学的视角，从教育根植于社会文化的角度，分析和提炼出适用于中国社会文化的幼儿创造性教育的策略和方法，为发展适合中国社会文化的幼儿园创造性教育提供一些建议。希望由此为国内的相关理论研究提供一些新的思考，为我国幼儿园创造性教育实践提供一些新的思路，同时也为国际上的相关研究补充社会文化层面的观点和思考。

二、研究内容

与研究目标相对应，本研究的内容主要包括如下几个方面：

第一，西方学术界和实践者一般提倡的幼儿园创造性教育的策略和方法有哪些？

第二，我国幼儿园教师在幼儿创造性教育实践方面积累了哪些有价值的策略和方法？

第三，将西方所认同的幼儿创造性教育策略和方法与我国幼儿园教师认同的策略与方法进行比较和分析。

首先，分析两者之间共性的策略和方法。

在此基础上讨论：这些共性的策略和方法是否与中国社会文化相契合？是否值得进一步推广和发展？是否有一些策略和方法在某种程度上并不适用于我国社会文化背景，在践行过程中会遇到诸多问题或矛盾冲突？

其次，分析两者之间差异性的策略和方法。

发掘根植于我国社会文化、比较独特且有效的幼儿园创造性教育策略和方法。这些原则和方法可能会对普遍认同的原则和方法形成一定挑战，但恰恰可能是非常适合中国的。

寻找西方比较独特的、我国幼儿园尚没有特别关注，或双方不同理念下的幼儿园创造性教育策略、方法。进一步分析在西方较为独特的幼儿园创造性教育策略和方法中，是否有值得我们进一步反思和予以借鉴的地方？我们是否可以在考虑社会文化适用性的基础上，对我国幼儿园创造性教育的策略和方法进行一定程度的完善？

第四，为开展适合我国社会文化的幼儿园创造性教育提供建议，同时也为国际上的相关研究补充观点和思考。

三、研究方法与过程

本研究主要采用教育人类学框架下的质性研究思路和方法，同时辅以文献研究法。

（一）文献法

对国内外已有文献进行研究，查询国内外学前教育领域的政策文件，搜索研究者和实践者所提到的幼儿园创造性教育的原则、策略和案例等。通过对这些资料的分析，既总结和探讨国外学术界比较普遍认可的关于幼儿创造性教育的一些原则和方法（如给予幼儿独创、自由的空间），又发掘国内学者和实践者关于创造性教育的看法和经验，为后续访谈和分析奠定基础。

（二）质性研究方法

本研究还主要采用质性研究方法，通过田野调查，捕捉教师基于真实的中国幼儿园教育实践情境形成的关于幼儿创造性教育的行动与思考。在具体的研究方法上，主要采用了观察、访谈和收集实物的方法，并结合文献对所收集的资料进行分析。

1. 田野调查的对象

本研究交叉使用了方便抽样和目的性抽样的方法来选择研究对象。

本研究所选择的研究对象首先是20所上海市幼儿园（包含市中心园、远郊园；示范园、一级园和二级园等）的教师，以幼儿园的骨干教师为主，包含一些青年教师。之所以选择这20所上海幼儿园作为研究对象，是因为这些幼儿园都在进行游戏、项目活动、艺术、科学、运动等方面的课程项目研究，都很重视并支持幼儿的创造性发展。

在这20所幼儿园中，有1所幼儿园以创造性教育为幼儿园课程的核心，包括其在内的10所幼儿园参与了"高瞻课程创造性艺术活动本土化实践研究"。高瞻课程模式（High/Scope，亦译"高宽课程""海伊斯科普课程"）诞生于20世纪60年代，是美国乃至全球广泛使用的一种综合性早期教育课程模式，该模式因其被研究证实对儿童个体乃至整个社会产生持续性积极影响而享誉世界。高瞻课程拥有一套完整的课程体系，创造性艺术是其中一个重要的内容领域。"高瞻课程创造性艺术活动本土化实践研究"是上海市教育委员会教学研究室与美国高瞻基金会授权成立的中国高瞻教育科学研究院合作，以高瞻创造性艺术本土化为切入点，启动了研究之旅，既学习他人成功经验，又与中国国情相结合，深入探索支持幼儿主动学习的课程环境与策略，让幼儿充分感受和发现艺术的魅力，用自己的方式去表现和创造自己的艺术，甚而让艺术的审美愉悦和孩子的生命质量紧密结合在一起，由此寻找出一条中国特色的幼儿艺术教育的道路。① 这10家幼儿园的教师和园长在项目参与过程中，集中地经历了国外幼儿创造性教育教学法和教学理念的冲击，不断地对中外教

① 上海市教育委员会教学研究室. 我是快乐的艺术家——高瞻课程创造性艺术活动本土化实践研究［M］. 上海：上海教育出版社，2020.

学法进行比较和思考。这有助于本研究在观察、访谈或实物资料分析中，去寻找目前被一般认同的幼儿园创造性教育的原则和方法：哪些在中国是适用的？哪些可能是不适用的？中国又有哪些根源于自身社会文化、比较独特且有效的幼儿园创造性教育原则和方法？这10家幼儿园中，有7家幼儿园后续又参加了"传统文化视域中的创造性视觉艺术活动"研究项目。他们对传统文化与幼儿创造性艺术教育之间的关系又进行了更为直接、深入的思考及探索。

本研究观察了9家幼儿园的创造性艺术活动现场（包括集体教学活动、区域活动、项目活动、游戏活动等）和教研活动，做了相应记录；同时收集了10所幼儿园教师撰写的案例、活动反思和总结等，并联系了部分教师进行访谈。幼儿创造性的培育在儿童学习与发展的各个领域中是相通的，因此在和教师、园长进行访谈时没有拘泥于艺术创造性方面的讨论，而是由教师自然地提及各领域中的创造性培育。不过，为了弥补研究数据可能会较多讨论艺术创造性的发展，存在对其他领域讨论的不足，研究者增加了另外10家上海幼儿园教师作为研究对象，这些幼儿园都在进行游戏、运动、探索性主题活动等方面的课程改革项目研究，也都在讨论如何支持幼儿的创造性发展，其中也都涉及对中外相关教育理念和做法的比较和思考。

本研究还将安吉J幼儿园的教师纳入研究。安吉的幼儿园很注重培养幼儿的创造力，安吉游戏课程模式被认为是中国学前教育的一张名片，不仅得到教育部的认可和推广，而且在国外引发了很多讨论，甚至被借鉴和学习。世界经济论坛2020年发布为第四次工业革命定义教育4.0全球框架，安吉游戏课程被列为未来学校的一种模式（这是中国唯一入选的模式），入选未来学校案例的重要标准之一就是教育能培养创造和创新技能。安吉的课程模式是基于中国本土发展起来的，非常具有中国特色，因此，若能收集安吉幼儿园教师的看法和做法，或许也能从中发掘中国教师对幼儿创造性培养的一些观点和做法。基于以上原因，本研究在安吉非常具有代表性的J幼儿园进行了一些观察，并从已公开的资料中收集了一些安吉幼儿园教师研讨的记录。

为了解更广泛地区幼儿教师的看法，本研究还对来自上海、新疆、河南、云南、贵州、内蒙古、甘肃等14个省市的34名教师进行了问卷调查，请他们对"你平时如何培养幼儿的创造性？你认为有效的方法有哪些？"和"在培养幼儿创造性方面，你有什么困惑吗？"这两个问题表达自己的看法。

2.收集数据的方法

（1）观察法

研究采用非参与式观察法收集了幼儿园创造性教育实践案例，用录像、照片和文字记录的方式对这些案例进行记录。同时，参与并观察记录了幼儿园教师关于创造性教育的一些教研活动。

（2）访谈法

在征得教师同意的情况下，本研究对35名上海教师进行了9次团体访谈和8次个体访谈。[①]在访谈过程中，研究者主要以非结构性访谈的方式引发幼儿园教师和园长表露他们对当前幼儿园创造性教育的想法和价值观念，从中了解在中国社会文化背景下他们是如何看待有效的幼儿园创造性教育原则和方法的。从教育人类学研究的角度看，访谈对象所表露的看法中往往会蕴含很多基于本土社会文化的"民间教学法"（folk pedagogy）和做法。这些做法往往不在教科书上，也不是来源于专家的指导，但恰恰是普通教师在实践中正在践行的，而且是根植于本土社会文化的行为表现。

在具体访谈过程中，研究以"您认为，在我国幼儿园培养幼儿创造性的有效策略和方法有哪些？"为核心问题，但不限定具体提问的流程，会跟随被访谈者的话语及时进行追问。所有的访谈数据都被转录成文本，进行初步整理。

---

① 在征求被访谈者的意见和专家的建议后，出于保护隐私的原因，这里隐去被访谈者的信息。

同时，在与园长和教师进行非正式的随机交流中，也收集到一些关于幼儿创造性教育看法的数据，这些数据作为辅助资料也被纳入研究数据中。

（3）收集实物资料

在研究的过程中，经得上述幼儿园和教师同意，收集了一些教师撰写的案例、反思笔记与观察记录，以及拍摄的照片和视频，园所的研究项目总结等实物资料。

（4）开放式问卷调查法

本研究还对14个省市的34名教师进行开放式问卷调查。调查获得的数据是质性文本数据，这些数据和访谈资料最终被放在一起进行分析。

（三）资料分析

研究者对所获得的研究数据和资料，就主要研究目的和内容做进一步分析和讨论，探讨目前被国外学术界所一般认同的幼儿园创造性教育的原则和方法：哪些在中国是适用的？哪些可能是不适用的？中国又有哪些源于自身社会文化、比较独特且有效的幼儿园创造性教育的原则和方法？

在质性数据分析的基础上，以创造性的构成要素（即创造性思维、创造性人格、创造性实践）及外因支持条件作为主要分析框架。在分析每一个要素的相关内容时，主要采用主题分析法。主题分析法侧重于对数据集的组织和丰富描述，然后继续确定数据中隐含和明确的想法。[①]本研究在分析数据时，主要采用仔细阅读数据、整理、编码、写备忘录、与其他专家对话、与已有理论和文献对话等方法，在此过程中提炼频繁出现的、被反复强调的主题和本土概念。在质性研究所谓的信度和效度问题上，密西勒（Mishler）提出研究人员的角色是验证受访者的真实看法，[②]因此，本研究还将原始分析和主要结论反馈给教师和园长，征询他

---

① BRAUN V, CLARKE V. Using thematic analysis in psychology［J］. Qualitative Research in Psychology, 2006, 3(2): 77-101.

② MISHLER E. Validation in inquiry-guided research: The role of exemplars in narrative studies［J］. Harvard Educational Review, 1990, 60(4): 415-442.

们的意见，确保分析遵循了他们的真实看法。

　　本书将综合文献和质性研究数据，对幼儿创造性教育主要涉及的关键问题逐一展开讨论，并融入对社会文化因素的思考，尝试为适合我国社会文化的幼儿园创造性教育提供一些切实有效的建议，也尝试为相关的国际学术研究提供一些基于中国文化的思考。为了保护园长和教师的隐私，下文在涉及具体园长、教师的话语或行为时将主要采用匿名的指称。不过在征求教师意见时，有少量教师同意使用真实的称谓，或者与他们相关的资料曾公开发表过（如与他们有关的案例曾在书籍、期刊或网络上发表过），这时将使用教师真实的称谓。若有两名教师同姓时，会使用同样的姓氏代称，但会在"老师"的称谓后面标"1、2"等数字，以表示是不同的教师。

第二章

幼儿园创造性教育关涉的学习领域与基础

在第一章中，本研究尝试对幼儿创造性素养的含义和要素进行界定，但在研究过程中，如果要将幼儿创造性概念界定清晰，还会关涉两个关键问题。一是，幼儿的创造性主要体现在幼儿学习和发展的哪些领域？[1]是否需要前期基础？二是，幼儿的创造性是指向个体的还是群体的？专门研究创造性的英国学者克拉夫特（Craft）也曾指出有助于考察创造性的两种基本角度，即个体或集体、特定领域的或领域一般性的对比角度（见图2-1）。[2]在研究的过程中，这两个问题首当其冲，成为幼儿园教师讨论的重要话题，并且在一定程度上反映了中国社会文化的影响以及东西方教育理念和实践的区别。

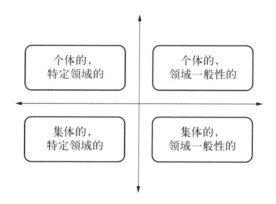

图2-1　关于创造性的四种观点（Craft, 2008）

第一节　幼儿园创造性教育关涉的领域

创造性是具有领域一般性还是特殊性，一直是创造性研究中具有争议的问题。该问题涉及创造性教育的具体内容和教育策略，也是幼儿园创造

---

① 与中小学使用"学科"的说法不同，在幼儿园主要使用"领域"一词。

② LUCAS B. A five-dimensional model of creativity and its assessment in schools［J］. Applied Measurement in Education, 2016, 29(4): 278-290.

性教育绕不开的重要议题。有意思的是，东西方教育者对幼儿园创造性教育所关涉的学习与发展领域有着很不一样的看法。

一、西方教育者更关注幼儿在艺术领域的创造性

尽管诸多研究指出，创造性存在于各个领域，但在西方的一般认知中，创造性往往是与艺术联系在一起的。艺术家往往被认为是极具创造性的人，艺术被认为是有助于促进幼儿创造性发展的重要源泉。有研究对教师所持创造性内隐观的各类研究进行综述时，也发现西方教师普遍认为创造性发生在艺术中，甚至"坚信创造性是艺术的代名词"。[①]"我们很高兴谈论科学中的创造力以及与创新和经济增长的关系。然而，在学校和大学的传统学科安排中，以及在许多与教育相关的人的共同话语中，有一种倾向是将创造性活动与艺术教育混为一谈。"[②]

类似地，在西方学前教育中，大量的文献和实践集中讨论了幼儿艺术领域的创造性。在美国、挪威、印度等关于幼儿园课程或幼儿发展目标的文件中，在谈及儿童诸多学习与发展领域时，唯一为艺术领域加上了形容词"创造性"。因而在教师和家长的观念中，谈及幼儿的创造性，往往第一反应是幼儿艺术的创造性。尽管英国《早期基础阶段法定框架》（Statutory Framework for Early Years Foundation Stage）将"创造性和批判性思维"列为贯穿早期有效学习和教学的三大特征之一，但在论及幼儿学习与发展的领域时，仍然仅仅在"表达性艺术和设计"（expressive arts and design）领域的描述中提到了"创造性"。也有研究指出，尽管创造性应被认为是贯穿整个英国早期教育课程的核心，但一些相关的解释性文件仍然将创造性看作是在"表达性艺术和设计"领域进行想象的特质。在美国甚至世界幼

① MULLET D R, WILLERSON A, LAMB K N, et al. Examining teacher perceptions of creativity: A systematic review of the literature［J］. Thinking Skills and Creativity, 2016(21): 9–30.
② SEFTON-GREEN J, THOMSON P, BRESLER L, et al. The Routledge international handbook of creative learning［M］. New York: Routledge, 2011: 3.

儿教育领域具有广泛影响的全美幼儿教育协会（National Association for the Education of Young Children，简称NAEYC）组织出版的关于幼儿创造性培养的论著中也提到，"艺术——包括视觉艺术、音乐制作、戏剧/讲故事和律动/舞蹈——通常被认为是激发孩子创造性思维的有效方式。人们通常较少地将创造性与科学、数学、阅读、技术、社会研究和其他课程领域相关联。"[①] 在意大利，瑞吉欧教育方案以幼儿的创造性和多样性表达享誉世界，在诸多学习和发展领域上，瑞吉欧幼儿园特别设立了让幼儿充分发挥艺术创作潜能的环境设计，即Atelier艺术工作室，并特别配备了在艺术领域有专业背景的艺术教师。因此，瑞吉欧教育方案对幼儿艺术领域创造性的关注是非常明显的，这与意大利的艺术氛围和底蕴俨然是分不开的，意大利曾经孕育了文艺复兴，达·芬奇、拉斐尔、米开朗琪罗等均来自这片土地。

二、中国教师关注幼儿在更广阔领域的创造性，尤为关注科学领域

我国的不少研究也认为，由于幼儿的知识经验、逻辑推理和思维能力有限，创造性想象是其创造性的主要成分，因此对于幼儿来说，包括绘画、音乐、舞蹈、手工制作等在内的艺术领域是最常见的创造性表现领域。[②] 在本研究中，我国的幼儿园教师提及幼儿创造性时，也常常会提及幼儿在艺术领域表现出的创造性，不过教师们关注和认可的领域似乎更为宽广，他们都表示在幼儿园一日活动中看到了幼儿在身体运动、语言、社会等各领域中令人惊叹的创造性行为。

王老师1：我将手机里零星捕捉到的孩子玩皮球的不同玩法做成了一个三倍速的动态视频，放在教室大屏幕上播放。我和孩子们发现视频中共出现了十几种玩法，孩子们都震惊了。我和同

① ISBELL R, YOSHIZAWA S A. Nurturing creativity: An essential mindset for young children's learning［M］. Washington: The National Association for the Education of Young Children, 2016: 3.
② 林崇德. 创造性心理学［M］. 北京：北京师范大学出版社，2018：348.

事也很感慨："就这么一块小小的场地，他们居然想出了那么多花样，小小的皮球玩出了无限的创意！"

陈老师1：我们会请孩子尝试续编故事、散文诗等，给予他们想象和发散思维的机会，他们就会展现出很多创意，有时说出来的话就像诗一样，很让人惊喜。孩子们有时还自编绘本，有的故事编得很长，很有趣。

张老师1：他们在解决社会性问题时也很有创意。当几个孩子排队轮流荡秋千，有一些孩子坐上去总是不下来，其他孩子等不及就争吵起来。最后他们想出一个大家都能接受的办法，每个人坐上去数十下就下来。

教师们举了不少例子来说明他们在各个领域中都会有意支持、鼓励和肯定幼儿的创造性表现。而其中更特别的是，提到幼儿的创造性表现时，教师们举的例子最多的却是科学探究领域，[①]幼儿在科学探究领域中表现出很多令教师感到惊讶的创造性行为。

许老师：在游戏中，孩子们尝试着搭建各种造型的多米诺骨牌造型。渐渐地，多米诺骨牌造型变成了孩子们搭建的各种复杂装置中的一部分，他们在跷跷板、小球进洞等连锁反应装置中加入了多米诺骨牌造型（见图2-2、图2-3）。这里面能看到孩子们太多的创造和思维冒险。

杨老师：在这节集体教学活动中，孩子们在看了"奇特的建筑"（视频中，建筑物的主体部分大大超过了底部的宽度）后，两两结伴探索让积木超出小桌板边缘但又能保持平衡的方法，每

---

① 依据教育部颁布的《幼儿园教育指导纲要（试行）》和《3—6岁儿童学习与发展指南》，我国幼儿园将幼儿的学习与发展分成五大领域。其中，科学领域包括科学探究和数学认知两个子领域。

图2-2　跷跷板装置

图2-3　小球进洞装置

一组的方法和材料都不一样，大家愿意动脑思考，大胆尝试。

　　陆老师1：在户外区角活动中，孩子们为了让小鸟更方便地喝到水，尝试制作蓄水装置。他们制作了各种不同的装置，很有想法，很有创意。

　　在所收集的资料中，可以看出，教师们不仅记录了大量科学领域中幼儿创造性表现的案例，也设计和组织实施了大量鼓励幼儿进行创造的科学活动，而且这些科学活动往往与"工程"（engineering）关联在一起。与此同时，还有不少资料和案例指向了对幼儿在数学领域表现出的创造性的认可及鼓励。例如，在以下案例中，教师就看到了幼儿在数学领域中表现出的创造性行为。

案 例 2 - 1

数 积 木

　　男孩宸宸搭了一个"金字塔"（见图2-4），并在搭完之后反复数每一层的积木数量。俞老师观察到宸宸在游戏中反复点数的行为，立即评价了他的经验，即"对金字塔递减的特征和作品的积木总数感在好奇，而经验又相对模糊"，并将观察到的行为作为当天游戏分享的主题。

在讨论中孩子们发现一个规律，"从上往下数，数到第几层时，这层的积木数就跟层数一样"。不同孩子还提到了数积木总数的不同方法，睿睿提到了凑十法："我是把最上面（一层）的1块加上最下面（一层）的9块，就是10块。然后是8块加2块，再7块加3块，再6块加4块，这里一共有4个十，就是40块，再加个剩下的5块，就是45块。"

图2-4　金字塔

讨论后，孩子们对自己的想法进行了记录，其中有一幅记录很特别（见图2-5）。这名幼儿画到第九层积木的时候，由于"竖线太乱"就把第九层给涂掉了。老师给了他另外一张白纸，希望他画完第

图2-5　幼儿的记录

九层。然而令人意外的是，他竟然在每一层上加一根竖线，并在最上面画了一个只有一块积木的"顶"。接着，他又用彩笔把最上面一行一块积木和最下面一行九块积木涂成了绿色，又对可以凑十的其他几行分别进行了标记。这真是令人欣喜的学习过程：他非常清楚地掌握了第几层就是几块积木的数字规律，同时还用"每层加一块积木"的方法实现了记录的目的，这是学习成果自我检验的过程，也是幼儿迁移创造的过程。把可以凑十的积木涂上同样的颜色是幼儿根据自己的实际需要降低挑战难度的过程，体现了幼儿了不起的思维水平和创造能力。

（纸的右侧是教师记录的幼儿话语："我一开始画了8层，少

了1层，然后我又把它变成了9层，每个都加1层，就是加一根线，最上面再画一个正方形。我觉得凑10的办法很好，因为凑10算得很快，我因为不会数学所以还不会，但我觉得很好。"）

（上海大学附属实验幼儿园　许翠单　俞晓艳）

在《重访三种文化中的幼儿园：中国、美国、日本》中，美国学者托宾（Tobin）教授对2002年发生在思南路幼儿园中班的这样一个情景感到印象深刻。

5岁男孩邹邹在自由玩耍期间，坐在地板上把红色和黄色的圆塑料片摆放进小格板里，尝试一种新的排列方式。在接下来的班级分享活动中，邹邹展示了他在网格里摆放的新的模式图案。成老师在集体分享时表扬了邹邹，说他最新排列出的模式是全班自开始玩这种游戏以来创造出的第五种模式。邹邹用红色和蓝色的彩笔在纸上记录了他的排列方式，供班里的其他同学参考。[①]

托宾教授对此评论道，在美国幼儿园，数学的内容主要局限在数字和形状上，虽然幼儿也使用不同形状和颜色的材料制作有模式的珠串、意大利面串和水果串等，但教师很少意识到这些活动与幼儿数学思维发展以及创造性发展之间的关系。但以上案例中的成老师却用不同的方法支持班级幼儿在模式学习方面不断进行尝试和识别，"可以看到，这项任务不只是简单地制作一个模式，而是要不断创造并识别出用三种相同大小和形状的物体可以制作独特模式的数量"。[②]

---

①② TOBIN J, HAYASHI A, ZHANG J. Approaches to promoting creativity in Chinese, Japanese, and US preschools [M] //SEFTON-GREEN J, THOMSON P, BRESLER L, et al. The Routledge international handbook of creative learning. New York: Routledge, 2011: 151−159.

　　对此案例中的成老师做了进一步访谈后，成老师对录像片段中鼓励幼儿创造的教学设计做了进一步解释，她觉得还可以再做改进以激发幼儿在数学方面的创造性思维。

　　　　如果放在现在，我想我应该首先制订这样的规则：在孩子做好记录后，在（记录纸）反面标记一个数字。也就是说，在班级公开展示的不是孩子的作品，而是班级里创造出的第几种模式。比如说第一个孩子画好了他的排列方式之后，他就把他的记录插在第一个位置，反面写数字"1"，代表他创造了第一个模式。然后第二个孩子画好了就接龙。但是老师要去看这个过程，要观察出现了多少种情况。可能到了第五种、第六种、第七种、第八种以后，教师就可以跟他们分析：这上面插好的记录一共是几个小朋友玩出来的？猜一猜，有几种玩法？你为什么说是八种玩法？是不是真的有八种玩法？再呈现孩子的记录验证大家的猜测。是不是有一样的？有一样的就不是八种玩法，八个小朋友玩但可能只有五种玩法。然后再看看，小朋友们是不是可以像接力棒一样越接越长？最后来看看班级所有小朋友共玩出多少种玩法。与原来的做法相比，这样的引导使得幼儿既不会一味模仿，又尊重数字和数学本身，不断激励自己创造。

　　从以上案例可以看出，即使科学领域和数学领域的创造常常被认为比较难，但教师们在实践中非常认可和看重幼儿在这两个领域中的"微创造性"或"小创造性"。教师们并没有特别在意幼儿的创造成果，而是特别欣赏、鼓励和支持幼儿在这两个领域中的创造意识、创造性思维和创造性能力的发展。

三、讨论与建议

（一）我国幼儿园教师在创造性领域中的倾向性与社会文化背景相关

　　总体而言，与西方国家的教师相比，我国教师更关注幼儿在非艺术领域尤其是科学领域（含科学和数学）中的创造性。当把我国教师的一些相关表现和案例与美国、挪威、瑞典、澳大利亚的学者分享时，他们大多感受到了这种差异。他们承认自己国家的教师、家长甚至一些研究者通常更关注幼儿在艺术领域的创造性。

我国教师的这种倾向性实际上与我国的社会文化密切相关。一方面，在我国当前的发展阶段，整个社会更强调科学技术方面的创造性，科学家们也历来被认为是最具创造性的人才。有一些关于东西方创造的研究也提到，中国整个社会更认可科学方面的创造，[①]很多学生从小的梦想是当一名科学家。社会各界呼吁要让更多的青少年心怀科学梦想，树立创新志向。该社会背景对幼儿教育也产生了影响，中国幼儿园教师更看重科学领域的创造性，是与当前社会发展需求高度契合的教育观念。另一方面，我国教师更关注幼儿在更广泛领域的创造性，可能也与我国的教育政策密切相关。尽管我国教育部颁布的《3—6岁儿童学习与发展指南》在关于具体领域的说明上，也仅在艺术领域的学习与发展目标中明确提到了"创造"，但我国幼儿园教育改革在整体理念上同时强调要帮助幼儿逐步养成贯穿于各个学习领域的"乐于想象和创造"的良好学习品质（如"在阅读中发展幼儿的想象和创造能力"），因此教师在实践中看到的和实际关注的幼儿创造性的表现范围要更广泛一些。还有学者指出，由于深受儒家思想的影响，中国人历来都认为，创造性可以在任何领域展示，甚至可以是一个不那么有声望的领域，比如烹饪艺术。[②]这种隐性的文化或许也助推了中国教师对幼儿在更广泛领域的创造性的关注。

（二）我国幼儿园创造性教育实践应坚持涉猎宽广和综合的领域

我国教师对幼儿在科学及更多领域上创造性的关注，不仅与我国社

① YUE X D, RUDOWICZ E. Perception of the most creative Chinese by undergraduates in Bejing, Guangzhou, Hong Kong，ang Taipei［J］. The Journal of Creative Behavior, 2002, 36(2): 88-104.

② NIU W. Confucian ideology and creativity［J］. The Journal of Creative Behavior, 2012，46(4): 274-284.

会文化需求和国家教育政策相符，而且仅从创造性教育本身来说，这种更宽广的领域涉猎也值得我国教师传承和发扬，甚至也值得国外幼儿教师借鉴。

首先，幼儿在艺术领域的创造性并不一定就绝对优于他们在科学等其他领域的创造性。美国研究者在反思美国创造力正在下降时曾指出，西方国家传统观念认为，创造性特别指向艺术领域是没有根据的，是一种"艺术偏见"。事实上，当把某一项创造性任务交给工程专业和音乐专业的人时，他们获得的创造性分数在相同的范围内，具有相同的高平均值和标准差。在他们的大脑中，同样的事情正在发生——想法正在飞速地动态产生和被评估。在语言、社交、身体活动等其他领域也是如此，诸多关于创造性领域的研究也提出了相关的证据。例如，普吕克（Plucker）的研究结果表明，一般性因素可以解释被试在六个不同领域（美术，手工，表演艺术，数学，文学和音乐）的创造性努力，并且可以解释50%的总体方差。[①]有研究采用不同分析方法分析了359名中国本科生和研究生在这六个领域的广泛创意活动中的参与和成就，结果表明，创造性相对而言是一般性的。[②]陈（Chen）等学者研究了被试在艺术、言语、数学三个领域的创造力表现，也得出了相似的结论。[③]因此，艺术领域不一定是创造性最大的领域，可能存在跨领域的创造性，幼儿的创造性也是如此。

更为特别的是，由于对幼儿创造性潜能和思维发展水平的低估，较多研究者和实践者也低估了幼儿在科学领域的创造性，较多的研究都趋向于认为，幼儿的创造性主要表现在对逻辑思维能力要求较低的艺术领域。但

---

① PLUCKER J A. Reanalyses of student responses to creativity checklists: Evidence of content generality ［J］. The Journal of Creative Behavior, 1999, 33(2): 126−137.
② QIAN M, PLUCKER J A, YANG X. Is creativity domain specific or domain general? Evidence from multilevel explanatory item response theory models ［J］. Thinking Skills and Creativity, 2019(33): 1−9.
③ CHEN C, HIMSEL A, KASOF J, et al. Boundless creativity: Evidence for the domain generality of individual difference in creativity ［J］. The Journal of Creative Behavior, 2006, 40(3): 179−199.

中国教师举出了较多案例证实,"真实的儿童"是能够在科学甚至更多领域表现出让人惊讶的创造性。因此,我们应该认可并重视幼儿在科学领域的创造性潜能,并支持其潜能的展现和发展。当前,我国的社会发展对科学创新能力的培养提出了高需求,我们更应在可行的情况下坚持对幼儿进行科学领域创造性的培养。

其次,从个体创造性的发展过程来看,尽管学术界在"创造性究竟是具有领域一般性还是领域特殊性"的问题上仍然存在争论,但越来越多的研究和理论认为,创造性的发展是从一般向具体领域推进的过程。这也启示我们,幼儿园作为启蒙教育阶段,应更关注幼儿一般性创造性品质的培养,并且将其贯穿于幼儿在园的一日活动中。有研究指出,应从人的发展过程和年龄阶段来看待领域一般性和领域特殊性的问题,即人最初的创造性具有浅显性和领域普遍性,随着一个人年龄的增长或在某一领域或某项特定任务中获得更多经验,他的创造性才会更加专注于某一领域(图2-6)。[①]考夫曼提出的创造性4C理论也支持了这种观点,随着创造性层级的提高,即从"微创造性(Mini-C)"到"小创造性(Little-C)",到"专业创造性(Pro-C)",再到"大创造性(Big-C)",创造性活动的领域专业性越来越强,个体在多个领域富有创造性的可能也越来越小,但在微创造性和小创造性层级中,个体可以在多个领域实现创造性。

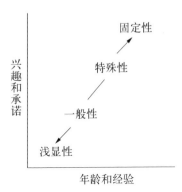

图2-6　创造性领域特殊性和一般性的概念化图示
(Plucker & Beghetto, 2003)

幼儿的创造性是粗浅的,一定程度上具有领域普遍性。因此,在

---

① PLUCKER J A, BEGHETTO R A. Why creativity is domain general, why it looks domain specific, and why the distinction does not matter [M] //STERNBERG R J, GRIGORENKO E L, SINGER J L. Creativity: From potential to realization. Washington, D. C.: American Psychological Association, 2004: 153−167.

幼儿园教育中，幼儿的创造性尚未定型，我们应将幼儿的创造性培养拓展至全领域。我们应让孩子相信在各个方面都可以发挥创造性，激发幼儿积极的创造意识和自我效能感，帮助其充分发展基本的创造性素养，为其专业性和领域特殊性的创造性发展奠定基础。创造性研究者索耶（Sawyer）指出："我是一位艺术教育倡导者，但是，如果学校教学还是以传授主义为核心，那么单纯的艺术教育是无法解决培养学生创造力的问题。在传授主义盛行的学校，培养学生的创造力无异于用创可贴来固定骨折的腿。我们必须要刨出问题的根源：我们需要把学校转变为具有创造性的学习组织，学生可以每天在其中创造知识，在每一门课程中创造知识。"[①]在调研中，本研究发现一所幼儿园遇到过类似的问题，即幼儿在艺术领域可以展现很好的创造性，在身体运动领域却看不到任何创造性。园长和教师反思后认为，这不是创造性在领域间是否可以迁移的问题，而是教师出于安全考虑不敢放手，更多地考虑幼儿身体技能的发展而相对忽略幼儿创造性的发展。当教师意识到问题的存在，并做出改变之后，幼儿的精彩创造行为明显多了起来。这也提示我们，不能仅靠突出某一个领域来培养幼儿的创造性，而应致力于将整个幼儿园教育打造成可以培育幼儿创造性的土壤。幼儿园的活动不同于中小学的活动，它常常是整合的，因此我们更应支持幼儿在跨领域的综合性活动中发展创造性（源自日常生活的活动、游戏活动、STEM活动、方案教学或项目式学习等都是很好的途径）。

当然，由于不同个体具有不同的兴趣领域、知识基础、认知方式和智力水平，这决定了其创造性优势会表现在不同的方面，[②]因此，在将幼儿的创造性教育拓展到全领域时，我们应注意幼儿的个体差异。

---

① 索耶.创造性课堂：为了21世纪学习者的创新教学［M］.柴少明，译.上海：华东师范大学出版社，2022：11.

② STERNBERG R J. A triangular theory of creativity［J］. Psychology of Aesthetics, Creativity, and the Arts, 2018, 12(1): 50−67.

　　同时，本研究也注意到，尽管我国幼儿教师越来越重视培养幼儿在艺术方面的创造性，但从整体来看，广大教师对幼儿艺术创造性的重视程度或相信程度仍然不高，不少教师对于通过艺术培养幼儿创造性的价值认识不足。《〈3—6岁儿童学习与发展指南〉解读》中指出，当前艺术领域教育存在的误区——艺术教育价值与目标定位上忽略幼儿的感知与体验、想象与创造等艺术本体能力的培养，艺术教育内容选择上重技巧。[①]因此，我们需要在更大程度上关注、相信及支持幼儿基于自我经验和自由想象的表达性创造。另外，研究也发现，教师对创造性艺术的定位偏重美术领域，对音乐领域中的幼儿创造性发展关注较少。

　　（三）适度关注幼儿创造性在不同领域具体表现的细微区别

　　总体来讲，幼儿的创造性可以涉及各领域，我们的教育也应主要指向跨领域活动中的一般创造性。考夫曼和贝尔（Baer）提出的创造力游乐场理论（the amusement park theoretical model of creativity）也启示我们，在从微创造性进入小创造性的过程中，创造性的领域特殊性或许会有所加强，我们可以适度关注幼儿在不同领域中展现出的创造性经验以及细微区别。

　　具体来说，创造力游乐场理论以到游乐园游玩作为隐喻，描绘了人们如何从一般性创造性活动逐步缩小并聚焦自己的创造性活动。按照该理论，从事任何创造性活动，首先都需要具备一些先决条件，包括智力、动机及支持性的环境。创造性活动的下一步是进入一般主题层面（general thematic areas），类似于我们日常生活中所指的领域，比如艺术、科学等。创造性活动的第三个水平关注更具体的领域，比如第二个水平中的"艺术"可以被细分为舞蹈、音乐等领域，各领域之间的差异更加明显。创造性活动的第四个水平是微领域。该理论将创造性的一般性成分和特殊性成分联系起来，说明这两种成分在四个层级结构中是如何重叠和区分的。先决条件、一般主题层面、更具体的领域、微领域也能跟微创造性、小创造

---

① 李季湄，冯晓霞.《3—6岁儿童学习与发展指南》解读［M］.北京：人民教育出版社，2013：158-159.

性、专业创造性及大创造性较好地对应，随着进入的领域越来越具体和细微，所需的领域特殊知识和经验也越多。一些关于创造性领域一般性和特殊性的实证研究也证明了这样的观点，尽管各项研究的结果之间还存有争议，研究者们也还在持续地收集证据来证明他们各自的观点，但持领域特殊性观点的研究者承认，的确存在必不可少的跨领域的一般性创造思维，而持领域一般性观点的研究者也意识到在创造性思维中也存在具有领域特殊性的思维技巧。[①]基于这样的观点，贝加托、考夫曼等在基于4C观点讨论学前教育中的创造性培养时，也建议幼儿创造性培养可以主要关注微创造性的培养，适度关注小创造性的培养，且应帮助幼儿发展社会、认知、语言等广泛领域中的创造性。在微创造性中，领域的特殊性并不太重要，但在小创造性的培养中，教师可以适度关注领域的特殊性，即在各领域中幼儿创造性所需的不同基础和不同具体表现。[②]

第二节　幼儿园创造性教育关涉的前期学习基础

在创造性的领域一般性和领域特殊性问题上，人们之所以有争论，是因为有不少学者或研究认为，掌握一定的领域相关技能或知识是形成创造性的重要基础。如美国创造性研究者阿玛贝尔（Amabil）就提出，创造性是在特定的社会环境下，通过创造性相关技能（creativity-relevant

---

① BAER J, KAUFMAN J C. Bridging generally and specificity: The amusement park theoretical (APT) model of creativity [J]. Roeper Review, 2005, 27(3): 158-163.

② BEGHETTO R, KAUFMAN J C, HEGARTY C B, et al. Cultivating creativity in early childhood education: A 4 C perspective [M] //SARACHO O N. Contemporary perspectives on research in creativity in early childhood education. Charlotte: Information Age Publishing, 2012: 251-270.

skilles）、领域相关技能（domain-relevant skills）和内部动机（intrinsic task motivation）的交互作用而产生的。①其中，领域相关技能作为涵盖专业知识、技术技能和特定领域才能的"原材料库"，是产生创造力的基础。②但也有学者认为，掌握领域相关知识或技能暗含使个体陷入认知僵化或行为固化的可能性，从而减弱创造的可能。也正因为与中小学生及成人相比，幼儿掌握的知识经验较少，"他们较少受到各种成规戒律的束缚，可以随意联想、拟人、神化"，③因而很多人认为，幼儿期是最富有创新精神的阶段，这在艺术领域表现得尤为明显。幼儿可以"大胆、浪漫、无拘无束地表现童心、童趣"，④因此很多艺术大家反而在幼儿的艺术作品中寻找灵感。毕加索就曾说，他能用很短的时间就画得像一位大师，却要用一生去学习画得像一个儿童。基于这样的观点，有不少研究者和实践者认为，为了保护和支持幼儿的创造性发展，并不需要幼儿储备知识技能作为前期基础。本研究发现，在这个问题上，尽管中国教师也存在争论和疑惑，尽管中国教师也强调不应用成见束缚幼儿的想法，但与西方国家的教师相比，中国教师更认同前期学习对幼儿创造性发展的奠基作用。

一、西方国家的教师更强调"摆脱已有东西的束缚"

西方国家更愿意在幼儿艺术领域加上"创造性"，很大程度上因为，与科学、语言等领域相比，幼儿在艺术领域的表现和表达不需要以太多的知识和事实作为基础，艺术领域更符合幼儿的心理发展水平和特点，也更具有自由想象和创作的空间，以及创新和突破的可能性。虽然也有国外学者

① AMABILE T M. The social psychology of creativity: A componential conceptualization ［J］. Journal of Personality and Social Psychology, 1983, 45(2): 357–376.

② AMABILE T M, PRATT M G. The dynamic componential model of creativity and innovation in organizations: Making progress, making meaning ［J］. Research in Organizational Behavior, 2016, 36(10): 157–183.

③④ 教育部基础教育司.《幼儿园教育指导纲要（试行）》解读［M］.南京:江苏教育出版社, 2002：177.

在谈及创造性教育时，认为"创造性不是要从具体事实中解脱出来，相反，事实调查和深入研究是创作过程中的关键阶段"，但是，与识字或算术等其他课程领域相比，"学科之上的自由"仍然是艺术的主导话题。虽然大多数幼儿教育者认为，每个孩子都有学习语言和数学的权利，但在每个孩子都有权学习视觉和艺术方面，"自由"仍然是优先考虑的。[①]根据西方的观点，儿童不需要储备许多知识也可以具有创造性，因为创造性就是去发现，摆脱已有的束缚。实际上，知识会限制想象力，会引导儿童去重复已有的想法。因此，在创造性的培育上，西方国家更强调自由基础上的创新。

例如，在《三种文化中的幼儿园：日本、中国和美国》中，美国的教师普遍认为"儿童的创造力与想象力是自然发展的，而幼儿园的角色就是提供一个创造力和想象力可以滋养的环境……在美国幼教者的眼中，创造力虽然能被引发和鼓励，但是不能被教"。[②]也正因为幼儿在前期没有学过什么内容，所以幼儿的创造性才会十分惊人，美国教师芭芭拉·库勒（Barbara Culler）在参加访谈时也表达了类似的观点。

孩子本身就有创造性，你无须让他去创造，只要给予他们机会，他们就能创造出惊人的东西。更可确定的是，他们的创造力远超过我们，你看看他们所做的一些艺术设计，由于他们还没有学习什么不应画或什么不应说，所以才会画出惊人的作品。假如你仔细听，他们随时都会说出令人惊讶的话语。[③]

二、中国教师更认可幼儿前期经验的基础作用

在与教师访谈时，很多教师承认，西方国家创造性艺术更强调儿童的

① MCARDLE F, PISCITELLI B. Early childhood art education: A palimpsest［J］. Australian Art Education, 2002, 25(1): 11-15.

②③ TOBIN J T, WU D Y H, DAVIDSON D H. Preschool in three cultures: Japan, China, and the United States［M］. New Haven and London: Yale University Press, 1989: 158.

自主性，更关注自由探索和自由创造的过程。不少教师还提到，《3—6岁儿童学习与发展指南》在艺术领域淡化艺术技能技巧的传授，更强调幼儿的自由表达与创造，自己的教育理念受到了挺大冲击。在学习、反思和调整自己的教育理念和教育方法后，教师们也意识到不能只关注艺术技能技巧的教授。

不少教师指出，他们经过实践、研究和总结反思后，仍然认为幼儿艺术方面的创造性与其前期学习一些基础方法、技能等并不矛盾。在不压制幼儿创造性的同时，引导或帮助幼儿学习一些他们能够理解和掌握的方法、技巧或经验，有助于他们的表达和创造。

岳老师：比如用橡皮泥创造，我们给予孩子充足的时间去探索。很有意思的是，教师引导孩子体验橡皮泥搓成长条并盘成一圈圈的圆盘后，孩子后期的创造跳跃到了一个非常丰富和有创意的阶段，很多想法都被创造性地表达了出来。

李老师1：教是为了不教，比如孩子在集体教学活动中体验了对折剪纸的方法，很感兴趣。他们之后就不断尝试和探索，最后就创造出了很多造型复杂的剪纸。这些创造并不都是我教的，其中有些我也要学一学呢。

蔡老师：有一次国外专家来我园参观时，看到大班小朋友的作品，都很惊讶。她们说自己国家同龄孩子也有创造想象，但创作不出这样的作品，他们的孩子可能表现不出那么丰富的细节。其实我们也鼓励孩子自由创造，但在适当的时候教给孩子一些方法，会更有助于他们的表达和创造。

当教师们在思考中国传统文化与幼儿创造性艺术之间的关系时，尽管在某些具体做法上仍然存在争议，但大家几乎都认为教师引导幼儿在前期学习和积累一些相关经验和技巧是必要的。

苏老师：我们曾在国际研讨会上介绍如何在美术教育中兼顾创造性和传承中国传统艺术的审美。我们展示了幼儿园小朋友的美术作品，国外教师都很惊喜，他们看到了中国传统艺术的美，也看到了幼儿的想象与创造。

吴老师：中国传统文化的很多内容是成人世界的一些理解和约定俗成的东西，对孩子来说，只有对传统文化有所了解，才能创作出与传统文化相契合的作品。但是这个过程和高瞻课程追求的开放、自由、自主的做法可能并不一致。那么，我们需要思考的是，如何把中国传统文化和创造教育的理念进行融会贯通？

我认为，中国传统文化中蕴含的东方美学概念应传递给孩子。当他接受了这种创作技法或者创作技艺，以及东方美学之后，就能在理解和感受中国传统文化的基础上进行创造性的表达。比如，我们幼儿园大厅展示的幼儿作品和集体教学活动中的幼儿作品，都是幼儿们在理解了中国水墨表现手法的基础上，对现代生活进行创造性的表达与表现。

刘老师：东西方的艺术都是美的，但西方艺术表现形式更直观，和孩子本源性的创造倾向相符，比如画面画得很满。中国艺术创造的表达表现讲究婉转，更讲究意蕴，比如中国艺术中的"留白"。依据幼儿的心理发展特点，他们可能更容易接受西方的艺术形式。如果我们不给幼儿接受东方文化的机会，那么他们对于东方文化的感悟就会越来越少。因此我们需要不断引导幼儿感受东方文化，进而喜欢东方文化。至于怎么吸引和影响他们，同时又不限制他们，这就是教育要去思考和平衡的。

从以上教师的话语可以看出，创造性艺术的方法、技巧与社会文化背景密切相关，中国的艺术形式和方法强调形神兼备、情景交融、美善结合，对其意蕴的体会、欣赏、理解和把握依靠完全开放、自由的方法可能很难，一些前期的学习和经验作为基础是很有必要的。教师需要恰到好处地引导幼儿，不限制幼儿的自我创造。

教师们对于幼儿前期学习或经验的认可，并不一定局限在创造性艺术领域。

> 顾老师：创造总是要有一些经验作为基础。前期不知道一些基础的东西，是不太可能有创造的。
>
> 吴老师：小朋友的创造很多时候其实是经验的、概念的链接和迁移，所以我们认为一些基础性的概念比较重要，然后在这个基础上再去寻求一点点创造的萌发。
>
> 曹老师：即使在以科学领域为主的项目活动中，拓宽幼儿视野，丰富幼儿经验也是激发幼儿创造的关键要素。

还有教师提到，当幼儿在创作或解决问题的时候，往往会因为经验不足而卡住，这时教师如果能够在经验上提供支持，就能帮助幼儿重新产生创造的欲望和行动。

> 陈老师2：孩子们想为他们正在探索的天鹅找一首歌，最开始找到了用《咏鹅》这首诗吟唱的歌谣。但后来，他们发现这首诗唱的是白鹅，不是天鹅，于是想自己创作。想了好几个版本，他们怎么也不满意。教师就组织了一次集体学习活动，引导幼儿感受诗歌的韵律，让幼儿在了解诗歌的基础上再去创作，效果就好多了。

与教师们的观点类似，王小英教授在讨论发展幼儿创造性应该注意的问题时也指出："幼儿通过各种活动掌握了一些知识经验，形成了一定的知识背景，这样幼儿就具备了进行创造活动的必要条件。在不同年龄阶段及不同领域的教育教学活动中，应把握好两个区：即'基础区'与'发展区'。所谓基础区是指教师必教的部分，即最基本的知识，最关键的技能，幼儿无师难通的部分；所谓发展区，指在教师引导下幼儿应用已有知识和经验自我发挥、自我创造的部分。没有'基础区'的'发展区'是空中楼阁。"①在查阅美国21世纪学习联盟研制的《21世纪学习之学前教育框架》（21ST Century Learning For Early Childhood Framework）、英国政府颁布的《早期基础阶段法定框架》（Statutory Framework for Early Years Foundation Stage）和解读西方国家关于幼儿创造性教育的框架或教育策略论述时可以发现，幼儿前期的知识或经验学习在创造性教育中较少被提及。尽管全美幼儿教育协会（NAEYC）在《0—8岁早期儿童发展适宜性教育（第四版）》中特别强调了用适宜的方式支持幼儿获得各领域的内容知识（content knowledge），也强调了内容知识的获得对幼儿思维、社会合作等方面发展的重要性，但并没有提到内容知识与创造性之间的关联。

三、我国教师普遍认可模仿为创造积累了前期经验

在西方文化中，模仿常被认为是创造的对立面。但我国不少教师认为，模仿是幼儿的天性，幼儿的自发模仿是在为创造积累前期经验。因此，教师应鼓励创造，但不应排斥模仿，不用强制幼儿模仿，但可以为幼儿创设自发模仿的环境和机会，让幼儿在模仿中产生创造的灵感。

上海市宝山区陈伯吹实验幼儿园的候建民老师也提到，最初在学习高瞻创造性艺术的理念后，他和同事们遵循所学理念，将幼儿的自发模仿与创造对立起来。但在进一步观察和讨论后，他们都认为幼儿是通过模仿先积累经验，后续在已有经验的基础上进行自发创造，因此模仿也是创造的前期基础（见案例2-2）。

---

① 王小英.幼儿创造力发展的特点及其教育教学对策［J］.东北师大学报，2005（2）：149-154.

 案 例 2 － 2

提供视频让幼儿模仿，限制了艺术创造？

以上海市级课题"高瞻创造性艺术课程本土化建设项目"为契机，我园开始研究创造性艺术课程下的表演游戏。带着疑问，也带着粗浅的想法，我和孩子们（中班）开始了表演游戏的探索之旅：我先引导孩子们欣赏大量艺术表演的视频，并启发家长让幼儿观看表演视频，试图唤起幼儿的艺术敏感性和表达欲望。之后，我让孩子们自己决定表演内容，根据自己的喜好生成了民族舞、中国功夫和解放军队列三个表演内容。接着，我根据孩子们的选择投放了相应的表演服装：漂亮的民族服装、武术表演的服装和军装。同时，我还投放了与表演内容相匹配的音乐和视频，支持幼儿的表现愿望，满足他们的表现需求。

孩子们果然对服装和音乐很感兴趣。每次表演游戏开始后，他们就自发地穿上服装，跟随音乐进行表演。起初他们也不知道该做什么动作，就主动看视频，模仿视频动作进行表演。他们会尝试记住视频里的某些动作，或用画画的方式记录动作。

当我向同事们介绍孩子们在表演游戏中最初的表现时，同事们认为孩子们都在简单模仿，看起来没有创造性，否定了我的做法："自主性的和创造性的艺术活动应该是让孩子自己寻找材料，产生表演内容，而不是一味模仿。""你是用材料引领孩子做你想让孩子表演的艺术。"

虽然心里还是没有想明白，但我听从大家的观点，调整了材料投放内容。

材料一：开放性的、玩法可变的材料（如围巾、布条、羽毛等）。

材料二：多种风格的音乐（如喜庆的、雄壮的、激烈的、柔美的音乐等）。

调整后的两周，面对琳琅满目的材料，孩子们表现得尤为兴奋。他们不断尝试摆弄每一种材料，在游戏中探索和把玩。但两周后，他们仍在自发地模仿视频中的内容：原先表演民族舞和中国功夫的孩子没有根据材料生成新的内容，仍然根据之前的游戏经验表演着以前的内容。由于没有了原来的服装，他们只能根据现有的材料进行简单装扮（比如使用布条和羽毛装扮自己），但他们实际的表演内容没有因为新材料而发生改变。

随着时间的推移，孩子们不再满足于照搬性的模仿，逐渐有了自己的想法和创造：跳民族舞的女孩们一开始根据前期的经验跳舞，渐渐地，她们会变换队形，创编新的跳舞动作。后来来了新成员，原来的舞台空间不够了，几个女孩来到材料区选择长短不一的毛绒长条搭建新的舞台。表演中国功夫的孩子们则将面具、方巾等材料穿戴在身上，依旧进行着功夫表演。在借鉴了几次视频中的动作之后，他们也渐渐创编了自己的动作。他们的小队长发挥了很好的带头作用，站在队伍前方带着队员一起模仿和表演。原先进行解放军队列表演的男孩受跳民族舞的女孩们的影响，也一起去搭建新舞台了。

可见，孩子们是极富创造性的，孩子们的艺术创造经常是通过自发模仿积累前期经验，然后在此基础上开始自己的创造性表达。他们不会满足于模仿，模仿并不是终点。作为教师，应该先接纳幼儿自发的模仿行为，顺应他们的兴趣需要，支持他们的探索和创造。

（上海市宝山区陈伯吹实验幼儿园　侯建民）

在与其他幼儿园交流时，这种看法屡见不鲜。如在鼓励幼儿跟随音乐舞动的创造性艺术活动中，教师会和孩子一起跳，允许孩子自发模仿，但最终会看见孩子在模仿后自己开始创作。如在某幼儿园的"狂欢十分钟"活动中，既有面向四个方向跟随领舞者（教师和幼儿）的模仿动作时间，也有幼儿自由表现时间。在一所农村幼儿园，很多教师不是学前教育专业，没有能力在艺术方面引导孩子，但他们为幼儿提供了大量可供欣赏的艺术作品，允许幼儿们进行大量的自发模仿，逐渐地，教师们发现了幼儿越来越多的创造性表现。还有H幼儿园的教师描述了幼儿从模仿到创造的过程：第一，模仿内化新经验，幼儿看着同伴的作品，在自发模仿中经历同伴的创作过程，在操作中内化新经验，如用木夹子做恐龙嘴巴的支撑物，达到一开一合的效果；第二，理解后迁移，幼儿掌握了一种新的表现方法后，会用其他材料替代，实现相同效果，如选用其他能达到支撑作用的新材料；第三，拓展学习内容，幼儿使用新材料，产生新的探索动机，进入到新区域开展活动，产生新的创造行为。

因此，我国幼儿教师普遍认可模仿在幼儿创造前期的作用，也认为模仿符合幼儿在创造性发展上的年龄特点。他们认为，幼儿的模仿往往孕育着后期的创造，幼儿不会满足于模仿，最终会有新的灵感和创造产生。我国关于幼儿创造性的一些研究也认为，模仿是幼儿创新的年龄特征之一，鼓励创新的同时应辩证地看待模仿。如王小英认为："对于幼儿来说，许许多多的第一次模仿实际上也是创造。无论是模仿的方式还是内容，对他来说都具有新颖性和独立性。同时，通过模仿，幼儿获得了关于动作、事物间联系的知识经验，悟出了在此之前他一无所知或不能理解的东西，为下一步的创造提供了条件和基础。因此我们决不能简单地、孤立地看待幼儿的模仿。"[①]《3—6岁儿童学习与发展指南》在关于"表现与创造"的教育建议中也提到，"欣赏和回应幼儿的哼哼唱唱、模仿表演等自发的艺术活动，赞赏他独特的表现方式"，这同样也隐含着"模仿与创造并不矛盾"的教育观。但从西方的文献来看，模仿在西方国家关于创造性的普遍认识中是比较少见的或者说是比较被抵触的，有美国教授认为，在美国的文化里更强调发明式的创造，不太认可模仿在创造过程中的作用。

---

① 王小英.幼儿创造力发展的特点及其教育教学对策［J］.东北师大学报，2005（2）：149-154.

四、讨论与建议

在儒家思想中，孔子强调最重要的学习方法之一就是"温故而知新"，中国的文化还强调"熟能生巧"，也就是对过去所学内容的牢固掌握或者对某项技能的重复练习以达到精通的程度，对于新的想法和创造是很重要的，在精通的某一刻，一个人或许就可以开始创造新的东西了。道家的思想还认为，创造力是要顺应"道法"的，人们需要创造力去发现与"道法"相契合的行为反应，并向他人展示其确实在顺应"道法"。[①] 在中国的文化里，与创造性相悖的不是传统，而是欠缺思考的习惯和常规；创造性的表现形式可能是"修正、改编、革新或者重新解释"，[②] 在传统的延续和稳定依旧得以保持的同时，新的想法也会带来改变。可以看到，我国的传统文化影响了教师对幼儿创造性培养的理念和做法。我国的教师认为，只要有一点点突破原来的基础，个人意义上的细微创造就可以被认为是创造性，也认可已有经验迁移基础上的创造。这种已有经验可以来自教师的前期引导，也可以来自自发的模仿，只要教师仍然给予宽松的环境，这些前期学习都可以引发幼儿的创造。但西方教育的观点可能与此有很大差别，在谈及中美创造性艺术的差异时，高瞻课程教学模式的培训教师认为，美国的创造性艺术更关注特殊性和独创性。鲁多维奇（Rudowicz）也提出，自文艺复兴以来，内源性地追求新颖性是西方创造力的固有属性，西方关于创造性的看法甚至可能在更大程度上强调反抗传统等。[③] 兰（Lan）和考夫曼（Kaufman）认为，美国人倾向于重视新奇和更具突破性的创造力类型，而中国人倾向于在有限的范围内欣赏创造力，例如重新设计传统概念。[④] 因

---

① WEINER R. Creativity and beyond: Culture, values, and change［M］. New York: State University of New York Press, 2000: 160.

② 刘诚，许娜娜，吴恩泽.创造力：当东方遇上西方［M］.程励，金培，译.成都：四川人民出版社，2016：58.

③ 同上：56-57.

④ LAN L, KAUFMAN J C. American and Chinese similarities and differences in defining and valuing creative products［J］. The Journal of Creative Behavior, 2012, 46(4): 285-306.

此，在西方幼儿创造性教育中，对前期学习经验的强调相对弱一些。

也有研究指出，人类的创造并不发生于真空，人类创造的作用不是源于虚无。哪怕是被认为极具创造性的艺术家毕加索，也是受到他人作品的影响，从而创作了自己的作品，换言之，他的作品是艺术史的产物，受到数千年前艺术的影响。①文化人类学家怀特（White）也指出，每种发明或发现都只不过是以往经验与当前经验在文化积累过程中的一种综合。②这种观点也支持了我国教师认为的"前期学习对于创造性培养同样重要"的观点。

如果将东西方幼儿创造性教育的观念相比较的话，就能发现两种观念各有优势。我国教师强调前期学习经验的观念和做法可能更有助于培养所有孩子的创造性素养，也更有助于兼顾文化的传承和创新以及创造在社会文化层面上的适宜性，而西方文化的观念可能更有助于实现较有革新意义的创新，两者或许在幼儿园教育中兼而有之。综合两者的观点，结合幼儿的特点、对实践的观察以及新近的一些研究和理论，本研究尝试提出如下建议。

（一）鼓励幼儿独特性的创造，不提前用知识和技能限制他们

不会过多地受到人类固有经验、知识或技能的束缚的确是幼儿的优势，从这个意义上讲，幼儿对世界万物的好奇心和探索欲或许是引导幼儿乐于创造并养成创造性思维习惯的重要基础。因此，成人应耐心等待幼儿的想法和创造，不急于用成人的眼光和知识经验，过早地向幼儿提供知识和技能，更不应用框架或范例去限制儿童。正如许老师在访谈中所说："如果成人过早地提供信息或者用成人的思维进行干预，反而会失去很多属于孩子自己的精彩和创造。"

（二）根据幼儿的需要，适时帮助幼儿丰富、积累和总结必需的经验

在幼儿尝试创造性地解决问题时，他们实际上在动用自己的经验进行

① 韦斯伯格.如何理解创造力：艺术、科学和发明中的创新［M］.金学勤，胡敏霞，译.成都：四川人民出版社，2017：56-57.
② 怀特.文化的科学：人类与文明研究［M］.沈原，等，译.济南：山东人民出版社，1988：133.

发散思维、重组思维和聚合思维，"知识经验的积累为发散思维提供了重组、加工的原材料"。①因而在幼儿需要的时候，基于幼儿的探索，帮助幼儿适时地整理、总结和丰富一些他们能够理解的且互相关联的经验或知识，有助于帮幼儿打开思路，进行创造。例如，角色游戏中，幼儿时常在他们已有生活经验的基础上进行再现、改造和想象。因此当幼儿在角色游戏的情节想象中遇到问题时，帮助幼儿拓展生活经验，让他在游戏时能够进行更丰富的联想和替代，常常不失为一种好的引导策略。在语言领域，如果希望幼儿能够进行故事创作，那么日常反复的图书阅读、基于理解和想象的讲述讨论、对故事情节和逻辑合理性的提问、词汇和语言表达经验的积累等，都在为幼儿的故事想象和创造奠定基础。在安吉县机关幼儿园大班的《西游记》阅读活动中，幼儿基于兴趣对《西游记》进行了长达两个学期的反复阅读、联想、记录、提问、讨论和讲述，最后幼儿主动提出要续编故事。如张静远小朋友续编的是唐僧师徒取经之后的故事，情节有一定的合理性，并且续编故事中的情节、物品设置以及人物特征都与原著有关联。他在原有故事情节的基础上发挥想象，形成了新的故事。每个故事之间都有因果关系或内在联系，一环扣一环，故事情节的发展合理且有逻辑。②又如，幼儿在进行科学领域的创造时，可能因为经验一闪而过，其创造的意愿和想法就随之消失了，但教师协助其通过思考进行总结、反思和提炼，幼儿可能会在此基础上又形成新的或更大的创造。幼儿对于符号等多种记录方式的习得，实际也能为其更好地记录自己的想法及探究过程，更好地去分析、推论和进一步创造打下重要基础。

即使在对前期经验或知识基础要求较低的艺术领域，幼儿的创造过程仍然在某种程度上会以自己的前期经验为基础进行再现、发散、想象

① 王小英.幼儿创造力发展的特点及其教育教学对策［J］.东北师大学报，2005（2）：149-154.
② 王佳，徐蓓."安吉游戏"课程中的阅读活动——以大班幼儿阅读《西游戏》为例［J］.幼儿教育，2021（11）：9-13.

和重组。例如一组幼儿想象了乌龟在生宝宝前的"结婚"场景并创作了一组作品，从其作品和表述来看，反映了他们跟随爸爸妈妈去喝喜酒的生活经验。因此，从幼儿艺术发展的特征和过程来看，幼儿在艺术活动中的创造也是基于他们的生活经验，以及他们探索艺术媒介和欣赏艺术的前期经验。"在儿童偶然发现了生活中实物之间的相似性，并且认识到手中的媒介对表现这种相似性的作用之后，儿童的表现活动才能开始：清烟斗的通条像蜡烛一样又长又细，胶水像蛋糕糖霜一样白，纱线像头发一样有弹性。然后，他们就会有意地去捕捉这些相似性。"①在此基础上，他们会产生各种联想，并能用不同的材料和方式创造性地进行艺术表达。同时，通过探索、参与欣赏和艺术评论，幼儿也逐渐开始认识到色彩和线条等艺术元素、不同的艺术方法和技巧能够帮助他们反映各种想法和创意，因而积累越来越多的相关经验。当幼儿发现一些方法（如混合不同比例的颜料和水可以出现不同的颜色）可以帮助自己表达创意时，他们也会通过探索、实验、互相学习甚至练习的形式来掌握这些方法和技巧。因此，笔者认为，要培养幼儿在艺术领域的创造性，教师并非不用支持和协助幼儿积累前期经验，幼儿也并非不用练习和掌握，只不过这种前期经验的积累应集中在前期的感知、欣赏和探索过程中。一方面，教师应为幼儿提供丰富的真实生活体验、艺术体验和欣赏，鼓励幼儿细致观察和多角度欣赏周围世界和艺术作品，支持和引导幼儿积极调动各种感官，与各种材料、工具、艺术作品和环境事物发生互动，由此产生自己的想法、情感和想象，在此基础上自然、自由地实现创造（见案例2-3）；另一方面，当幼儿在发展能力上做好准备，且有自主表达和创造的迫切需求时，教师可以给幼儿提供一些技能上的支持。需要注意的是，这种支持是基于观察，以尊重幼儿自主感知、自主表达创造为前提。正如上海浦东新区J幼儿园的教师们所总结的：孩子们的创作让我们深信，任何一种艺术表达所需要的技能都来

---

① 爱泼斯坦.我是儿童艺术家——学前儿童视觉艺术的发展［M］.北京：教育科学出版社，2012：34-35.

自表达的急迫性，都是被创作的热情逼出来的，当积累足够、热情足够、想法足够时，孩子们的创造就水到渠成。这时教师可以通过多种方式（如引入成人或其他幼儿的经验，引导幼儿反思和改进自己使用材料的方法），帮助幼儿丰富他们创作所需的艺术技巧和方法。当然，教师一定不能直接示范这些技巧和方法，创造内容的自由空间应该留给幼儿自己。

油菜花开了

在一次中班活动"油菜花开了"中，教师首先让幼儿运用多种感官去体验，教师与幼儿一起"看"油菜花，"闻"油菜花，"听"油菜花，"摸"油菜花，"说"油菜花，"变"油菜花，丰富幼儿对油菜花的感官体验。幼儿之后将他们的体验反映到了画作上，创作出来的作品各有千秋：有的画作上有蜜蜂的嗡嗡声，有的画作想表达花的香味，有的画作上有油菜花掉落的瞬间，有的画作上有风吹过油菜花田的景象……

图2-7 幼儿积累感官经验后创作的"油菜花"

（上海市闵行区莘庄幼儿园 郁亚妹）

　　从文化的角度来看，创造是否具有文化适当性，也是创造能否被社会成员接纳的重要前提。如前文所述，创造性定义的要素之一是"有价值"（有用性或适当性），因此在培养幼儿创造性的过程中，了解和认同自己所处的社会文化背景也是帮助其实现有意义创造的基础之一，这在艺术领域尤其明显。具体来说，艺术本身虽然具有一些普适性的方法和技巧，但艺术与文化密切关联。不同文化下的艺术形态和表现手法也是不同的，不同国家和社会的艺术背后常常隐含着不同的文化内核和精神追求。因此，在我国幼儿园的创造性艺术活动中，幼儿在接触世界不同艺术形式、扩大视野的同时，有机会接触、探索、体验和理解中国文化中的各种艺术表达方式和审美追求，对中国艺术美产生情感上的喜爱，愿意对中国的艺术形式和作品进行欣赏和讨论，也愿意尝试用中国的艺术材料去探索、表现和创造美。之前教师在访谈中提到的剪纸就是一个很好的例子，倘若幼儿前期没有接触过剪纸的艺术形式，恐怕很难在自然的状态下产生剪纸的艺术创造。也有人认为，京剧戏曲、青花瓷、水墨画等内容对幼儿来说，尤其是3—4岁幼儿来说，和他们创造表达的特点不相符合，他们很难很好地去欣赏、表现和创造，所以在学前教育中没有必要去涉及这些内容。但一方面，诸多案例证明，在前期给予幼儿接触、欣赏和谈论的机会，幼儿会喜欢中国的艺术形式，并愿意自发地去模仿和创造（如有幼儿接触过水墨画，主动要求教师在教室里创设水墨画区域；有幼儿对黄梅戏、绍兴戏等地方戏曲产生了浓厚兴趣，并根据感兴趣的故事制作表演服装、创编台词、编排表演等）；另一方面，虽然让幼儿感知中国艺术文化的形式和方法需要考虑幼儿的发展水平和经验，但从人类社会的发展历程来看，几千年来，全世界的儿童其实都在他们能够完全理解或掌握自己国家的艺术文化之前，就早已接触过这些文化，所以早期的接触是有价值的。儿童在学前阶段接触中国传统艺术形式，会对艺术文化所呈现出的音效、质地、视觉效果甚至气味等有所感知，并逐渐形成内化的经验而产生情感。我们无须期待幼儿在结果上完全理解或熟练掌握幼儿园向他们介绍的传统艺术，但其中蕴含的文化精神、文化韵味，需要通过集体环境下的接触、体验，使他们产生情感上的认同，并潜移默化地影响他们的创造性表达。

综上所述，各个领域的创造过程都可根据幼儿需要，适时帮助幼儿丰富、积累和总结必需的经验，虽然经验并不是创造性教育的目标所在，但经验是达成创造性发展的基础。当然，教师还需要注意以下几点：首先，教师不能用灌输的方式直接传递经验或直接教授知识技能，传授主义的教学只会妨碍幼儿的创造性发展。经验、知识、技能等适合幼儿发展水平且可激发创造的前期经验并非阻碍因素，传统的灌输式教育才是最大的阻碍。其次，当幼儿基于自己的经验进行想象创造时，肯定与现实存在差异，甚至会出现很多"天真理论"，这时教师也不应以成人的经验和知识去压制幼儿的创造性。最后，认为幼儿必须先打好知识或技能基础，而后才能进行创造的观点并不可取。因为过于注重幼儿创造的结果，其背后的假设及对应的教育实践已经导致幼儿养成了被动接受的思维习惯，幼儿的好奇心和创造精神或许已经被磨灭。虽然在布鲁姆的教育目标分类理论中（见图2-8），知识"记忆"被设定为认知过程中最基础的目标，"创造"被设定为最高阶的目标，"高一级能力的获得需要先获得前一级能力"，[①]但索耶指出没有研究表明必须按从低层次到高层次的顺序学习，可以一起开始。[②]亦有研究表明，与先仅仅通过低阶学习（lower order learning，如记忆、理解、应用）打下事实性知识基础相比，在进行低阶学习的同时，从一开始就进行高阶学习（higher order learning，如分析、评价、创造），反而能更有效地到达金字塔的顶峰。[③]依据人们对幼儿创造性潜力的看法，幼儿从一开始就具备创造的精神和能力，虽然幼儿的创造性是粗浅的，但并不影响他们进行创造性学习。

---

① KRATHWOHL D R. A revision of Bloom's taxonomy: An overview［J］. Theory into Practice, 2002, 41(4): 212–218.

② 索耶. 创造性课堂：为了21世纪学习者的创新教学［M］. 柴少明，译. 上海：华东师范大学出版社，2022：53.

③ AGARWAL P K. Retrieval practice & Bloom's taxonomy: Do students need fact knowledge before higher order learning?［J］. Journal of Educational Psychology, 2019, 111(2): 189–209.

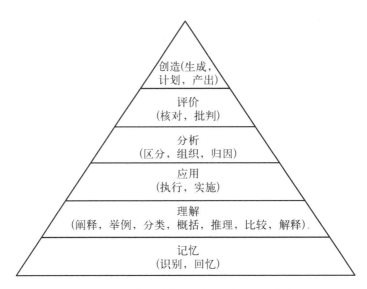

图2-8　布鲁姆的教育目标分类（修订版）

（三）帮助幼儿积累的前期经验应是相互关联和可迁移的

虽然东西方文化在创造的前期经验方面有不同的看法，但从理论和学术研究上看，创造性领域的研究者倾向于认为："人们知道得越少就越具有创造力，这种说法是错误的。"[①]"对于某一事物了解的意义越多，具备的知识越丰富，那么思考时就能从更多的方面、层次、角度去考虑，灵活性、变通性就越大，创造性观念也就越容易产生。"[②]但是，如果用标准化训练直接教授、帮助幼儿接受碎片化知识，那么幼儿会倾向于将这些知识作为固定化的内容进行记忆，且不能将这些知识灵活地联系起来，阻碍自身创造性的发展。因此，为了确保知识的获得既支持创造性的发展，又不形成思维定式，索耶提出了创造性知识（creative knowledge）的概念。创造性知识与零碎的、记忆性的浅层知识相对，具有很强的适应性，可以被灵活地应用在新的情境中，"当给定一个你以前从未见到的问题，创造性知识可以

---

① 索耶.创造性课堂：为了21世纪学习者的创新教学［M］.柴少明，译.上海：华东师范大学出版社，2022：19.

② 董奇.儿童创造力发展心理［M］.杭州：浙江教育出版社，1993：11.

帮助你采用一种更深层次理解问题材料的方式来解决该问题"。①创造性知识具有如下特征：它是深层知识——它是一个概念性的框架，可以帮助人们理解该学科的基本原则，这些原则和理论是浅层知识的基础，也为浅层知识提供了情境；它是大知识（big knowledge）——它有助于理解该学科的广度。它把不同的浅层知识整合在一个概念系统中，形成一个解释性框架，或者丰富的具有解释力的模型；创造性知识是关联的知识（connected knowledge）——每个小的知识点都与其他知识点联系在一起，这种联系既是在学科内的，也可以是跨学科的，相互联系的知识形成一个关联的知识网络。②要获得创造性知识，索耶认为需要使用引导性的即兴教学。这种教学方法是即兴的，教师给予学生充分的自由，让他们探究主题，形成他们自己的理解，同时又适当地引导他们即兴学习。董奇也认为，单从知识量来看，知识与创造力并无正比关系，但创造力与知识的质量呈正比关系，在知识的质量得到保证的前提下，知识量与创造力呈正比关系。有质量的、合理的知识结构应至少具备如下特点：具有着眼于联系的概念；具有双重的知识结构，包括按照逻辑关系建立的微观结构和在此基础上建立起来的以主题为中心从一般到特殊的宏观结构，这样的结构因加强了联系可能更有利于创造；具有大容量的在内容上有必要逻辑关系的信息；具有大量程序性而不是事实性的知识，事实性知识往往就事论事，而程序性知识只要求明确条件和线索，因此相对来说，其适用性较广，迁移性较强，较有助于创造。③索耶也指出：教授事实性知识并不能增加创造性。④也正如美国课程理论家塔巴（Taba）指出的，掌握具体事实和过程（specific facts and processes）的好处是相当有限的，这类知识可描述为是静态的，是'死胡

---

① 索耶 . 创造性课堂：为了 21 世纪学习者的创新教学［M］. 柴少明，译 . 上海：华东师范大学出版社，2022：3.
② 同上：9.
③ 董奇 . 儿童创造力发展心理［M］. 杭州：浙江教育出版社，1993：11-12.
④ 索耶 . 创造性课堂：为了 21 世纪学习者的创新教学［M］. 柴少明，译 . 上海：华东师范大学出版社，2022：21.

同'。掌握它们不会产生新观念，不会将思想引向前方。[①]

　　以上这些理论和观点虽然并不完全针对幼儿和幼儿园教育，但可以给我们启示：在鼓励幼儿创造的过程中，我们不应绝对地排斥前期经验或领域知识，但这类经验或知识不应是大量通过记忆、直接教授等固定程序获得的零碎的、浅层的事实性知识。我们可以支持幼儿在生成性的、综合性的自由探索和主动活动中建构自己的经验。在此基础上，教师根据幼儿的创造需要，支持幼儿通过分析、综合、评价、讨论、反思等形成一些对解决问题有宽广性和灵活性的、互相关联的经验，在可能的情况下甚至可以是创造性知识。这样，幼儿将更灵活地在各种情境中实现经验迁移，将原来被认为毫无联系的事物或想法进行关联，从而产生新的想象和创造。例如，幼儿在前期游戏和集体活动中建构了关于"如何使物体保持平衡"的经验，当他们迁移平地搭积木的经验，在坡面上搭建"直升机"时（他们在电视上看到的直升机都是停在楼顶或山坡上的），就运用了相互关联的经验进行创造：两块短木板压在一块长木板上面，以建造"平整的底座"，长木板一端虽然翘起，但整个底座是平的（见图2-9）；用手掌测量两个圆柱体积木是否在一个水平面上，以确保两根圆柱体积木的高度相同，让放在上面的支架能保持平衡（见图2-10）；增加接触面以保持上方物体的平衡；在圆柱体积木支撑起的长木板两端放上同样的木板时，两名幼儿采用"数到3，一起放"的策略（两端物体重量应保持一致且放在对称的位置上，才能保持平衡）（见图2-11）……教师在分析此案例时，也提到虽然幼儿还在建构新经验，但从中已能看到幼儿在新情境中产生了大量的经验迁移，以及在此基础上创造性解决问题的表现和新的创造成果。[②]

---

① TABA H. Curriculum development: Theory and practice ［M］. New York: Harcourt College Pub, 1962: 175.
② 秦燕. 山坡上的直升机——发现建构游戏中的幼儿深度学习［J］. 上海托幼，2023（3）：12-13.

图2-9

图2-10

图2-11

（上海市嘉定区新城实验幼儿园　秦　燕）

（四）允许幼儿自发地模仿和重复，相信幼儿会超越模仿且予以鼓励

虽然在不同的文化背景下，人们对模仿与创造关系的认识并不一致，但不可否认的是，模仿是幼儿的天性，是幼儿探究事物的方式，是他们积累经验、突破模仿、形成创造的前奏。幼儿往往会在已有认识和理解的水平上，以自己的方式对印象深刻的、感兴趣的事物或新观察到的经验自发进行模仿，如模仿自己喜欢的文艺表演，模仿绘本的插画表现手法，模仿同伴使用材料的方法等，甚至在模仿过程中出现很多重复。我们不鼓励教师高控和强制性"照抄"，但允许甚至鼓励幼儿自发产生模仿（包括即时模仿和延时模仿）和重复。模仿是幼儿为自己的创造积累前期经验，重复是在为同化新经验打下基础。随着时间的推移，幼儿们不再满足于照搬性的模仿和重复，一定会有自己的创造和想法。

我们应相信，在创造性的环境下，幼儿是极富创造性的。模仿并不是终点，对于幼儿来说，观察模仿和借鉴实际上会刺激创造性的革新，幼儿会在模仿中不可避免地加入自己的思考和想法。因此，本研究认为，只要教师为幼儿营造鼓励创造的环境和氛围，教师就不用害怕"模仿"和"重复"会限制幼儿的创造性，也不用绝对地排斥模仿。当然，教师可同时鼓励幼儿原创性的、具有个性特点的原始创造。

第三章

幼儿园创造性教育的
个性化或集体指向

要清晰地界定幼儿的创造性，还会关涉另一个关键问题，即幼儿的创造性是个体的还是集体的？这也是幼儿园实施创造性教育中的关键问题。东西方幼儿教育者对这个问题有着不同的看法和做法，虽然都认为应强调幼儿的个体创造，但从研究收集的资料来看，中国教师更看重幼儿的群体合作创作，在实践中也更强调发挥集体对促进个体创造的价值，与"合作""群体""集体"等相关的词汇在研究数据中频繁出现，甚至被认定为是与个性化同等重要的核心要素。本章将对这一现象详细展开阐述和讨论，并在此基础上尝试为我国幼儿园的创造性教育提出一些建议。

第一节　创造性教育的个性化指向与集体主义文化的碰撞

一、西方的幼儿创造性教育更强调个性化

由于创造性通常意味着主体应该有自己新颖而独特的想法，西方有研究认为创造性最明显的性格特征之一就是个人主义。[①]"长期以来，创造性的相关文献一直被这种强调个人自主性，并将人视为独立的和自给自足的倾向所主导。创造性行为被认为只反映了内在的、个人主义的特征、动机和价值观。"[②]相应的，国外很多研究和实践认为，要培育儿童的创造性，应该鼓励儿童的个性化表现，并通过个性化的活动来实现。

---

① MCARDLE F, PISCITELLI B. Early childhood art education: A palimpsest〔J〕. Australian Art Education, 2002, 25(1): 11–15.

② HENNESSEY B A. Creative behavior, motivation, environment and culture: The building of a systems model〔J〕. The Journal of Creative Behavior, 2015, 49(3): 194–210.

　　西方社会本身比较崇尚个人主义文化，与其他教育阶段的学生相比，幼儿常常被认为是个体间差异更大且社会交往和合作能力较弱的群体，他们往往关注各自的不同兴趣和需要。因此，在西方幼儿教育研究和实践中，当提及"创造性"时，人们常常将幼儿与"个性化"之间画上等号。例如，在英国早期教育教师培训中，当教师被问及他们对创造性的界定时，"个性化"是教师们认定的关键词之一。[①]当笔者和美国、挪威、瑞典和澳大利亚的幼儿园教师就"创造性"进行交流时，他们也不约而同地都提到了"个性化"一词。美国21世纪学习联盟于2019年发布的《21世纪学习之学前教育框架》在对早期儿童学习"创造性与创新"进行具体描述和行为列举时，虽然也提到了幼儿观察他人、对他人作品进行评论等与他人的互动，但基本都是从个性化的角度来陈述的；虽然在"创造性与创新"之外还并列有"合作"的目标，但在进行相关阐述和行为列举时，也并没有提到幼儿群体协商合作创造。即使有研究关注到了学校里的合作创造，但在学前教育阶段仍然将创造性定位在个人创造层面。

二、中国文化中的集体主义常被认为是幼儿创造性发展的不利因素

　　在研究社会文化环境对创造性的影响时，诸多研究长期把以个人主义为特征的文化和以集体主义为特征的文化作为比较的基本维度，且基本都认为，个人主义文化重视独立、自主和自我表达，而集体主义文化强调适应、服从、从众、集体主义，前者有利于创造性，后者阻碍创造性。[②]中国是集体主义文化的典型代表，人们也倾向于从障碍论的角度来讨论集体主义文化对儿童创造性教育的影响，如有研究者认为，重视一致性的教学风格、重群体轻个体等中国传统文化，与创造性教育之间具有不相容

---

① MOHAMMED R. Creative learning in the early years: Nurturing the characteristics of creativity［M］. London & New York: Routledge, 2018: 30.
② 斯滕博格. 创造力手册［M］. 施建农，等，译. 北京：北京理工大学出版社，2005：126.

性，^{①②}中国教育应当进行反思和改革，应把创造性更多地与个性化的、独立的个人活动关联起来。

　　同时，尽管越来越多的公司在经济活动中鼓励和支持以集体形式进行创造，但在教育中却很少强调集体作为一个组织对学生创造性培养的作用，也较少有研究去真正分析如果学生在学校中进行集体创造，其过程和机制是怎样的。诸多研究在试图阐述中国基础教育应培育的创新素养或创造性教育时，强调"独立"是创新人格的重要方面。^③不过研究在强调个性化的同时，大多并没有涉及集体在创造性中的作用。

　　在学前教育领域中，人们更强调通过个性化的活动来培养幼儿的创造性，相对忽视甚至贬低集体活动的作用。在《重访三种文化中的幼儿园》中，美国的幼儿教育工作者批评日本小松谷幼儿园的老师主导的集体活动，认为这样的活动不允许幼儿发挥创造力。在看过两所美国幼儿园的录像后，他们也照例批评两所幼儿园都组织了太多的集体活动。一位美国园长在访谈中这样评论她幼儿园两位教师的教学方式："弗兰更看重创造力，开放式的游戏，在各种活动中与孩子一对一地互动。她不像芭芭拉的结构性那么强。"^④"在观看录像后的讨论中，珍视个人主义价值、贬低与个人主义背道而驰的团队主义和权威主义的各种评论，反复出现在美国老师和园长的表述中，出现在对大集体活动、教师主导教学活动的批评中。"^⑤

　　国内的不少相关研究也支持这种说法，研究普遍强调"编制学前创造教育课程一定要突出个性化，这样才能为幼儿创造性和个性的发展开拓广阔的自由空间……个性化是学前创造教育课程内容组织的一个重要

---

① CHENG V M Y. Tensions and dilemmas of teachers in creativity reform in a Chinese context [J]. Thinking Skills and Creativity, 2010, 5(3): 120-137.
② 杨莉君. 儿童创造教育障碍论 [M]. 长沙：湖南师范大学出版社，2008：66.
③ 甘秋玲，白新文，刘坚，等. 创新素养：21 世纪核心素养 5C 模型之三 [J]. 华东师范大学学报（教育科学版），2020（2）：57-70.
④ 托宾，薛烨，唐泽真弓. 重访三种文化中的幼儿园 [M]. 朱家雄，薛烨，译. 上海：华东师范大学出版社，2014：156.
⑤ 同上：172.

的价值取向"。①也有研究认为，中国的幼儿园教师在理念上认同根植于西方个人主义文化的一些创造性教育理念，但在实际教育行为上又会出现错位和不一致，其原因在于受到中国本土文化（如儒家集体主义文化的传统教学精神）的束缚，因此，教师可能会发现很难在实践中充分纳入创造性教学法。②一些幼儿教师也提出这样的困惑：如何在集体活动中培养幼儿的个性，以支持他们的创造性发展？既然强调创造是个性化的，那么在以发展幼儿创造性为主要指向的教育教学中，集体活动的价值在哪里？经过长期的课程改革，幼儿已经拥有了大量的个性化活动机会（如游戏、区角活动、小组探究活动等），强调共同注意的集体教学活动又常被认为是抑制幼儿创造性的，那么在强调创造性的课程领域（如艺术领域），我们是否索性就取消集体形式的教学活动呢？

三、再思考：集体主义文化能否成为幼儿创造性发展的促进因素

强调个性化和独立人格培养的教学方式的确有助于培养幼儿的创新精神，将集体主义文化视为障碍的观点在某些方面也确有一定道理，它们有助于教师破除"从众心理""强调一致性"等桎梏，以促进幼儿创造性的发展。

但如前文所述，中国的文化也是鼓励创新的，中国过去在世界上诸多领先的发明或发现，也印证了中国传统文化中所蕴含的巨大创造精神。中共中央办公厅、国务院办公厅印发的《关于实施中华优秀传统文化传承发展工程的意见》中指出，"革故鼎新、与时俱进"和"乐群"都是中华优秀传统文化的重要内容，这两者并不矛盾。这势必也带来一个值得思考的问题：更加注重"集体"的中国文化是否只强调了"从众""服

---

① 袁爱玲.学前创造教育课程论［M］.北京：北京师范大学出版社，2001：80.
② NG A K, SMITH I. Why is there a paradox in promoting creativity in the Asian classroom?［M］// LAU S, HUI A N N, NG G Y C. Creativity: When east meets west. Singapore: World Scientific, 2004: 87–112.

从"？在现今的教育中，中国文化对"集体"的强调是不是幼儿创造性发展的促进因素？

　　本研究发现，虽然中国的幼儿教师也强调个体的创造性，强调要凸显个性化在创造性教育中的价值和作用，但是同时提到了利用"集体"因素来促进幼儿创造性发展的策略或方法。这类具有文化特征的中国幼儿教师的实践经验，与国外的幼儿创造性教育方法有很大区别，在关于创造性的学术性文献中很少被提及，但它具有很大的价值意蕴。本研究以中国幼儿教师的实践智慧和蕴含在其中的关于"集体"的深层次文化底蕴来证明，"集体"可以对儿童创造性的发展起到促进作用，儿童创造性教育的研究和实践都应适度打破去文化背景的心理学研究范式和个人主义的倾向，将"集体"视作一个积极因素加以利用。

第二节　我国教师通过集体促进幼儿创造性发展的实践经验

　　由于我国教师越来越意识到"探索源自儿童的内在动机""尊重幼儿自己的好奇心""教师退后，给予幼儿更大的自由和自主权"等是促进幼儿创造的重要前提，因此，在促进幼儿创造性发展的教学策略上，教师们普遍弱化了教师发起的、结构化程度相对较高的传统集体教学活动，在更大程度上尊重幼儿依据自己的兴趣、经验和好奇心所发起的活动，尊重幼儿个性化的活动，并通过"高质量的师幼互动"给予幼儿个性化的教育支持。与此同时，教师们仍然重视利用"集体"这个因素来推动幼儿的创造性发展，这主要表现为对群体合作和集体交流的重视。

一、更鼓励幼儿通过大群体合作实现创造

教师们虽然身处不同的幼儿园，但都不约而同地提到了幼儿小组合作创造或集体创造的案例。教师们通过案例分享表达了他们对群体合作的认可与关注。

虽然有教师提到了要避免幼儿之间的"假合作"，即教师强行要求儿童合作或"为了合作而合作"，应该尊重幼儿的自发需求和合作的能力，但教师们都认同幼儿"真合作"对创造的促进作用。他们普遍认为，与幼儿个体活动相比，合作能集结群体的力量，通过幼儿之间的互相补充、互相比较和互相启发，产生更多的创意或更好地实现创意，因而鼓励幼儿群体合作是促进幼儿创造性发展的重要途径。教师们还提到，他们会有意识地提供适宜合作的材料、环境等促进幼儿创造性的发展。

> 过去，我们给孩子玩的建构材料大多是雪花片、小积木等小材料，孩子们通常一个人就可以搭建了。但是，这样的材料提供限制了孩子们的创造性和想象力，他们也享受不到合作的乐趣。现在，我们会提供大积木，引导孩子们一起玩、一起合作。我们可以很明显地看到，合作有利于培养孩子的创造力和想象力。很多时候，创造靠个人很难实现，合作更容易引发多角度思考，使大家互相启发，所以材料的改变对幼儿创造性的发展很有价值。

在"高瞻课程创造性艺术活动本土化实践项目"中所收集到的材料也印证了群体有利于创造性培育的看法。该项目在探究幼儿园创造性艺术活动的开展时，研究人员向中国教师介绍了美国高瞻课程的相关理念和做法，中国教师则在此基础思考自己幼儿园的创造性艺术活动可以从中学习和借鉴的经验是什么。其中争议最大的点就是，美国的幼儿园课

程更强调幼儿在创造性艺术上个性化的表现和表达；中国教师虽然也认同应鼓励幼儿个性化的创造性表现，但同时还非常在乎群体的创造性艺术活动（大组或小组的形式）。参加该项目的十所幼儿园在项目交流时，不约而同地都提到了幼儿小组合作的案例，认为幼儿合作可以通过幼儿之间的互相补充、互相启发，来实现和发展创意（如华山美术幼儿园的7名幼儿合作为小猫造家，见图3-1、图3-2）。我国教师在组织集体活动（尤其是大班集体活动）时，会经常请全班幼儿分成若干组别（6—8人）进行合作创造，教师会邀请幼儿合作创作作品。与国外只有2人小

图3-1　7名幼儿自发形成小组，一起为小猫造家

图3-2　小组合作创想故事中的画面

图3-3　所有幼儿都参加的跨班合唱活动

组或3—5人小组的活动相比，我国小组合作中的幼儿人数较多，更多地被要求形成一个创作作品。

更特别的是，除了小组合作和大组合作外，不少教师还提到了通过支持幼儿进行更大范围的集体创造，来促进幼儿的创造性发展。例如，幼儿提出要一起为班级里养的小仓鼠设计和制作包含坡道、秋千、迷宫、机关等各种创想在内的仓鼠乐园。因为班级幼儿有较强的内在动机，加上集体氛围的影响，整个集体的共同探索和创作持续了很长时间，教师们也感叹于孩子们如此丰富的想象和坚持不懈的创造。上海 T 幼儿园的幼儿合唱活动在被质疑抑制幼儿个体自由的创造和表达后，教师们做了一些改变，以鼓励幼儿个性化的表达表现，但没有放弃合唱的形式。他们鼓励幼儿共同改编歌词或用自己喜欢的方式演唱（见图 3-4），鼓励幼儿共同唱出他们在日常生活中想表达的心声，支持幼儿表现一种蕴含"和合"之美的创造。在这个过程中，教师们发现了幼儿很多创造性表现。在进一步谈及幼儿创造性艺术学习与发展方面的观察评价指标时，不少教师会反复强调在关注幼儿个性化表达的同时，合作进行创造性艺术活动也应是重要的观察指标。教师们认为，集体或小组合作的艺术表现有一种"和合"之美和互相接纳、互相配合、互相启发的价值，可以超越个人力量，达到不一样的创造性表现与表达，但美国的相关评价指标中却很少涉及该内容。美国的培训教师在一次研讨中不解地问道："为什么要合作呢？视觉艺术不应是个人的表达吗？"

图 3-4　班级集体活动鼓励幼儿创编自己的合唱方式

再如，北京市幸福泉幼儿园探索使用了一种创造性教学模式QEOSA（问题Question—探索Exploration—优化Optimize—展示Show—行动Act，该模式亦称为"巧思法"），该模式被研究证明能够有效促进幼儿创造性的发展。[①]国外学者在对该模式进行概念化讨论时指出，它是一种基于群体的教学法，强调创造性解决问题的社会和共同建构性质。[②]与以往创造性教学要求幼儿完成发散性思维任务的方法不同，该模式以幼儿在真实生活中遇到的问题为起点（如班级里一位女孩提出问题：我爷爷需要在不同时间服用不同药物，但总是忘记吃药，爷爷因遗忘而烦恼，该怎么办？），全班集思广益，以受儒家和道家文化影响的"双赢"观念（保留优点、避免缺点，避免非此即彼，如爷爷既能按时服药，又不用麻烦女孩的父母一直提醒）选择和优化创意，最终集结全班的力量形成最优解决方案并设计成产品（获得正式专利的有自动提示功能的多功能药盒）。该模式的集体创造还表现在，除了幼儿间的互动和合作外，教师与儿童的互动以及亲子互动也贯穿于集体创造过程，幼儿、教师和家长是共同建构的集体成员；产生自幼儿的问题池、集思广益形成的产品集合和创意库被有意识地作为公共记录而留存下来，以便以后以集体方式进行创造时使用。[③]这一案例同样显示了中国教师的经验，即利用更大范围的集体合作来激发幼儿的创造动机、积极情绪；集结集体的力量来帮助幼儿共同实现兼具新颖性和社会价值性的创造，幼儿能由此获得很大的成就感。

二、强调集体分享与反思对幼儿个体创造性的促进作用

除了关注群体合作对幼儿创造的促进作用外，很多教师还提到了幼儿经验交流对创造性的促进作用。教师们认为集体环境中的交流有助于幼儿

[①] CHENG H, DAI D Y, YANG P, et al.QEOSA: Testing a pedagogical model of creative problem solving for preschool children［J］. Creativity Research Journal, 2021, 33(4): 1–11.
[②③] DAI D Y, CHENG H, YANG P. QEOSA: A pedagogical model that harnesses cultural resources to foster creative problem-solving［J］. Frontiers in Psychology, 2019(10): 833.

的创造，其具体作用和机制主要表现为经验共享、集体反思、批判性建议三个方面。

（一）通过共享实现个体经验的借鉴、迁移直至创造

教师们认为，在开放包容的氛围中，幼儿在集体中分享各自的经验和做法，可以实现经验的积累和迁移。这是幼儿互相启发、互相学习、互相借鉴和互相激励的过程，不仅不会限制创造，反而有助于引发出新的创造。

例如，上海X幼儿园的教师们在研究如何培养幼儿创造性的过程中认为，教师应该充分利用集体教学活动的机会引导幼儿互相分享和总结经验，为幼儿后续的创造性发展打下基础。

吴老师：创造性艺术集体教学活动的过程是幼儿分享各自创作作品并互相学习的过程，这有助于培养幼儿的创造性表现。

如在该园的一次集体活动中，幼儿们分别画出了自己心目中龙的形象，并自信地在集体面前介绍自己的创作（如借助繁体字"龙"进行创意表达，画了在海水中藏起来的龙，神龙见首不见尾的场景，在天空中腾云驾雾的龙，盘旋着在睡觉的龙，喷火的龙等）（见图3-5），教师带领幼儿一起聆听并讨论了各自的经验（如用拍打颜料的方法画出想要表达的场景），最后教师亲自展示了自己如何从小朋友的经验中受到启发，画出了自己独一无二的作品（见图3-6）。该幼儿园的教师们还总结出了"梳理迁移法"的策略，即教师在集体活动中，和幼儿一起对他们活动中的创意行为进行梳理、提升，把个体经验上升为集体经验，鼓励幼儿在实践中迁移运用，由此帮助幼儿积累经验，并在其他活动中自由提取，再次运用和创造。

与该幼儿园教师的看法相似，很多教师在访谈中都提到了集体交流活动有助于迁移个体经验，引发更多创造性行为。虽然教师们所提到的集体

图3-5　幼儿介绍自己的作品

图3-6　教师汲取幼儿经验，创作自己的
作品

交流活动发生的场景和形式各不相同（如游戏中的分享活动、游戏后的集体分享活动、集体游戏中的讨论活动、幼儿区域性运动活动后的集体分享活动、幼儿自由创作美工活动后的集体分享活动、个体阅读后的集体分享讨论活动等），但教师们都很看重经验传递、迁移对幼儿创造性行为发展的推进作用。

　　许老师：游戏后通过图片和视频让幼儿集体讨论，就能使个别幼儿的经验向更多幼儿迁移，以引发更多的创造。比如在多米诺骨牌案例中，两名幼儿在原有经验的基础上，合作搭建了T形、S形多米诺骨牌。搭建好之后，他们迫切希望老师和同伴一起见证"奇迹"。这说明他们对自己的作品很满意、很欣喜，想立刻验证自己的想法是否能够成功。实验的成功也鼓励了其他幼儿去搭建更高难度的多米诺骨牌。于是，幼儿们充分发挥想象，搭建出了各种造型的多米诺骨牌。后来，幼儿们又突发奇想，把多米诺骨牌作为他们所建构装置中的一部分，让多米诺骨牌为自己的创意服务。我们不得不佩服幼儿的思维水平和创造能力，也不得不感叹，有效的交流分享给每一名幼儿的发展所带来的意义。

张老师2：我认为教师的角色是"我不生产智慧，我是孩子智慧的搬运工"。作为教师，我组织的集体规则游戏就是想让孩子们有机会在复杂多样、灵活多变的群体互动中生成多种问题情境，基于个人经验产生不同的问题解决策略。在游戏和集体讨论的过程中，孩子们会相互传递信息，灵活学习同伴的好办法。这样大家就能不断地突破自己的经验，在彼此学习的基础上形成更有创造性的游戏智慧。

除了组织集体交流活动外，多位教师还提到要为幼儿创设有利于经验分享的环境，让集体中幼儿的不同经验成为促进幼儿创造的资源。例如，陆老师幼儿园的教师对如何通过环境促进幼儿的视觉艺术创造进行了研究，其中一个有效经验就是在环境中设立促进幼儿互相交流和启发的展示区和学习资源区。

陆老师2：在班级或美工活动室的环境中，借助实物、照片和视频等方式展示幼儿作品，把使用材料进行创造的不同经验直观地呈现在幼儿面前，促使幼儿互相欣赏，互相传递创意经验，激发幼儿在互相学习、交流互动中形成新的创意。

环境创设引发新的创造存在若干种情形，如：大班幼儿在欣赏同伴作品的过程中，产生了合作意念，他们尝试用一个共同的作品将各自以往的作品连接起来，不同的创作经验、不同的灵感和思考在这里得以汇集、选择和完善，使得幼儿个体综合使用材料进行创作的机会和能力得到增强；有幼儿会自发模仿同伴的创作，在内化新经验后受到启发，产生自己的创造；有幼儿会使用新材料达到同样的效果；有幼儿创作时遇到问题，会主动到展示区或学习资源区寻找可借鉴的创作经验，完成自己的创作。

其实，中国教师不仅在艺术领域的创造性活动中强调集体环境对幼儿经验迁移和再创造的积极作用，在其他领域活动中也持相同的观点。如很多教师都会在建构区、阅读区等区角环境中呈现幼儿的建构作品、创编的故事以及创作过程的照片，方便幼儿互相激励、互相观察、互相启发。还有教师提到，对集体的界定不能仅限于班级，他们会利用更广范围内的集体活动或环境来促进幼儿交流，以激发幼儿的创意表现。

> 打破班级围墙，扩大互动空间。我们将整个幼儿园打造成一个艺术天地，供幼儿随处进行艺术活动。这为幼儿提供充足活动空间的同时，也形成了一个互动无阻碍的空间，允许幼儿与更多对象对话，激发与拓展幼儿的创意。
>
> 我们采用混龄形式，积极利用幼儿的"差异性资源"。通过混龄形式的创意活动，幼儿形成了丰富的"差异性资源"，即各年龄段的幼儿由于年龄、经验等的不同，对事物的认识也会不同，这种差异可以帮助幼儿互相学习、共同进步。我们特增设了"大带小""小带大"的环节，鼓励幼儿走出班级，与更多的伙伴一起进行表达交流。
>
> 构建展览平台，鼓励更多同伴间的评价与对话。通过并列展览的形式，为幼儿提供作品对话的机会，为幼儿的作品提供展示交流的平台。在这个平台上，不同年龄段幼儿之间，幼儿与作品之间进行积极"对话"，打造属于创意节的艺术高峰论坛。

（二）在集体反思中促进幼儿生成新的思考和创造

还有很多教师提到，他们所组织的各类集体交流活动除了能推动幼儿共享和迁移经验外，还能促进幼儿共同对行动、经验或问题进行回顾、反思和讨论，引发不同幼儿对各自想法或行动的比较，有助于幼儿生成新的思考，引发新的创造。很多教师把这个过程称为"集体反思"。

首先，教师们普遍提到，在集体交流中，幼儿们会在头脑中再次梳理自己的经验或更深入思考自己的探究，这会使原本可能比较含糊的经验变得逐渐明晰，进而有助于幼儿将经验迁移至新情境，引发新的想法和探究，产生新的创造。

> 王老师2：创意性思维的螺旋过程常常就是试验、分享、反思不停循环往复的过程。在集体中交流经验及想法能帮助幼儿用语言阐明思想，用证据支持想法，使幼儿辩证地、深入地反思。
>
> 陈老师1：我们在集体分享也是集体反思活动中追随幼儿的想法，关注幼儿的思维，让幼儿讨论：你是怎么想的？你是怎么看的？他又是怎么认为的？你是怎么处理的？为什么这么想？这么想的理由是什么？别人对你的想法有什么看法？你又怎么回应别人的看法？幼儿要对自己的观点自圆其说，我们也能看到幼儿大量精彩观点的诞生。

其次，教师们认为，幼儿的经验差异构成了激发创造的宝贵资源，而集体反思有效推进了这类宝贵资源在促进幼儿发散性思考上的作用。集体反思通过直接的表达和对话让幼儿间的差异碰撞在一起：一方面，幼儿可以通过与同伴的对话发现自己没有察觉到的信息，帮助自己对问题形成多角度的认识和理解，帮助自己解决当前创造过程中碰到的困惑；另一方面，幼儿间矛盾的观点会引出新的问题和思考，从而激发进一步的探究和创造。

> 张老师2：在集体活动中，孩子们不同思维的碰撞是引发创造的最好资源。他们会发现我们的观点不一样，然后就会引发更多甚至更

深刻的讨论和思考，在这个过程中，往往就产生新的想法了。

教师们表示，幼儿在遇到自己解决不了的问题时能从集体交流中获得启发，能产生继续尝试的动力并产生新的创造。集体交流给了幼儿同时"向外看"和"向内看"的机会，能帮助他们反思、创造，也能激励他们在面对失败时继续尝试。案例3-1就是一个很典型的例子。

T形多米诺

　　小七又开始建构多米诺骨牌了。他先将积木摆成一横排，由于有块积木总是倒，他就将长方体积木放在地上，然后将多米诺骨牌摆在长方体积木上。接着他用同样的方法，将积木排成一竖排，最终积木一横一竖，变成了T形。做好之后，他反复调整横竖交接处的积木（见图3-7）。之后，他用手扶着那块积木，说："把这块摇一摇，晃一晃，碰到那边的话那边的积木会倒，碰到这边的话这边的积木也会倒。"经过多次调整，他就将其放在竖排的最前面。

图3-7　反复调整横竖交接处的积木

　　这时，旁边的小然已经迫不及待了，他喊小七赶快推倒积木。小七回到竖排积木的末端用手一推，竖的积木全倒下了，而横排的积木并没有倒（见图3-8）。

　　小然走到T形结构顶端，反复观察中间那块积木倒下来的方

图3-8　积木没有全倒下

图3-9　寻找失败的原因

向，倒下又竖起，试了几次之后（见图3-9），小然跟我说："这个要两边推才行的。""一定要两边推吗？真的不行吗？"我问。小七走过来说："是真的不行，因为那块积木倒下来碰不到两边的积木，没有办法成功。"我说："一会儿我们大家一起讨论一下你们遇到的问题，反正我觉得你们今天的多米诺骨牌造型很有创意。"

在游戏分享环节，我将视频定格在T型多米诺骨牌的画面上。

我说："小然和小七今天建了一个不一样的多米诺骨牌，但是还没有成功，我们一起想想办法。"

孩子们纷纷发表了自己的看法：

"我也做了一个，这样子是不行的。"

"这样子的话必须要两边一起推才行。"

"他摆得不对，中间要摆很多块积木。"

我问："摆很多块积木和只摆一块积木，有什么不一样？"

悠悠回答："中间摆多块积木就是让不同方向都有积木倒下去，其实还是要想办法让没有倒下的积木被前面那块积木碰到。"

第二天，小七和小然成功地让T形多米诺骨牌的积木都倒下了，他们和我都非常激动。后来，小然和小轩又搭了一个S形的多米诺骨牌，搭完之后小然用手比画着跟老师说："我们这个是S形的多米诺骨牌！"他们还邀请旁边所有的老师来看他们的S形多米诺骨牌。"好，见证奇迹。"我说。小七倒计时，小然小心翼翼地用手一推，S形多米诺骨牌一块接一块全部倒下了（见图3-10）！孩子们跳了起来。

图3-10　S形多米诺

教师的思考

今天，小七突发奇想做了一个不一样的多米诺骨牌，说明他已经不满足于搭建简单的多米诺骨牌造型了。他反复调整横竖交接处的积木，说明他已经弄清多米诺的原理了，他知道横竖两排的积木相互连接很重要，而中间那块积木正是连接横竖两排的核心。

从游戏结果看，小七说"没办法"时的语气有些沮丧。我及时介入，给予鼓励，并决定在游戏分享环节提出小七的问题，请大家一起讨论。我认为对幼儿来说，这是一个不断探索发现的好机会。孩子们一起讨论行或不行，怎样才行，整个思考的过程是各自产生认知冲突的过程，大家在发现问题和解决问题的过程中重新建构自己的知识经验，为后续的发现和创造奠定基础。

（上海大学附属实验幼儿园　许翠单）

教师们举了很多案例说明，幼儿之间的经验差异可以帮助幼儿在集体交流中获得启发，并持续探索以引发新的创造。在集体交流后，讲述自己经历的"当事人"会获得新的启发，没有参与活动的其他幼儿在共同讨论和反思中也会受到启发，生成新的思考和创造。例如，某幼儿在集体交流活动后这样说道："今天的分享交流对我很有帮助，明天我想把齐齐（今天交流）的方法和我想到的方法合在一起，制作一个更有难度的立体书。"

实践中的很多事例让教师们真实感受到，幼儿之间的经验差异和思维碰撞能够引发新的创造，集体交流活动有助于培养幼儿创造性。教师们会有意识地引导幼儿在遇到难以解决的问题时，主动尝试在集体讨论中回顾自己的问题并寻求启发和帮助，以获得新的灵感。例如，有两所幼儿园的教师都提到了问题卡，幼儿们如果想和大家一起讨论自己的问题，可以预约问题卡，到集体讨论时间，持有问题卡的幼儿就可以优先和大家一起讨论自己的问题。

当然，教师也提到，在参与幼儿的集体交流时，自己要学会退后，要以鼓励幼儿多维思考、迁移运用和集体反思为目标，在集体中形成不从众、独立思考和热爱创造的氛围。

徐老师1：在集体分享活动中也要鼓励幼儿举一反三，要注意打开幼儿的思维，不能一出现创造性解决问题的某种方法后就戛然停止了，这不利于幼儿创造性思维的发展。教师应组织幼儿做更多的迁移思考和多维思考。比如有一组幼儿将六孔板放在用螺母积木搭的秋千下面作为底座固定秋千，但因为六孔板中间没有孔，只能用六孔板一侧的孔与秋千连接，导致秋千两边不平衡，一直摇摇晃晃的。教师在游戏后组织大家一起讨论这个问题，有幼儿提出可以将三孔板和五孔板连接起来，把两块板一侧的孔交叠在一起用螺丝固定，这样就可以创造出一个中间有孔的七孔板。这个想法很有创意，但教师不能戛然而止，应该组织幼儿做更多的迁移思考和多维思考，鼓励大家想想其他办法，哪怕大家想到把两孔板和六孔板连接起来，也是在已有基础上的新的思考。

为了更好地发挥集体交流的作用，在有教师参与的集体交流中，教师们应遵守一些注意事项。首先，"要创设安全宽松的氛围"（杨老师），要让幼儿都有机会表达自己的观点，无论观点是否正确。其次，一次成功的讨论需要教师发挥引导者的作用。为了引发充分的讨论，教师可以"成为一个话语调度员，运用一些过渡性的、中立的、引发交互讨论的语言来支持并引发幼儿发表自己的意见，引导幼儿同时关注一致和不一致的观点，开展深度思考"（徐老师1）。再次，教师要善于帮助幼儿把讨论的问题转化成与其他幼儿经验相关、有话可讲的话题。"例如，两组孩子因某个游戏材料发生争抢，每个孩子都有争抢和使用材料的经历和思考，所以教师讨论的重点应放在如何解决争抢问题上，那么孩子就会对讨论感兴趣，会自发地提出很多有创意的方法。他们会自发地讨论'什么是公平'，是'遵循先来后到'算公平，还是'哪一组能让材料发挥更大作用就归谁'算公平。这些问题的讨论能引发幼儿对'公平''正义'等哲学概念的思考。这时教师就会发现幼儿很多精彩的观点，甚至让人赞叹不已"（何老师）。最后，"集体交流的最后，教师不要总结和概括"（陈老师1），避免无意识地引导幼儿形成统一的看法，在集体交流之后还要给予幼儿再次独立思考的机会。例如，在某些幼儿园的集体反思环节中，幼儿如果产生新的想法，教师就鼓励他们把新的想法记录下来，形成一个新的独立思考环节。

（三）鼓励幼儿通过倾听集体成员的批判性建议打开思路

在有思维碰撞的情形中，有一种教学法尤其具有中国文化特征，即引导幼儿重视他人的批判性建议。与很多文献把"从众"列为中国集体主义文化特征的看法不同，托宾（Tobin）等通过民族志研究指出，重视批判性建议是隐含中国文化逻辑的一种教学法。他指出，中国教师会鼓励孩子互相寻找并给予建设性的批判性反馈。儒家传统思想将接受他人建议与自省作为一种促进学习、发展和创新的方式。因此，在中国的家庭、邻里、学校、商务活动及社会生活中，提出建议，以及接受来自专家和同伴的建设性反馈意见，是比较常见的一种活动或行为。在集体面前接受改进建议并没有像在美国、日本和其他一些国家的文化中那样动辄让人难受。① 人们常常会进行小组讨论，相互提出建议，在中国的文化里称这种讨论为"切磋"，即通过交流意见来相互学习，共同发展甚至生成更多更好的想法，正如王充在《论衡·量知篇》中所言："人之学问知能成就，犹骨象玉石切磋琢磨也。"一位美国教授坦言，他在中国大学参加研究生创新研究分享会时也对该观点留下了深刻印象，在第一位研究生同学陈述完自己的研究后，他正想表扬时，现场的同学们纷纷指出了该研究可能存在的问题，并提出修改建议。虽然很诧异，但他很快发现这可能就是中国人习以为常的文化。有意思的是，这一教学法同样在幼儿创造性教育中得到了中国教师的认可。

> 陈老师1：在共同回忆和讨论幼儿游戏的过程中，孩子们提出自己的看法，批判性地分析自己的想法，对他人的想法和解读提出疑问。教师允许并鼓励幼儿参与激烈的讨论和辩论。
>
> 郁老师：每次狂欢（即幼儿在音乐的感染下自由跳动的集体活动）后，我们会组织幼儿一同欣赏狂欢视频，互相说一说自己喜欢的动作。有时，我们也组织幼儿互评，促进幼儿表达表现的主动性和肢体创编的积极性，激发幼儿进一步创作的灵感。

在所观察的游戏分享活动中，我们也经常听到幼儿会很自然地说："你这样做好像没什么用。""我想问的是，你这样做是为什么呢？这样做不是反而……""我想提个建议，下次可以试试。""我不同意。你刚说的话有错误。""你说这是一个小问题。但这不是一个小问题，这是一个大问题。""你的这个方法虽然成功了，但我倒是想到一个新的方法。"在集体活动中被质疑或被提建议的孩子并不一定对建议全盘接受，他们有时会接

---

① 托宾，薛烨，唐泽真弓. 重访三种文化中的幼儿园［M］. 朱家雄，薛烨，译. 上海：华东师范大学出版社，2014：59.

受，有时也会反驳和澄清自己的观点和做法。让教师和研究者都印象非常深刻的是，幼儿在其中表现出了深刻、复杂的思考，而且表达出了让很多成人都感到惊讶的创意。Z老师说："有一个男孩说明了自己解决问题的方法，其他孩子提出改进建议，并纷纷提出自己想到的方法，在其他孩子的启发下，这个男孩提出了一个新的方法，真的很有创意。"

与之类似，研究者在创造性艺术活动中，也看到在若干集体讨论的场合中，幼儿们很自然地对其他幼儿的艺术创作提出改进建议，孩子们很自然地接受建议并进行了改进，大家也因为看到了自己的进步和更具有成就感的创作而高兴。在其他的集体交流活动中，经常能听到教师问幼儿："你们对他的做法有什么看法？有什么建议吗？"又如，负责对QEOSA模式进行概念化的国外研究者指出，QEOSA模式中的"优化"阶段就蕴含了通过保持批判性立场来共同建构的社会文化因素："在前一阶段的头脑风暴会议之后是一个评论会（a critique session），孩子们互相挑战各自提出的解决方案的有效性和可行性。"[①]这样的过程有助于幼儿改进想法、变通思维方向、寻找多种可能性和寻求最佳解决方案，也有助于幼儿欣赏现实世界的复杂性；这样的过程有助于激发幼儿发挥个人的主动性和责任感，因为他们可能需要"随时准备捍卫自己的假设或提出的解决方案"，推进自己的创造。[②]

有意思的是，在这样的文化氛围里，幼儿似乎也形成了主动寻求建议来帮助自己实现创造的倾向，以下与大班幼儿的对话也显示了这一点。[③]

问：如果让你在（集体分享活动）中介绍今天的作品，你会说点什么呢？

幼儿：我会先给大家看（我的作品），看一下大家对这个作

①② DAI D Y, CHENG H, YANG P. QEOSA: A pedagogical model that harnesses cultural resources to foster creative problem-solving［J］. Frontiers in Psychology, 2019(10): 833.
③ 此对话是由本文作者指导的学生孙淑贤在其毕业论文《儿童视角中的自主游戏分享活动研究》中提供的数据。

品有什么建议。

　　问：那大家给了建议之后，你会怎么做？

　　幼儿：我会想一想这些建议，然后把（有用的）建议画下来。

　　问：哦？不是所有人的建议，你都听的，是吗？

　　幼儿：对的。

　　问：你是觉得这个人说得有道理，就把这个建议做出来，是吗？

　　幼儿：是。

　　由此可见，在社会和教育环境的影响下，幼儿希望通过集体分享环节收获同伴的建议，并在自己思量过后再选择适当的建议改进自己的作品，这不仅说明幼儿真切地感受到了集体讨论中的建议能够启发自己进一步反思或想到更多的可能性，而且也证明中国的集体文化其实并不等同于"从众"和"一致"，幼儿是有主见的个体，他们对外界信息具有筛选的能力。

　　与中国的情况不同，美国等西方国家的理念认为，批判性反馈不利于创造性的发展，因为儿童的创造性发展需要建立自尊和自信，这也意味着禁止或尽量不批评，儿童应更多地得到正向表扬或鼓励，或者应该延迟评价。因此，美国的教师很少让幼儿在集体面前接受别人的挑战和建议。但中国教师会鼓励幼儿互相给予一些改进的建议或反馈，认为这有助于幼儿从更多维的角度和更积极主动的状态去思考、反思和改进，进而产生新的想法和创造。与美国教师认为在集体面前接受大家的批评"会伤害孩子的自尊心"、[1]会抑制幼儿的观点不同，中国的教师们认为这样的教学法与尊重儿童、发展儿童的自尊并不冲突，相反，这更有助于儿童获得发展，儿童会因为更有能力而获得自信。当然也有教师提到，

---

① 托宾，薛烨，唐泽真弓.重访三种文化中的幼儿园［M］.朱家雄，薛烨，译.上海：华东师范大学出版社，2014：42.

如果始终让幼儿在倾听别人建议时感受到自己的想法不够好，不利于幼儿创造性的培养，但教师普遍认为在日常教学活动中让幼儿在宽松平等的氛围中听取同伴的建议是有价值的，教师们会更注意适当退后，让孩子们平等互动，在平等、非正式性评价的氛围中学会自我反省或互相提出建议。这样的方式不仅保护孩子的自尊心，在互相提出建议的同时，也鼓励孩子要互相尊重和互相欣赏。

　　李老师2：我们首先让孩子学会互相尊重，互相倾听，也鼓励孩子欣赏别人好的想法。就如你今天看到的，孩子会自发地夸奖别人。孩子在集体讨论中互相给出建议，听取建议的孩子也可以反驳，孩子们不会觉得很难受或者有压力，这是个互相启发的过程。要是孩子未来听不进别人出于好意提出来的建议，我反而会觉得这是不利于他创造性发展的。

　　黄老师：我们鼓励幼儿大胆冒险，也鼓励幼儿互相关爱。教师信任幼儿，给予幼儿宽松的环境且教师不在集体面前作为权威进行评价，幼儿就不会害怕出错，他还能随时捍卫自己的观点。

三、我国教师"关注集体"的实践经验与国外观点的碰撞

　　综上所述，中国的教师们并不认为集体会阻碍个体创造性的发展。教师们很看重集体中的共同交流、分享与反思对幼儿创造性发展的促进作用。教师们认为，在幼儿创造性的培养中，集体活动并不追求统一结果或者让所有幼儿达成统一标准，相反，集体中幼儿的差异是一种宝贵的资源，对于激发幼儿的创造性大有裨益。

　　徐老师2：我们一定需要集体活动，因为幼儿园是一个群体生活学习的地方。在面对同一件事或同一个问题时，同伴们的

认知与解决问题的策略是不同的，这种不同观点的分歧、分享与碰撞正是最好的学习内容，可以帮助幼儿多角度思考。集体是非常重要的资源，集体中的每一个人都是最好的资源。我们需要在儿童个性化活动后开展这样的集体分享活动，帮助幼儿在倾听、分享、碰撞、反思中判断与提炼有价值的信息，并生成新的创造。

与上文所提及的情况相反，在国外的幼儿园里，这种集体分享与反思活动在创造性教育中要少得多，甚至有学者对其效果表示怀疑。例如，儿童的自主游戏被认为是促进3—12岁儿童创造性发展的重要途径，[1]甚至童年时期的游戏和玩兴（playfulness）是影响成年时期创造性的潜在且重要的因素，[2]因而国内外幼儿园都很重视游戏在创造性教育中的作用。但有学者在比较挪威户外游戏和安吉游戏后指出，与挪威幼儿园相比，安吉幼儿园更看重游戏后的集体讨论，幼儿也很享受与教师、同伴之间长达二十分钟的深入讨论。挪威教师认为没有必要组织定期的集体讨论，儿童的个人兴趣和动机更为重要。一位北欧教授在访谈中就不认同游戏后的共同分享活动："儿童在游戏中的体验相当复杂，可能包含社会、情感、创造力和想象力的多个维度。但是……可能有一些孩子对教师（组织的集体讨论）经常关注的方面（如建构或沙石）并不太感兴趣，因为这与他们自己的经历无关。"[3]

与此同时，有不少国外学者在一些文献和国际研讨中提到，中国幼儿

① CREMIN T, BURNARD P, CRAFT A. Pedagogy and possibility thinking in the early years［J］. Thinking Skills and Creativity, 2006, 1(2): 108-119.

② BATESON P, MARTIN P. Play, playfulness, creativity and innovation［M］. Cambridge: Cambridge University Press, 2013: 89.

③ MENG W, HE M. Utilisation and design of kindergarten outdoor space and the outdoor activities: A case study of kindergartens in Bergen, Norway, and Anji in China［M］// GRINDHEIM L T, SØRENSEN H V, REKERS A. Outdoor learning and play: Pedagogical practices and children's cultural formation. Cham: Springer, 2021: 95-110.

园在个体活动后的集体反思和交流活动比他们国家多，这是很有智慧和启发性的做法。例如，在《重访三种文化的幼儿园》中，许多看过上海思南路幼儿园录像的美国和日本学者都对教师引导全班小朋友一起回顾和总结之前的活动印象深刻，尤其是全班共同讨论如何解决角色游戏①中碰到的问题的活动让研究者记忆犹新。②又如，不少学者都提到，与他们国家幼儿园的活动相比，安吉幼儿园在游戏后的集体交流活动让人印象深刻、很受启发。美国纽约大学切尔西·白丽教授在描述安吉游戏时曾写道："教师还会拿一些自己在游戏场地记录的照片、视频和孩子一起分享。有时全班孩子一起进行，有时分组进行……这也是一个集体活动，孩子们会互相帮助，会深入思考自己做了什么，会一起利用这个机会来解决问题，也会思考明天要尝试什么并做计划。孩子的这个解决问题的过程非常有意思，也展现了孩子复杂的思维过程。"③美国婴幼儿保育人员培训的国家模式之一——婴幼儿照料项目（Program for Infant/Toddler Care，PITC）的主要开发者、韦斯特德儿童和家庭研究中心主任曼吉奥内（Mangione）与其同事在《安吉游戏的国际重要性》（ *The International Importance of Anji Play* ）中，谈及国际学前教育者可以从安吉游戏中受到启发时，也认为安吉游戏鼓励幼儿通过集体分享来反思他们游戏经历的做法"将在国际早期教育界引发很热烈的讨论"。英国剑桥大学PEDAL研究中心主任怀特布雷德（Whitebread D.）博士在一次国际研讨会中提到，安吉游戏中的反思包括集体反思对幼儿游戏领域是一个很大的贡献，这在英国幼儿园的游戏中是比较弱的。"学习型组织之父"、《第五项修炼》的作者彼得·圣吉（Peter Senge）在麻省理工实验室的合伙人、《U型理论——感知正在生成的未来》

---

① 角色游戏常被认为是戏剧表演的雏形，因而既是可以促进想象和创造的一类游戏，也常被界定为幼儿创造性艺术活动的一种重要形式。

② 托宾，薛烨，唐泽真弓.重访三种文化中的幼儿园［M］.朱家雄，薛烨，译.上海：华东师范大学出版社，2014：61.

③ 切尔西·白丽.我眼中的"安吉游戏"［J］.浙江安吉县幼儿教育研究中心，译.幼儿教育，2021（1、2）：24-26.

的作者夏莫（Schamer）坚信未来教育和社会都应注重集体创造，他带领研究团队特地来到了安吉幼儿园观摩，集体成员之间的互相倾听和集体反思活动同样让他们印象深刻。

第三节　我国幼儿教师"关注集体"的
实践经验的价值意蕴

综上所述，与西方幼儿教师相比，我国幼儿教师更强调借助群体合作和集体交流的力量推动幼儿的创造，这一点也引起了国外学者的关注。中国教师的朴素经验和实践思考反映了内隐的中国传统文化逻辑。首先，中国文化中一向有很多强调通过群体合作来实现创造性解决问题或引发"发散性思维"的词句，如"三个臭皮匠，顶个诸葛亮""群策群力""积力之所举，则无不胜也，众智之所为，则无不成也""集思广益""博采众长"，等等。在现代词汇中，"集体智慧""合作创新"等词语也频频出现；早在几十年前，陶行知就初步提出了"集体创造与学习创造"的教育倡导。[①]其次，在强调集体交流时，中国的教师始终强调儿童间的"差异性资源"对促进儿童创造性发展的价值，这与中国传统文化中"和而不同""百花齐放，百家争鸣"等关注差异的精神是一脉相承的。在中国文化中，强调群体和谐相处，尊重各自差异，这也是创造的灵感来源。回看中国的古典语境，中国文化中的"同异论"强调"事物的差异性和多样性具有强大的创造力"，即通过不同意见，甚至正反意见的互补，能够促成更好的决策，这叫作"和"。"'和'之所以能够造就新的事物，是因为它基于事物的多

---

① 陶行知．陶行知全集第四卷［M］．成都：四川教育出版社，1991：44.

样性，基于用一些事物去结合和平衡另外一些事物，基于使事物之间达到一种最好的关系（'故能丰长而物归之'）。"①"'和'对于群体来说，就是关注个体间的差异，尊重多样性，加强合作交流，相互依存、相互促进。"②我国教育史和世界教育史上最早、最完整的教育学专著《学记》在把"乐群""取友"等作为重要教育要求的同时，也把"相观而善"作为一项同等重要的教育原则，认为朋友之间相互观摩和相互启发，可补偏救弊，扬长避短，开阔眼界，增广见闻。③中国文化中还有"独学而无友，则孤陋而寡闻""三人行必有我师焉，择其善者而从之，其不善者而改之"等诸多类似的表达。可见，在群体中通过交流和切磋来开阔自己的视野，促进自己的反思并保有自己的观点，是印刻在中国文化中的重要内核，现如今，这种文化内核也反映在中国幼儿教师促进幼儿创造性发展的教育实践中。

与中国相比，在西方教育中，反思、批判性思维等通常被理解为个人的"财产"或技能，不涉及与他人的关系和责任。④虽然受社会建构主义理论影响，交往、合作等因素也开始出现在西方幼儿创造性教育实践中，如意大利瑞吉欧早期教育方案受社会建构主义理论的启示以及民主文化的影响，也认为"培养创造力最好的方法是人际交流，不论是对冲突中的协商，还是在做决定时对关键的想法和行动进行反复的比较和考量"。⑤但在本研究的访谈中，基本没有教师提及社会建构主义理论对他们的影响，甚至大多数人并不知晓社会建构主义理论的含义，所以本

---

① 王中江.中国古典语境中的差异性、多样性和共同性话语［J］.哲学动态，2018（11）：5-13.

② 华国栋.差异教学的中华文化根基［J］.教育研究，2019（4）：114-117.

③ 王炳照，郭齐家，刘德华，等.简明中国教育史［M］.北京：北京师范大学出版社，2007：83.

④ Li L, WEGERIF R. What does it mean to teach thinking in China? Challenging and developing notions of 'Confucian education'［J］. Thinking Skills and Creativity, 2014(11): 22-32.

⑤ 甘第尼.历史、理念与基本原则：对话罗里斯·马拉古齐［M］//爱德华兹，甘第尼，福尔曼.儿童的一百种语言：转型时期的瑞吉欧·艾米利亚经验（第3版）.尹坚勤，王坚红，沈尹婧，译.南京：南京师范大学出版社，2014：53.

研究认为中国教师们关注集体合作与交流价值的观念更多是源于中国文化的影响。与瑞吉欧或其他创造力教育项目重视的小组活动相比，中国教师似乎更重视更大范围内的集体背景和作用，更重视"和合之美"，也更重视同伴互评和接受别人建议的价值，这些都是中国文化所带来的自身特征。研究者在与美国的托宾教授进行合作研究时，他也提到从美国人的视角来看，中国人的日常文化更重视集体，同龄人之间的交流更加频繁且更"好辩"一些，这些文化其实都反映在教师关于幼儿园创造性教育的理念和活动中。因此本研究更倾向于认为，中国教师关注集体的创造性教育实践经验带有中国文化自身的特点。

中国教师重视集体对儿童创造性发展促进作用的实践经验虽然源于教师的朴素经验和实践思考，但这种"民间教育学"却蕴含着极大的意义和价值，值得我们予以重视和深思。

一、理论价值：为联结集体主义文化的创造性教育提供了中国范式

与个人主义文化相比，集体主义文化往往更看重集体的力量，更看重集体成员的看法，不同个体之间的关系也因为集体而更紧密。如前文所述，这种集体主义文化中的紧密关系和"乐群"的倾向在理论研究中常被认为不利于创造性的发展，但中国幼儿教师用自己的实践经验表明，大集体和"乐群"可以促进幼儿创造性能力的发展。不过，需要讨论的是，这些实践经验在幼儿活动过程中促进幼儿创造性发展的机制究竟是什么？从已有研究来看，关于创造性和创造性教育的理论研究众说纷纭，研究的角度各不相同并且不断发展，这里很难穷尽各类研究所阐述的机制、过程、模型或观点，但本研究将借助一些较具代表性的创造性理论从多个角度对中国幼儿教师重视集体的实践经验及其理论价值展开讨论。

（一）从创造动机的角度来看

诸多研究都认为，内在动机或自主性动机在培养创造性方面起着关键

作用，①②斯滕博格（R. J. Sternberg）指出，对于想要有创造性的人来说，最好的建议可能就是找到他们喜欢做的事情。③内在动机如何起作用的一个著名例子是被认为与创造性有关的"心流"（Flow）概念，在心流状态下，人们完全沉浸在一项具有挑战性的活动过程中，不是为了实现外在强制的目标，而是为了享受这种活动。④⑤在儿童创造性教育领域，克拉夫特（Craft）提出"可能性思维"是日常生活中创造性的核心，其研究表明3—11岁儿童的创造性可以通过培养"可能性思维"来增强，通过这一过程，儿童将思维模式从"是什么"切换到"可能是什么"，实证研究表明，自主精神（自主性和能动性）贯穿在可能性思维的始终。⑥

在当前的教育改革背景下，中国幼儿教师更加尊重和追随幼儿的兴趣和需求。因此，与很多布置外部任务的创造性思维训练项目不同，当今的教师们鼓励幼儿基于他们日常生活中的真实问题、基于他们的内在动机和自主性进行探索和创造。但幼儿的内在动机常常转瞬即逝，在遇到困难或失败时往往更容易放弃。从教师们的经验看，他们除了通过高质量的一对一师幼互动来帮助幼儿维持创造的内在动机外，还运用了向集体介绍展示、集体交流、群体合作和乐于创造的氛围来激发幼儿的主动性、积极性、成就感、持续思考的内在动力或产生新的创造意愿，教师在访谈中多次提到了集体带来的激励作用。社会心理学的相关研究也

① HENNESSEY B A.课堂中的内在积极性和创造力：我们又回到原点了？［M］//BEGHETTO R A, KAUFMAN J C.培养学生的创造力.陈菲，周晔晗，李娴，译.上海：华东师范大学出版社，2013：303-331.
② 郝宁，汤梦颖.动机对创造力的作用：研究现状与展望［J］.华东师范大学学报（教育科学版），2017（4）：107-114.
③ STERNBERG R J. Creativity is a decision［M］//COSTA A L. Teaching for intelligence II. New York: Skylight Training and Publishing Inc, 2000: 85-106.
④ 希斯赞特米哈伊.创造力：心流与创新心理学［M］.黄珏苹，译.杭州：浙江人民出版社，2015：117.
⑤ ŠIMLEŠA M, GUEGAN J, BLANCHARD E, et al. The flow engine framework: A cognitive model of optimal human experience［J］. Europe's Journal of Psychology, 2018, 14(1): 232-253.
⑥ CRAFT A, CREMIN T, BURNARD P, et al. Possibility thinking: Culminative studies of an evidence-based concept driving creativity?［J］. Education 3-13, 2013, 41(5): 538-556.

表明，动机取向是一种特别微妙的状态，受社会环境影响很大。[①]兰祖利（Renzulli）指出，通过向受众表达创造性工作以及产生社会影响所带来的激励是很重要的，这一点经常被关于创造性的研究所忽视。一项元分析也发现，依据个体所提出方案的新颖性进行外部奖励（如口头表扬），将激励个体追求观念的新颖性，从而促进创造性思维。[②]幼儿能够在集体面前展示和介绍自己的想法，获得同伴认可，甚至有其他幼儿学习迁移他的经验，这对幼儿来说是激励，这使他们相信"我的想法是有价值的"，能进一步增强他内在的创造意图和动机。除此之外，当幼儿本身的创造意图因为失败等受阻时，集体会给予支持；幼儿认为自身的创造很成功时，集体成员可能会激励他继续思考；幼儿也会因为别人的创想而产生好奇心或新的问题，进而产生新的创造动机；等等。在中国幼儿教师的实践经验中，集体被用作支持幼儿自身创作意图的外部动力，同时避免竞争、压力、权威性评价等对幼儿内部动机产生不利影响，很好地激发了幼儿的创造动力。但即使一些研究使用较新的系统模型和生态学方法来研究创造性，创造性的社会心理学研究也很少扩展到对人际变量的考虑，而这些变量恰恰可能影响动机取向和随后的创造性表现。[③]从创造性教育的已有研究来看，关注集体对创造动机影响或自主性动机的相关研究同样很少，我国幼儿教师在这方面的实践经验值得关注。

（二）从创造性思维和创造性人格的角度来看

创造性思维一向被认为是创造性的核心要素，很多研究、测试和教育项目都以创造性思维为中心。"目前大多数心理学家认为，创造性成就要求发散和聚合思维的复杂组合；富有创造力的人善于在创作过程中在两者

---

①③　HENNESSEY B A. Creative behavior, motivation, environment and culture: The building of a systems model［J］. The Journal of Creative Behavior, 2015, 49(3): 194−210.

②　BYRON K, KHAZANCHI S. Rewards and creative performance: A meta-analytic test of theoretically derived hypotheses［J］. Psychological Bulletin, 2012, 138(4): 809−830.

之间来回切换。"①随着研究的深入，越来越多的研究倾向于认为，创造性思维涉及复杂多样的认知机制和过程。例如，由于在现实世界中创造性地解决问题常常需要以丰富的经验和知识为基础，因此，"迁移"，特别是通过类比映射和推理进行的远距离迁移（far transfer），被认为是创造性解决问题的机制之一，②③在日常生活中和科学研究中运用类比迁移的思维方式来实现创造的例子也比比皆是。④因此，使用"迁移"思维在新的情境下创造性解决问题或有新的创造也是一个人发展创造性尤其是实现发散性思维的途径。集体主义文化注重人与人之间的关系，而"关系"是指两个或多个个体之间相互分享社会经验、互相帮助并建立信任的非正式关系，⑤这种关系促进了集体成员之间的知识共享和迁移。又如，有不少研究者认为，创造过程中应该兼具批判性思维，因为"虽然持有多种有时相互竞争的观点很重要，但推动解决问题的关键一步是批判性地分析这些选项，并通过收集和整合信息来协商可行的解决方案。在这个过程中，一个人需要运用一些判断才能确定一个新的想法是否有用或恰当，同样，在批判性分析和比较想法时，由此产生的差距提供了创造性思维的助推力。"⑥就此而言，在设想多种可能性的同时，持有批判性的观点是创造性的关键。⑦而

① SAWYER R K.创造力学习［M］//BEGHETTO R A, KAUFMAN J C.培养学生的创造力.陈菲，周晔晗，李娴，译.上海：华东师范大学出版社，2013：158-174.
② CHENG H, DAI D Y, YANG P, et al. QEOSA: Testing a pedagogical model of creative problem solving for preschool children［J］. Creativity Research Journal, 2021, 33(4): 1-11.
③ LOHMAN D F. Teaching and testing to develop fluid abilities［J］. Educational Researcher, 1993, 22(7): 12-23.
④ 韦斯伯格.如何理解创造力：艺术、科学和发明中的创新［M］.金学勤，胡敏霞，译.成都：四川人民出版社，2017：156-165.
⑤ 张光曦，金惠红.中华文化与大学生创造力的培育［J］.高教发展与评估，2014, 30（5）：80-87.
⑥ FAIRWEATHER E, CRAMOND B.让创造性和批判性思维在课程中两相得宜［M］//BEGHETTO R A, KAUFMAN J C.培养学生的创造力.陈菲，周晔晗，李娴，译.上海：华东师范大学出版社，2013：105-130.
⑦ LANGER J A. The interplay of creative and critical thinking in instruction［M］//DAI D Y. Design research on learning and thinking in educational settings: Enhancing intellectual growth and functioning. New York: Routledge, 2012: 65-82.

批判性思维是"一种理性的反思，关注于决定相信什么或做什么"，[①]加上反思也有助于个体从新的角度进行思考和对创造的想法或产品进行迭代，因此反思在一些研究中也被认为是创造性过程中的一种重要机制。"一般来说，仅仅富有想象力或身体上采取新的立场是不够的。参与者需要通过反思性的转变，以突出差异并揭示其有用性的方式将新的和现有的视角联系起来，才能在行动中出现新奇的事物。"[②]尽管在西方的语境中，反思常常是与元认知、自我调控能力联系在一起，有研究通过文献综述发现欧洲很少有研究从培养幼儿创造性的视角来提出反思的重要性，但研究者通过观察发现，在3—8岁儿童具有创造性的日常活动中，教师在与个别儿童或小组儿童互动时，鼓励幼儿进行反思会有益于儿童的创造。[③]

　　这里可能无法穷尽与创造有关的所有认知机制，但毫无疑问，这些机制都服务于创造性思维的一个核心，即如何跳脱原有的或僵化的认识和做法。中国教师在实践中把幼儿间的差异视为宝贵的资源，利用小组或更广范围的群体合作、集体分享、集体反思，鼓励幼儿进行批判性思考并互相提出或倾听建议，把幼儿间的差异呈现在个体面前，帮助幼儿实现基于更多经验和更多角度的迁移、反思。这有助于幼儿从更多角度进行更灵活的思考，促使他们在面对其他更合理或更合意的意见时重组、改造自己的想法或生成新的想法，进而发展创造性思维及实现更具新颖性和价值性的创造。

　　同时，创造性人格也一向被认为是个体创造性的重要组成部分，"要培养和造就创造性人才，不仅要重视培养创造性思维，而且要特别关注创

①　ENNIS R. Critical thinking: A streamlined conception［J］. Teaching Philosophy, 1991, 14(1): 5-24.
②　GLĂVEANU V P. Creativity as a sociocultural act［J］. The Journal of Creative Behavior, 2015, 49(3): 165-180.
③　CREMIN T, GLAUERT E, CRAFT A, et al.Creative little scientists: Exploring pedagogical synergies between inquiry-based and creative approaches in early years science［J］. Education 3-13, 2015, 43(4): 404-419.

造性人格的训练"。①甘秋玲等在综合已有研究和征询专家建议的基础上，将好奇心、开放心态、勇于冒险和挑战（坚持不懈，面对批评、挫折有韧性）、独立（对事情有自己的观点，具有较强的自主性）、自信、内驱列为学生创造性人格的主要方面。②但很多研究倾向于认为中国学生没有创造性，认为中国儒家文化的核心是培养集体思维并保持群体的和谐，因而学生既缺乏批判性思维，也缺乏独立等重要的创造性人格。这实际上是对中华优秀传统文化的误解，中国的集体文化虽然强调集体和谐和成员间的紧密关联，但其本质是保留差异性和多样性的，也很鼓励成员进行自己的批判性思考。李莉和韦格里夫（Wegrif）在研究中指出，"'儒家教育'意味着在大教室里死记硬背和学生学会不质疑权威"是对儒家教育传统的误解，"儒家思维的形式是在关系和责任的背景下多种声音之间的内在对话"，学生被鼓励不盲目接受，而是要"成为反思和批判性思考者"，在积极自我反思的同时"挑战他人的观点并向同龄人学习"。③因而与本研究中教师提到的一样，教师在利用集体因素促进幼儿进行更加开放和灵活思考的同时，会鼓励幼儿随时捍卫自己的观点，幼儿在集体讨论前后也有较长时间可以独立思考、独立探索，面对不同观点甚至批评性建议时也可坚持自己的观点。这无疑是有助于培养幼儿好奇心、开放心态、勇于挑战、有自己的观点等创造性人格。教师们在探索创造性实践时，也注意培养幼儿的冒险精神、自信等，如安吉幼儿园就将"冒险"和"反思"（包括个体反思和集体反思）同时列为课程理念的关键词，又如前文中也提到教师们会注意保护幼儿的自尊和自信，因而注重集体的价值与培养幼儿的创造性人格之间是不矛盾的。

---

① 吉尔福特.创造性才能——它们的性质、用途与培养［M］.施良方，沈剑平，唐晓杰，译.北京：人民教育出版社，1991：44.

② 甘秋玲，白新文，刘坚，等.创新素养：21世纪核心素养5C模型之三［J］.华东师范大学学报（教育科学版），2020（2）：57-70.

③ LI L, WEGERIF R. What does it mean to teach thinking in China? Challenging and developing notions of 'Confucian education'［J］. Thinking Skills and Creativity, 2014(11): 22-32.

　　值得注意的是，中国幼儿教师在创造性教育中注重集体价值的实践经验，虽然能用现代的心理学观点和理论进行解释，但教师在培养幼儿的创造性思维和创造性人格时，还隐性地（可能无意识地）嵌入了中国文化的价值观。如前所述，"见贤思齐焉，见不贤而内自省也"，与国外文化相比，中国文化非常强调"自我反思"和以别人作为"镜子"来进行反思，这既是一种道德修养的方法，也是一种学习方法。长期浸润在中国文化中的幼儿教师特别强调"向内看"和"向外看"相结合的反思方法，这与西方更强调个人主义的价值取向不一样。也正因为如此，虽然近些年在西方幼儿教育中出现了一些非个人主义的创造性教学策略，但很显然，反思和在集体交流中反思相结合的策略显然没有在中国文化中那么多。再比如，在西方社会中，创造性教育相关的文献大多强调个体自主性，但中国教师在注重鼓励幼儿进行个性化探索和创造的同时，更强调集体可以为个体的创造提供支持，也更强调集体合作创造的力量。教师鼓励群体共同为创新性解决问题提供想法，不同的想法可以结合起来。其中还蕴含了中国的"双赢"价值观，即当一些主张或优先事项相互冲突时，可寻求双赢与和谐统一的最佳解决方案，这与西方文化中强调"非此即彼"、两极对立的零和思维倾向是不同的。这种过程"不仅可以帮助幼儿们创造性地解决复杂问题，还可以帮助幼儿欣赏现实世界的复杂性和未开发的共同利益的可能性"。[①]类似地，中国教师鼓励幼儿在集体合唱、集体舞蹈、集体表演（如幼儿自发地合作进行舞狮表演）等方面进行合作，鼓励利用整体性力量实现"和合之美"。索耶则指出，无论是心理学还是西方的艺术教育实践，都比较强调具有"孤独天才"气息的独立创作活动，倾向于忽略团体创作的表演艺术，不过正如对话能有助于创造一样，团体表演中的即兴合作创造也蕴含着社会交往，也有助于增强幼儿个体的创造性，也是很多非西方国家中更常见、更平民化的创作形式，因而值得重视和

----

① DAI D Y, CHENG H, YANG P. QEOSA: A pedagogical model that harnesses cultural resources to foster creative problem-solving ［J］. Frontiers in Psychology, 2019(10): 833.

鼓励。^①而且，集体创造是由所有参与者共同决定的，没有任何个别参与者可以控制自然产生的内容，尽管幼儿的社会合作能力还有待发展，但在集体合作中形成的创造性思维方式及亲社会人格，与在个体创造中形成的创造性思维方式和人格，肯定不一样。这两类思维方式和人格在幼儿教育尤其在中国的幼儿教育中都是存在的。

（三）对创造性教育的个人主义和去社会文化背景研究倾向的挑战

由上可见，中国幼儿教师重视集体的实践经验实际上挑战了创造性教育的个人主义和去社会背景研究倾向，为创造性教育与关注集体的社会文化关联研究提供了中国范式。

首先，西方的个人主义文化导致创造性教育研究往往更倾向于就个体的创造性动机、思维和人格来进行讨论。但格勒维阿努（Glǎveanu）认为创造性研究范式需要从基于个人的"他-范式"（He-paradigm）和"我-范式"（I-paradigm）向"我们-范式"（We-paradigm）发展。"他-范式"关注天才，认为创造性是一种天赋，只存在于少数人身上；"我-范式"认为每个人都具有创造性；"我们-范式"则融合了创造力的社会心理学思想，认为创造性是社会互动、沟通与合作的结果，与前两种范式相比，这种范式也反映了更广泛的创造性场景。^②创造性地理解、表达或行动需要其他人，"仅仅只有自己是永远不够的，这主要是因为个人在根本上植根于他自己的空间、时间和当前所处文化的视野。创造涉及一种脱离或疏远自己在世界上的位置的形式，从一个新的角度看待他们——包括一个人的位置和世界"，这样才能扩大个体联结各种观点、实现发散性思维和创意行动的可能性。^③索耶也指出："合作对需要创造力的行业越来越重要。当今经济中的创意产品不是独立工作的产物，而是团队协作和跨区域社会网络（开放

---

① SAWYER R K.创造力学习［M］//BEGHETTO R A, KAUFMAN J C.培养学生的创造力.陈菲，周晔晗，李娴，译.上海：华东师范大学出版社，2013：158-174.

②③ GLǍVEANU V P. Creativity as a sociocultural act［J］. The Journal of Creative Behavior, 2015, 49(3): 165-180.

社区）合作的产物。老一辈的科学家会告诉你，合作已经成为科学界近几十年来的大势所趋……创造性的教学和学习必须从根本上具有协作和即兴性质。"①在这种背景下，面向未来的幼儿园创造性教育研究也应重视关于"我们-范式"的思考和实践。尽管幼儿的社会性还在发展过程中，但中国幼儿教师重视集体的实践经验实际上为创造性教育教学从重视个体向重视联结社会人际互动、群体性社会环境因素和团体合作的转向提供了一种中国范式。

其次，国内外已有的幼儿园创造性教育研究大多倾向于将创造性教育视为具有普适性规律的过程，相对忽略对不同社会文化背景的考量。其中大多数的研究倾向于将以西方个人主义文化为主要基础的创造性教育传统看成是更具示范性的教育方法，人们更强调通过个性化的活动来培养幼儿的创造性，相对贬低集体活动和集体主义文化的作用。事实上，没有最好的创造性教育方案，只有适合不同社会文化背景下幼儿的创造性教育方案，中国幼儿教师的实践经验也说明了这一点。无论是在创造性动机的激励上，还是在创造性思维和创造性人格的培育上，中国社会的文化经验、价值观和思维方式可以使得集体从多个方面成为支持创造性发展的积极因素。虽然过去有一些基于发散性思维测验的研究认为，包括中国在内的亚洲国家儿童的表现不如美国和欧洲国家儿童，但也有研究指出，这些发散性思维测验最早都在美国形成，比较偏向西方国家对创造性的看法。"这些测验都偏好对创造性个人类型方面的测量，而亚洲人在集体类型的创造性上可能更有优势，因而不能用这些测验来衡量——例如：集体主义中的个体可能在创造性团体或复杂的组织中表现更好。这些可能性在先前的研究中并未考虑，未来的研究应该注意这些方面。"②事实上，一些在高校

---

① SAWYER R K.创造力学习［M］//BEGHETTO R A, KAUFMAN J C.培养学生的创造力.陈菲，周晔晗，李娴，译.上海：华东师范大学出版社，2013：158-174.

② SAWYER R K.创造性：人类创新的科学（第二版）［M］.师保国，等，译.上海：华东师范大学出版社，2013：306.

和企业进行的新近研究也证实，集体主义与团体创造力的相关更高，个人主义与团体创造力的相关更低或不存在显著相关。[1][2]同时，也有一些跨文化研究得出了与"中国学生创造力低于西方国家"相反的结论。例如，查（Zha）等人（2006）在将美国研究生和中国研究生的创造性进行对比研究时，写道："独立样本t检验显示，美国研究生比中国研究生更具个人主义。本研究也证实了中国人总体上更寻求他人和社会的认可，而美国人总体上更寻求个人幸福，不太考虑社会需求的自我实现……"但令人惊讶的是，研究并没有发现个人主义和发散性思维之间的强烈相关性，两组学生在思维的灵活性上没有显著差异。[3]最近一些年，也有越来越多的研究开始呼吁结合大的社会文化背景研究创造性和创造性教育，"只有采用真正集成的系统视角，研究人员才有希望理解创造过程的复杂性"。[4]因此，中国幼儿教师重视集体价值的实践经验挑战了忽略文化背景的，倾向套用西方个人主义范式下的创造性教育研究思路。中国幼儿教师的经验不仅展示了基于中国文化背景发展起来的幼儿创造性培养的方法，而且也为强调集体的社会文化背景与创造性教育联结起来的探索提供了一种中国范式。

二、重视集体和文化在创造性教育中的实践价值

（一）启示教育实践者重视集体对幼儿创造性教育的积极作用

被访谈者所提供的诸多案例、观察案例，以及文献中提及的案例证明，强调集体的文化并不完全是破坏性因素，至少在中国，巧妙地利用集体背景促进幼儿的创造力发展是行之有效的。培养幼儿的创造性的确需

① 张春妹，周权，殷冉.个人主义/集体主义对团队创造力的影响：隐性知识共享的中介作用［J］.中国社会心理学评论，2020（2）：45-61，237-238.
② 齐孟阳.个人主义/集体主义对团队创造力的影响研究［D］.太原：山西大学，2014.
③ ZHA P, WALCZYK J J, GRIFFITH-ROSS D A, et al. The impact of culture and individualism-collectivism on the creative potential and achievement of American and Chinese adults［J］. Creativity Research Journal, 2006, 18(3): 355-366.
④ HENNESSEY B A. Taking a systems view of creativity: On the right path toward understanding［J］. The Journal of Creativity Behavior, 2017, 51(4): 341-344.

要在一定程度上重视幼儿的独立性和个性化，但不能一味地将创造性等同于个性化，应重视集体对幼儿创造性丰富多维的促进作用。我们需要破除传统集体教学活动标准化的要求和程式，要破除"从众""过于强调竞争""强调教师权威"等不利因素。

在这一点上，我们不应妄自菲薄，而应看到中国实践经验的价值。曾有美国研究者对中国幼儿园中全班幼儿回顾和总结的集体讨论活动印象深刻，认为这类活动很有价值，并询问教师这类活动背后的理念。令研究者惊讶的是，当研究者一年半后重返该幼儿园时，教师们却开始批评这种集体活动了，认为"我们现在应更多地把儿童看成个体而非整体，我们应意识到只有参与活动的幼儿才有可能真的想和老师进行讨论"。庆幸的是，这类集体讨论活动被坚持了下来，教师们通过一些改革和反思，改变组织讨论方式，引发个体在集体中积极思考和互动，借助集体的力量引发更多的创造性思考。

> 何老师：我仍然坚持认为集体讨论对促进幼儿创造性思考和解决问题是很有价值的。虽然有孩子在集体讨论时对别人的问题不感兴趣，但其实教师要反思的是组织讨论的方法。教师要善于把个体的问题转化成幼儿都有话可讲的问题。例如两组幼儿因为争抢游戏材料出现了争吵，每个孩子都有争抢和使用材料的经历和思考，所以教师应把讨论的重点放在如何解决争抢问题上，那么幼儿们自然会对讨论感兴趣，会自发地提出很多有创意的方法。他们还会自发地讨论"什么是公平"，是"遵循先来后到"算公平，还是"哪一组能让材料发挥更大作用就归谁"算公平，这里甚至会涉及对很多哲学问题的讨论。这时，教师就会发现幼儿很多精彩的观点。

我们应该更加重视我国创造性教育的本土思想和实践，不要急于用西方的方法取代我们的方法。巧妙利用集体背景促进幼儿创造性发展的理念和方法应被视为中国教育的瑰宝，也应被视为未来教育促进幼儿创造力发展，培养幼儿集体主义品质的重要策略。

或许在未来，东西方的创造性教育经验可以在某种程度上互相结合、互相弥补，从而产生更具价值的创造性教育法。事实上，未来越来越多的创造可能需要集体的力量，未来学校的价值也会越来越多地体现在集体对创造性发展的作用上。在互联网时代，当个人能够在互联网上获得各种知识的时候，学校作为一个可供儿童与教师、与同伴共同创造的集体场所，显得尤为重要。既要培育个体的创造力，但更不能忽视创造力的社会性，这也是学校教育区别于家庭、辅导班中个体独立学习或竞争式学习的教育本质。[①]正如2021年11月在第41届联合国教科文组织大会上发布的未来教育报告《学会融入世界：适应未来生存的教育》中所指出的那样："自我的个人主义文化已经成为过去式。当务之急是培养学生的集体主义品质。目前，教育实践的特点是对'他者'开放，无论是其他人类、物种、土地、祖先，还是机器人或机器。这些开放的关系形成了一种令人愉悦和可以修正的观念，即'迎接惊喜、怀抱希望、建立联系、包容共存，并关心新事物'。"[②]在这一点上，中国教师重视集体的创造性教育方法或许可以给西方教育者一些不同角度的思考和经验。

（二）启示教育实践者意识到文化是幼儿创造性培养的重要因素

如前所述，在促进幼儿创造性思维和创造性人格的发展上，教师们在其中不仅融入了重视集体的中国文化价值观，而且融入了更内隐的具有中国特点的思维方式。这启示我们，创造性教育不应只是一套放之四海而皆准的标准化认知技能或人格组合的培养方式，虽然不同文化下的教育都是以培养创造性特质为目标，但在不同文化背景下达成创造性的方法可能是

---

① 夏雪梅.指向创造性问题解决的项目化学习：一个中国建构的框架［J］.教育发展研究，2021，41（6）：59-67.

② 阿弗里卡·泰勒，维罗妮卡·帕西尼—凯奇巴，明迪·布莱瑟，等.学会融入世界：适应未来生存的教育［J］.陕西师范大学学报（哲学社会科学版），2021，50（5）：137-149.

不一样的。正如刘晓东教授在评论对幼儿进行创造性思维训练的做法时所认为的："凡是创造性行为，都表现出思维的流畅灵活独特，但思维何以会流畅灵活独特，则不是发散思维所能解答的问题。发散思维只注重思维的形式，而没有充分照顾到思维过程中的社会态度、价值取向等因素。而态度、价值取向却决定着思维的广度、深度和方向，它们是创造过程中不可缺少的重要条件。"①创造性是在具体的文化情境中发生发展的，它所涉及的思维、人格和实践是复杂且涉及多方面情境因素的，不可避免地受到隐含的文化体系、价值取向和该文化下人们的行为特点、思维方式等方面的影响，文化表达和文化熏陶过程影响着创造过程的每个阶段。因此，在帮助幼儿达成创造性特质的教育方法研究上，我们还需要涵盖对社会文化的考量，以帮助幼儿发展亲社会的创造性，帮助幼儿创造性地处理现实世界的问题。虽然，我们需要破除一些不利于创造的文化因素，但这不意味着我们要忽视和否认中国优秀文化在创造性教育中的价值。就以"乐群"而言，大班授课、强调统一的教、强调服从权威等教学特点是由历史上复杂的因素造成的，不代表中国博大精深的"乐群"文化或教育传统只是如此。我们应善于发掘和传承中国文化中的有利传统，将其纳入创造性教育。有学者指出："在思维教学方面，教师缺乏对中国自己的儒家传统的认识，可能会进一步增强从美国和欧洲引进思维教学方法的呼吁，然而，盲目地从西方引入理论和实践或用西方的立场阐释理论和实践，而不考虑文化的复杂性和遗产，是有危险的。"②类似地，在创造性动机、思维和人格等方面的培育上，我们在吸收借鉴国外优秀教育思想和经验的同时，也应注重在优秀传统文化、传统教育思想以及成功的实践经验基础上，进一步创新性地发展和践行这些思想和经验，以满足教育改革和未来社会的发展需求。

　　从另一个角度讲，创造性也可以被视为文化促进其目标实现的重要工

---

① 刘晓东 . 解放儿童（第三版）［M］. 南京：江苏凤凰教育出版社，2008：248.

② LI L, WEGERIF R. What does it mean to teach thinking in China? Challenging and developing notions of 'Confucian education'［J］. Thinking Skills and Creativity, 2014(11): 22–32.

具。①以"集体"为例，重视集体在创造性教育中的价值，也将有助于培养"乐群"和"创造性"。教育部在2014年发布的《关于全面深化课程改革落实立德树人根本任务的意见》中提出：学生应具备的适应终身发展和社会发展需要的必备品格和关键能力，突出强调个人修养、社会关爱、家国情怀，更加注重自主发展、合作参与、创新实践。中国幼儿教师的实践经验或许也为这个目标的实现提供了一种培育幼儿综合素养的样态。

第四节　个性化和集体指向在幼儿创造性培养中的辩证统一

　　综上所述，在幼儿园创造性教育的个性化和集体指向上，个体创造和集体创造并不矛盾，它们可以帮助幼儿在未来适应各种创造的场景，并能为更强大的共同创造贡献自己的创造性。为了更好地应对未来社会对创造性人才的需求，中外教育理念和教育策略可以互相借鉴，各自的侧重点也可以互相靠拢一些。事实上，中国自古就有"因材施教"的教育理念和文化根基。在近些年的教育改革中，我国的幼儿园教育也已经越来越强调从"基于教师立场的统一教学"转向"基于儿童立场的个性化教育"，越来越强调教师要识别和支持每一个幼儿的主动学习、探索发现乃至创造。随着创造性研究的深入，一些新近的西方幼儿园创造性教育研究文献也更多地强调小组合作和集体交流对于创造的价值。②

---

① HENNESSEY B A. Taking a systems view of creativity: On the right path toward understanding［J］. The Journal of Creativity Behavior, 2017, 51(4): 341-344.

② ISBELL R, YOSHIZAWA S A. Nurturing creativity: An essential mindset for young children's learning［M］. Washington: The National Association for the Education of Young Children, 2016: 3.

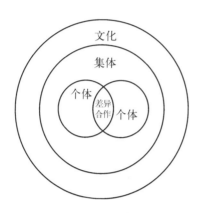

图3-11　幼儿园创造性教育的个
性化与集体指向的多层
次模型图

针对我国更广大幼儿园的创造性教育，本研究尝试提出兼顾个性化和集体创造的多层次模型图（见图3-11），拟由此提示幼儿园可以从个体创造、个体间差异与合作、集体活动和创造、创造与文化传承间关系等多个层面去思考。

具体来说，一方面，幼儿园应打破传统班级活动组织的强结构和标准化，支持幼儿个性化的个体活动和创造。因为，独立性、具有独立思考的能力是创造性人格的重要特征，它有助于个体突破常识或人们惯常的行动和思维方式，也是产生新颖观点和做法的重要基础。即使在集体合作创造和交流中，个体也需要有这样的品质来贡献自己新颖的观点或方法。与其他各级各类教育的学生相比，不同幼儿兴趣和经验之间有着更大的差异，因此我们应更坚定、更充分地支持幼儿进行个性化的创造。教师应切实保证每一名幼儿拥有自由选择、自主决定和自主表达的权利，鼓励幼儿根据自己个性化的兴趣经验、探索欲望、表达需求等产生独特且新颖的思考、观点和探索。教师应为幼儿独立思考并拥有自己的观点提供切实支持，也应为每一名幼儿的个性化创造提供必要的鹰架。从我国诸多幼儿园的教育实践看，广大幼儿教师的确还需要进一步学会真正放手，容许幼儿真正地进行自我决定，真正地观察和倾听每一名幼儿的具体想法，真正支持每一名幼儿自己的创造。此外，如果班级里有一些习惯于依赖别人为其做决定或习惯于模仿的孩子，教师一方面应反思自己与他们的互动方式是否助推了他们的依赖性，另一方面可为其特别创设一些独立思考的机会，帮助其发现自己可以提供新想法、新方法的能力，从而更有信心地主动学习和创造。

另一方面，幼儿园还可将小组和集体视为有效的资源，鼓励幼儿对话交流，在幼儿具有合作潜力和合作意愿的情况下，将群体合作创造视为有效的活动形式。教师应帮助幼儿借助集体的环境和力量发展积极的创造动机、多维的创造性思维以及独立（有自己的观点）、开放（乐于接受新信息、新经验和他人建议）、乐于合作（愿意与他人合作，并愿意基于自己和他人的想法共同创造）、乐于坚持等创造性品格，并在潜移默化中养成乐群的品质，习得"和而不同""博采众长"等中国优秀传统文化的精髓。当然，教师也应从过去强调传统集体活动的预设者转变成为整个生态系统中的差异资源以及支持幼儿的共同创造者。值得强调的是，从已有文献看，较少有研究将乐于合作和乐群作为个体尤其是幼儿创造性人格的特征之一。但本研究认为，在中国的文化背景下，尤其在未来社会发展的趋势下，乐于合作和乐群应该成为中国幼儿园关注的创造性人格要素之一。幼儿尤其小班幼儿的合作能力并不强，但随着年龄的增长，加上社会文化环境的影响和教育的加持，幼儿合作创造的意愿和能力还是不容小觑的。

有人或许会质疑"乐于合作""乐群"与"个体独立性""个性化"之间存在矛盾，但创造本身就分为个体创造和集体创造，所以在不同的情境下，幼儿可能需要不同的品质来帮助其更好地实现新颖而有价值的创造；而且研究证明，具有创造性的人往往在人格特征上具有一定的"矛盾性"。[①]例如，"心流之父"希斯赞特米哈伊（Csikszentmihalyi）在对77名卓越创新者、14名诺贝尔奖得主进行访谈后发现，复杂是创造性人格的特征，即这些人士的性格并不是单面的，他们往往具有相互矛盾的两种极端性格，例如既富有智慧但又天真，既守纪律又好玩乐，既负责又不负责，既内向又外向，既现实又富有想象力，既传统保守又反叛独立，既客观冷静又充满激情，既谦逊又骄傲，等等。[②]这种矛盾并没有成为问题，或许

① RUNCO M A. Creativity: Theories and themes: Research, development, and practice (2nd ed.)［M］. London: Elsevier Academic Press, 2014: 25.
② 希斯赞特米哈伊. 创造力：心流与创新心理学［M］. 黄珏苹，译. 杭州：浙江人民出版社，2015：55-72.

是因为有创造性的人对于这种矛盾往往具有高容忍性，[①] 也善于在不同的情境下保持平衡，他"可以根据情境的需要，从一个极端转变为另一个极端，也许中庸之道是他选择的默认位置。富有创造力的人确定地知道两个极端，体验着相同强度的两个极端，却不会感到内在的冲突"。[②] 正如在讨论创造性思维时提到的，人们在创造的过程中会同时使用看似矛盾的发散思维和聚合思维，与之相类似，在创造性人格上同时具有个体独立性和乐群、乐于合作是可行的，也是未来社会发展所需要的。

① RUNCO M A. Creativity: Theories and themes: Research, development, and practice (2nd ed.) ［M］. London: Elsevier Academic Press, 2014: 284.
② 希斯赞特米哈伊.创造力：心流与创新心理学［M］.黄珏苹，译.杭州：浙江人民出版社，2015：55-72.

第四章

基于幼儿的创造性实践
发展幼儿的创造性思维

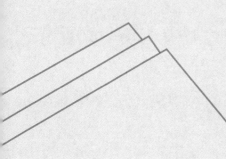

前两章从创造性关涉的学习领域与基础、个性化与集体指向两个问题出发，对幼儿创造性发生发展的支持因素进行了讨论，并尝试对我国幼儿园创造性教育提出一些建议。接下来，本研究将更具体地从创造性的三个结构性要素出发，进一步讨论在促进幼儿创造性思维、创造性人格和创造性实践发展方面，我国幼儿教师可以使用的策略和方法。在讨论的过程中，本研究仍然会首先基于所收集的数据和文献，尝试提炼出我国幼儿园教师在这三方面的创造性教育观点及使用的策略方法，尝试把这些观点、策略与西方幼儿园创造性教育常见的观点、策略进行比较和分析，再基于对我国社会文化的考量，总结有利于我国幼儿园创造性教育开展的建议。

由于在创造性思维、创造性人格和创造性实践中涉及的因素更为复杂且多维，因此从研究结果来看，很难简单地说东西方文化中的创造性表现以及幼儿园相关教育观点和策略之间具有跨度非常大的指向性差异。它们之间既有一致性，也有细微差异，当然同时也具有互补性。因此，在后面的章节中，将依据相关子主题展开阐述，在对子主题进行论述的过程中既描述东西方之间的一致性，也讨论它们之间的细微差异。同时，"知行合一"历来是中国传统教育方法论中的重要原则，"知者行之始，行者知之成""纸上得来终觉浅，绝知此事要躬行"。对于幼儿来说，创造性思维和创造性人格不宜通过与实践分离的抽象性教学活动来进行培育，两者需要在幼儿创造性实践的过程中逐步践行和发展。创造性思维和创造性人格的论述也必然要在幼儿的创造性实践情境中讨论，因此，本书将关于幼儿创造性实践的相关讨论和建议融合在第四章和第五章中进行。

创造性思维被认为是创造性的核心，是创造性教育指向的首要核心内容。本章将首先结合幼儿的创造性实践，讨论幼儿创造性思维的培养。与一些文献将创造性人格作为思维的倾向性合并在创造性思维中不同，这里的创造性思维主要指认知方面的思维方式及过程。

第一节　关于创造性思维主要方式的研究概述

创造性思维主要涉及如何生成新颖而有价值（或有适用性）的想法的认知过程。在讨论促进幼儿创造性思维的教育策略和方法前，我们必须先尝试理解幼儿创造性思维的主要方式及相关的研究概况。

20世纪50年代，时任美国心理协会主席的心理学家吉尔福特（Guilford）在《美国心理学家》杂志发表《创造性》（*Creativity*）一文，[①]这篇论文常被认为是创造性心理学研究的开端，奠定了学界关于创造性研究的基础。吉尔福特提出，思维主要包括发散思维（divergent thinking）和聚合思维（convergent thinking），发散思维是指根据主体记忆储存，以精确修正的方式，加工出许多备选的信息项目，以满足一定的需要；聚合思维则是指主体从记忆中回忆某种特定的信息项目，以满足某种要求。[②]按照吉尔福特的观点，创造性思维是个体创造性的核心，它的主要表现是发散思维，而聚合思维不可能在创造力中占有一席之地。[③]因此，可以说，创造性的研究实际上最早是始于对发散思维的研究，这导致大家一提起"创造性"首先就联想到"发散思维"。吉尔福特基于发散思维的特点，编制了发散生成测验（Divergent Production Test，简称DPT）和非常规用途测验（Unusual Usage Test，简称UUT）。在此基础上，托兰斯（E. P. Torrance）研究出了著名的"托兰斯创造性思维测验"（Torrance Test of

---

① ② GUILFORD J P. Creativity [J]. American Psychologist, 1950, 5(9): 444-454.
③ 吉尔福特. 创造性才能——它们的性质、用途与培养 [M]. 施良方，沈剑平，唐晓杰，译. 北京：人民教育出版社，1991：44.

Creative Thinking，TTCT），[①]该测验主要考察被试发散思维的特点——流畅性、变通性、新颖性和精致性，也是目前应用最广泛的创造性思维测验。迄今为止，大多数对创造性思维的评估也都集中于衡量发散思维的认知过程。

在长达70余年的历程中，诸多创造性研究指出，人在创造过程中使用到的思维方式并不仅限于发散思维。大多数心理学家认为：创造性成就要求发散和聚合思维的复杂组合，富有创造性的人在创作过程中善于在两者之间来回切换。

随着研究的深入，越来越多的研究倾向于认为，整个思维过程是非常多元且复杂的，它是多种思维方式有机结合的产物。关于创造性思维的主要形式，国内外不同的研究有着不同的看法，目前尚没有形成定论。在国外学术研究中，除了发散思维和聚合思维外，诸多研究还指出了可能性思维、横向思维、批判性思维和评价技能、聚合-整合性思维、想象能力、直觉思维、顿悟、类比、迁移、隐喻、联想等思维方式和认知过程在创造性思维中的作用。[②③]基于前人的研究成果，鲁巴特（Lubart）等人把创造性潜能归纳为10个方面，其中与思维相关的方面包括：发散思维反映的是生成不同观点的能力；分析性思维主要用于对生成的产物进行评价；思维的灵活性指的是在问题解决过程中变换视角、探讨新方向的能力；联想性思维是指在观念之间建立联系、组合观念的能力；选择性综合指的是把分散的要素以新的方式综合成整体的能力。[④]

在国内，不同的研究也呈现出不同的观点。例如，林崇德认为，创造性思维有五个特点和表现：一是新颖、独特、有意义的思维活动；二是创

① TORRANCE E P. Torrance tests of creativity［M］. Princeton: Personnel Press, 1966.
② 庞维国.创造性心理学视角下的创造性培养：目标、原则与策略[J].华东师范大学学报(教育科学版), 2020 (11): 25-40.
③ RUNCO M A. Creativity: Theories and themes: Research, development, and practice (2nd ed.) ［M］. London: Elsevier Academic Press, 2014: 1-38.
④ LUBART T, ZENASNI F, BARBOT B. Creative potential and its measurement ［J］. International Journal for Talent Development and Creativity, 2013, 1 (2): 41-50.

造性思维的内容为思维加想象，即通过想象，加以构思，才能解决他人所未解决的问题；三是在创造性智力或创造性思维的过程中，新形象和新假设的产生带有突然性，常被称为"灵感"；四是分析思维和直觉思维的统一；五是辐合思维和发散思维的统一。①董奇在《儿童创造力发展心理》中，依据不同维度将创造性思维界定为发散思维与聚合思维的有机结合，直觉思维与分析思维的有机结合，横向思维与纵向思维的有机结合，逆向思维与正向思维的有机结合，潜意识思维与显意识思维的有机结合，以及创造性思维活动中的元认知监控，而在幼儿阶段，创造想象是幼儿创造力的最主要成分。②汪刘生认为创造性思维主要由发散思维和集中思维组合而成，同时还包括直觉、灵感和创造性想象等。③甘秋玲等将基础教育学生创新素养中的创新思维界定为是多种思维形式特别是发散思维、辐合思维和重组思维高度结合的结果。④庞维国结合心理学各项理论，将创造性潜能涉及的认知部分归纳为发散思维（包含思维的灵活性、可能性思维）能力，横向思维（包含联想性思维）能力，聚合-整合性思维（包含综合）能力，分析性思维（批判性思维、评价）能力，想象能力；同时还并列增加了元认知方面即创造性元认知。⑤王灿明在论述儿童创造教育时认为，创造性思维主要有直觉思维、联想思维、幻想思维、灵感思维和横向思维等形式。⑥

　　在幼儿教育阶段，国内外关于幼儿创造性思维的现有研究同样较多地聚焦在发散思维上，⑦主要运用托兰斯创造性思维测验（TTCT）等心理测

① 林崇德.创造性心理学［M］.北京：北京师范大学出版集团，2018：205-209.
② 董奇.儿童创造力发展心理［M］.杭州：浙江教育出版社，1993：26-39.
③ 汪刘生.创造教育论［M］.北京：人民教育出版社，2000：84-97.
④ 甘秋玲，白新文，刘坚，等.创新素养：21世纪核心素养5C模型之三［J］.华东师范大学学报（教育科学版），2020（2）：57-70.
⑤ 庞维国.创造性心理学视角下的创造性培养：目标、原则与策略[J].华东师范大学学报（教育科学版），2020（11）：25-40.
⑥ 王灿明.儿童创造教育新论［M］.上海：上海教育出版社，2015：80-92.
⑦ NIKKOLA T, REUNAMO J, RUOKONEN I. Children's creative thinking abilities and social orientations in Finnish early childhood education and care［J］. Early Child Development and Care, 2022, 192(6): 872-886.

试工具量化考察幼儿的发散性思维，我国亦是如此。[①②③④] 当然，有研究也提到其他思维方式和认知过程，其中较常见的观点是创造性思维是发散思维和聚合思维的结合，以及创造想象是幼儿创造性思维的最主要成分。[⑤] 但是，对于我国幼儿创造性思维中具体涉及的主要形式，较少有研究进行更多实证性的研究和讨论。

第二节　我国幼儿创造性思维的主要方式及教师支持策略解析

本研究尝试结合质性数据对我国幼儿创造性思维的具体方式及教育支持策略进行讨论。尽管大部分教师并没有对创造性思维进行深入研究，甚至有些只是凭教育直觉和经验对幼儿的创造性行为和表现进行观察和指导，但他们所报告的信息依然体现了幼儿在创造过程中运用的多种思维方式。有些教师明确提到了在创造性教育过程中应帮助幼儿进行一些思维方式的训练，也提到了相关的教育策略和方法。从研究结果看，尽管本研究的数据没有量化研究意义上的广泛代表性，但至少用"细描"的方式在一定程度上说明了幼儿创造性思维所涉及的认知过程的复杂性。同时，本研究也尝试结合幼儿创造性发展和教师教学的具体情境，从我

① 王小英.幼儿创造力发展的特点及其教育教学对策［J］.东北师大学报，2005（2）：149-154.
② 叶平枝，马倩茹.2—6岁儿童创造性思维发展的特点及规律［J］.学前教育研究，2012（8）：36-41.
③ 叶荻琪.3—6岁儿童创造性思维特点研究［D］.广州：广州大学，2020.
④ 汪洁.基于学前儿童创造性思维培养的STEAM教育活动设计与实践研究［D］.南昌：江西科技师范大学，2020.
⑤ 董奇.儿童创造力发展心理［M］.杭州：浙江教育出版社，1993：26-39.

国社会文化的影响及适宜性的角度进行分析和讨论。限于创造性思维的复杂性和所收集数据的有限性，本研究无法穷尽幼儿创造性思维的所有表现，只能尽可能提炼出一些被证实的幼儿创造性思维表现及教师使用的相关教育策略。

一、我国教师报告的幼儿创造性思维的主要形式及相关教育策略

（一）创造性想象

想象思维是大脑通过形象化的概括作用，对已有的记忆表象进行加工、改造或重组的思维活动。想象思维是形象思维的具体化，是人脑借助表象进行加工操作的最主要形式，是有助于人类进行创造的重要思维形式。创造性想象最常与幼儿的想象性游戏联系起来，[①]常被认为在艺术和科学创造过程中能起到重要的作用。[②]

在已收集的数据和资料中，"想象"这个词反复出现，很多时候，教师都将"创造"和"想象"连在一起使用，例如"孩子表现出了令人惊讶的想象力和创造力""为了助推幼儿的创造和想象"等类似的表述多次出现在教师的访谈和撰写的案例中。教师也举出了很多幼儿在想象的基础上创作出来的作品。例如，一名幼儿画了一只鸟飞回大树上的家的场景，这只小鸟的家有四层房子，每一层都有不同的功能，分别用来睡觉、游戏、吃饭和存储食物，教师对该名幼儿的想象力和创造力感到十分惊讶。

夏老师：与我们成人不一样，幼儿可以打破很多条条框框，想象可以天马行空。他们的创作常常不符合实际情况或常规，常常是我们想不到的一些场景，如果用常规思维来看的话，可能让

[①] SINGER D G, SINGER J L. The house of make-believe: Children's play and the developing imagination ［M］. Cambridge, MA: Harvard University Press, 1992.

[②] ROOT-BERNSTEIN M. Inventing imaginary worlds: From childhood play to adult creativity across the arts and sciences ［M］. Lanham, MD: Rowman and Littlefield Publishers, 2014.

人啼笑皆非，但实际很可爱，也很有创造性。

从教师所举的例子来看，幼儿的想象不仅体现在美术、音乐等创造性艺术活动中，也表现在角色游戏、建构游戏（如用积木搭了一个假想的汉堡店）和创造性语言表达活动（如故事创编）中。因此，教师在培养幼儿创造性思维时，会经常鼓励幼儿运用他们的想象力，借助"想象一下……""发挥你的想象力"等语句引发幼儿的创造。

> 吴老师：我们总结了一个情境猜测法，就是要求教师创设一个假想的情境，引导幼儿围绕某些假设性提问开展情境想象，引导幼儿大胆猜测，大胆发表自己独特的想法。

从已有的文献来看，诸多实践和研究也首先肯定了想象在幼儿创造性发展过程中的基础作用。例如，英国政府颁布的《早期基础阶段法定框架：0—5岁儿童学习、发展和保教标准》（Statutory framework for the early years foundation stage: Setting the standards for learning, development and care for children from birth to five，简称EYFS）在幼儿"艺术与设计表现力"领域中就强调了想象力与创造力之间的关系——"儿童的艺术和文化意识的发展支持了他们的想象力和创造力"，并且将"用材料创造"和"想象力与表达"列为该领域的两大目标。在具体目标陈述时，提到了艺术创作，表演歌曲、韵律、诗歌，创编故事并表演，跟随音乐舞动等都是想象力的表达形式。在这一点上，东西方幼儿教育的观点表现出一致性。

想象应该是人类尤其是幼儿所特有的共同天赋，东西方文化中也有很多基于想象形成的创造性作品（如幼儿很喜爱的《西游记》等神话传说，中国审美所强调的"意境"中也包含了想象的成分①），毫无疑问，各种社

---

① 李新生.意境：在审美空间的想象和再造中发生——论中国山水画的审美理想及其艺术表达［J］.河南师范大学学报（哲学社会科学版），2017，44（2）：135-139.

会文化都认可想象在创造中的重要作用。幼儿借助抽象逻辑思维来推理和思考的能力不强，知识经验也不多，因此与成人相比，幼儿在面对问题时会更多地借助想象来思考和创造，能够不加拘束地、灵活自如地运用想象进行创造，并从中得到乐趣。幼儿善于运用想象的特点在东西方教育实践和研究中被广泛认可。

西方社会更倾向于将创造性与艺术关联起来，因而在查到的资料中，较多的教师和研究者在肯定幼儿想象与创造性思维的关联时，所举的例子都与音乐、舞蹈、美术、戏剧和角色扮演等艺术领域相关。如英国的EYFS框架，只在"艺术与设计表现力"的相关表述中有"想象力"（imagination）的词汇。

另一个共性现象是，尽管各类文献的观点并不一致，但在很多东西方幼儿教育文献里，每当提起幼儿创造性培养时，教师和一些研究者最常提到的甚至是唯一提到的思维方式就是关注幼儿的想象力，这在西方的文献中尤为明显。（这或许还是跟西方的文化和教育更倾向于将幼儿创造性与艺术关联的特征有关。由于想象常常是头脑中想到的"图像"，因此在可视化艺术领域更容易起到助力作用。[①]）值得注意的是，想象是创造的重要根源，但两者并不一样。首先，想象是对现实的超越，不受限制和约束，但创造的过程最开始依赖想象，后续还要进行判断和分析，以确保想法或解决方案是有效的（可能还要去判断其新颖性）。[②]其次，想象可能还只是头脑中的"图像"，但创造还需要向现实世界释放出可能新颖且有价值的东西，因此还要与现实生活中的材料、情境等相关联。例如，斯特拉文斯基（Stravinsky）就曾区分了创造性想象（creative imagination）和虚拟想象（virtual imagination），他认为后者完全是个人的且通常是短暂的，但前者需要得到明确的表达和沟通，并可能被形式化，通常有一个具体的媒

---

① RUNCO M A. Creativity: Theories and themes: Research, development, and practice (2nd ed.)［M］. London: Elsevier Academic Press, 2014: 393.
② 同上：392.

介，如科学工作或艺术努力。[①]再者，维果斯基也曾区分了再现想象和创造性想象，在他看来，只有经过组合改造产生新结构的想象才属于创造性想象，只是表征再现以往记忆的想象并不能导致创造。[②]因而有学者提出了"创造性想象能力"的概念，并将其定义为基于过去观察的材料创建和转换显著超越原有材料表征的能力。[③]综上所述，尽管幼儿的创造和成人不太一样，但想象是幼儿创造性思维的重要基础，创造性思维不能简单地等同于想象，创造要在想象的基础上有所创新，并且还要具有适用性，因此创造性思维还包含了其他的思维方式和认知过程。事实上，教师们的确也报告了幼儿其他的创造性思维方式。

（二）发散思维与辐合思维

1. 发散思维

由于发散思维与创造性思维密切相关，因此在本研究中，大部分教师都提到了幼儿在创造过程中表现出来的发散思维。尽管在吉尔福特提出发散思维后，不同学者对发散思维进行了不同的界定，但都强调从一个点／问题／信息出发，突破原有的圈，既无固定方向也无固定范围地进行发散或扩散，从不同的途径、方向和视角产生多种设想和答案，因而发散思维也被称为扩散思维、辐射思维。例如，让儿童说出一件常用物品的用处，如一块砖的一切可能的用途，就可以从中看出该儿童发散思维的情况。[④]从创造性思维的方向看，发散思维涉及的是一种扩散（widening）机制，其倾向是："保持开放的心态，意识到在特定情况下可以识别的大量元素，识别可能的、不明显的意义，发现隐藏的方面，并

---

① RUNCO M A. Creativity: Theories and themes: Research, development, and practice (2nd ed.) ［M］. London: Elsevier Academic Press, 2014: 392.

② VYGOTSKY L S. Imagination and creativity in childhood ［J］. Journal of Russian & East European Psychology, 2004, 42(1): 7–97.

③ JANKOWSKA D M, KARWOWSKI M. Measuring creative imagery abilities ［J］. Frontiers in Psychology, 2015(6): 1–17.

④ 董奇. 儿童创造力发展心理［M］. 杭州：浙江教育出版社，1993：26.

克服明显的约束。"①在考察发散思维的水平时，一般会关注其流畅性、变通性、新颖性和精致性，其中的流畅性主要考察在短时间内能连续表达出的观念和设想的数量；灵活性则是指能从不同角度、不同方向灵活地思考问题；独创性是指具有与众不同的想法和别出心裁的解决问题的思路；精致性是指能想象与描述事物或事件的具体细节。

在针对发散思维进行具体讨论时，教师们经常提到孩子"一物多玩""一物多用""一物多变"的做法，或者就某一问题产生多种想法，都是幼儿发散思维的重要表现，也是产生创造的重要基础。因而，教师们提到的教育策略有"鼓励一物多玩""鼓励幼儿多角度地去思考、看待和解决问题""提出开放性问题，引导幼儿使用发散思维""鼓励不同幼儿就某一个问题提出不同看法，大胆表达自己的独特想法（或进行不同的尝试）"等，以上这些策略都指向了幼儿发散思维的培养。

案例 4 - 1

玩 垫 子

以户外运动"玩垫子"为例，我会利用材料鼓励孩子"一物多玩"，培养创造力。

第一次玩垫子时，孩子们对垫子特别感兴趣。活动开始时，我问大家："今天，垫子宝宝要和我们玩游戏，你觉得我们可以和垫子宝宝玩什么游戏呢？"桐桐马上回答："可以爬！"睿睿说："可以在上面跳。"心怡说："可以坐在上面休息。"我回答："对，除了爬、坐、跳，还有什么游戏呢？请你们一人拿一块垫子先去玩一玩吧。"只见几个孩子合作把垫子拼成长条状后，在垫子上手膝着

---

① ANTONIETTI A, COLOMBO B. Creative cognition: How cultures matters [M] // GLĂVEANU V P. The Palgrave handbook of creativity and culture research. London: Springer Nature, 2016: 102-124.

地爬行。

　　为了拓宽幼儿的思维，使之不受固定思维的限制，我用语言、身体动作等对孩子进行进一步引导，启发孩子说一说：拼好的长条形垫子像什么，拆开后的垫子像什么？除了爬一爬，垫子还可以怎么玩？在我的引导下，孩子们纷纷想出了不同的玩垫子方法，如：小马过河，跨过垫子；青蛙跳荷叶，双脚跳跃；小兔撑伞，把垫子顶在头上行走；袋鼠跳，将垫子夹在双腿间跳跃；小乌龟运粮食，将垫子放在背上行走……孩子们的想法越来越多，他们不再皱着眉头或抓耳挠腮，开始三五成群地摆弄垫子，游戏达到第一个高潮。

　　为了推进游戏，我又搬来了大垫子激发孩子们的兴趣。有的大垫子既重又厚，有的大垫子既宽又软，我再一次引发大家思考："这些大垫子可以怎么玩呢？"孩子们发现了厚重的垫子可以直立起来，像迷宫、像房子；可以将垫子一层层地叠起来，然后从上面跳下来；垫子之间可以重叠包起来就像一个汉堡包、像滑梯……孩子们非常满足，脸上洋溢着快乐。

（夏老师）

　　从国外的文献看，国外的教师和学者普遍认可发散思维在幼儿创造性培养中的重要作用。例如，前文曾提到，在儿童创造性教育领域，英国学者克拉夫特（Craft）提出并发展了"可能性思维"（possible thinking）的概念，并将其认定为日常生活中创造性和儿童创造性的核心组成部分。她通过对英国学前教育实践的观察，证明3—7岁儿童的创造性可以通过培养"可能性思维"来增强。所谓的可能性思维是指以多种不同的方式来询问物体可能性的问题，关注的重点从"这是什么""它发挥什么作用"这两个问题上转移到"我能用这个做些什么"。从根本上来说，可能性思维是以许多不同的方式来询问"我能用这个做些什么"的问题，它同样涉及从聚合思维、定式思维转向更发散的思维。①② 在美国的教育文献中也经常能看到"头脑风暴法""使用不同的材料"等指向发散思维的方法，如全美幼儿教育协会（NAEYC）组织出版的关于幼儿创造性培养的论著中就列举了使用发散思维的幼儿创造案例，也提到了"鼓励孩子以不同的方式思考问题（发散思维）"的教育策略，认为教师可以提出一些没有预期答案和奖励的问题，如："我们还能用什么？""我们可以添加什么？"和"我们可以用什么方式展示我们的图片？"③

由此可以看出，东西方幼儿教育的实践者和教育者普遍认可使用开放式问题鼓励幼儿通过发散思维实现创造性的发展。中国文化中不乏使用发散思维来创造性解决问题的传统。例如，"草人借箭"是在借鉴"草船借箭"的基础上创编的，就说明了中国传统文化中的发散思维。④ 当守军的箭快要射完时，他们发散了自己的视野和思路，没有限于在自己的城里寻找箭，还想到了敌人有箭。于是，他们制作稻草人并给他们穿上黑衣，用绳子将稻草人绑好，慢慢地从城墙上放下。敌军误以为这些稻草人是士兵，争相放箭，由此守军解决了军中缺箭的问题。类似的案例在我国文化中还有很多，因此使用发散思维进行创造，在我国文化中也有着悠久的历史。从我国文化传统蕴含的教育智慧来看，儒家教育一向重视启发式教学和相互对话，孔子有时会主动提出问题，让学生发表自己的想法，这也是鼓励发散思维的表现。孔子曾两次与几个学生一起谈

① CRAFT A. 可能性的思维和智慧的创造力：英国教育的未来？［M］//BEGHETTO R A, KAUFMAN J C. 培养学生的创造力. 陈菲，周晔晗，李娴，译. 上海：华东师范大学出版社，2013：289-288.
② CRAFT A. Creative thinking in the early years of education［J］. Early Years: An International Journal of Research and Development, 2003, 23(2): 143-154.
③ ISBELL R, YOSHIZAWA S A. Nurturing creativity: An essential mindset for young children's learning［M］. Washington: The National Association for the Education of Young Children, 2016: 27.
④ ANTONIETTI A, COLOMBO B. Creative cognition: How cultures matters［M］// GLĂVEANU V P. The Palgrave handbook of creativity and culture research. London: Springer Nature, 2016: 102-124.

论"各自之志"。孔子表达了自己的志向："老者安之，朋友信之，少者怀之。"子路、冉有、公西华、曾皙与孔子闲坐论治国之志时，孔子不作是非评论，只是表示让大家各言其志而已。

因此，中国的文化精神和教育并不只强调一致，发散思维在我国的传统文化和教育中是有根基的，我们需要将这种支持发散思维的精神和传统运用在我们的创造性教育中。实际上，教师也在幼儿大量的发散思维方式及行为表现中看到了幼儿令人惊讶又欣喜的创造性表现。

需要指出的是，在发散思维的培养过程中，想象也起到了推动作用，充分发挥想象力可以帮助幼儿以新的视角去探索更多的答案。克拉夫特（Craft）也认为，想象是可能性思维中的核心要素。①这是由于创造性想象的出现，往往使幼儿的思路更加开阔，从而产生许多不同的甚至荒诞离奇的答案。但从教师所举的案例来看（如幼儿在幼儿园户外的"壕沟"中自主运动时，想出了钻、跨、手脚并用等多种方法），幼儿可能并不完全依赖想象来实现发散思维。因此，本研究认为，发散思维虽然可借助想象，但不等同于想象，应该可以算作是幼儿独立的一种创造性思维方式。也有研究指出，想象和发散思维之间存在微弱关系，②总结这些研究的一项元分析也证实了这一点。③因此，我们有理由将想象和发散思维视为创造性的独特并相对独立的组成部分。④

2.辐合思维（包含综合分析思维）

诸多研究指出，尽管发散思维在创造性思维中居于核心地位，但创造

---

① CRAFT A.可能性的思维和智慧的创造力：英国教育的未来？［M］//BEGHETTO R A, KAUFMAN J C.培养学生的创造力.陈菲，周晔晗，李娴，译.上海：华东师范大学出版社，2013：267-288.

② CAMPOS A, GONZÁLEZ M A. Self-perceived creativity and vividness of mental imagery［J］. Perceptual and Motor Skills, 1993(77): 1291-1296.

③ LEBOUTILLIER N, MARKS D F. Mental imagery and creativity: A meta-analytic review study［J］. British Journal of Psychology, 2003, 94(1): 29-44.

④ JANKOWSKA D M, KARWOWSKI M. Measuring creative imagery abilities［J］. Frontiers in Psychology, 2015(6): 1-17.

性思维在很多时候离不开辐合思维。辐合思维，也称为收敛思维、求同思维、聚合思维、集中思维、聚合-整合性思维，是指能根据一定目的，从已知信息中产生逻辑结论，从现成资料中寻求正确答案的一种有方向、有范围、有条理的思维方式。发散思维强调尽可能产生多个不同的解决问题的方法，而辐合思维更强调将已知的信息进行梳理聚焦，进行系统分析与推理，以求得或选择一种最值得追求的想法或解决方案，有时这两个思维过程也被称为生成创意和探索创意。[①]

　　尽管辐合思维因为多见于一题求一解的情形而往往被认为不能有助于创造，但若基于创造性的目的，"辐合思维集中了大量事实，提出了一个可能正确的答案（或假设），经过检验、修改、再检验，甚至被推翻，再在此基础上集中，提出一个新假设"，[②]因而也有助于关联和综合各种信息，形成较为合理的新想法并实现创造。希斯赞特米哈伊通过研究也指出，尽管培养发散思维的做法是合理的，但在成就创造力的最高层次上，新事物能不能产生并不是主要问题。伽利略和达尔文并没有提出很多新观点，但他们紧抓着核心观点不放，以至于改变了整个文化。与之类似，我们研究中的个人通常认为自己在职业生涯中只提出了两三个新观点，但每个观点都非常具有独特性。他们的一生都在忙于检验、扩充、详细阐述及应用这些观点。[③]因此，辐合思维也被认为是创造性过程中重要的思维方式。更多的研究则指出，辐合思维与发散思维是在创造性思维过程中相互促进、彼此沟通、互为前提、相互转化的辩证统一的两个方面，而富有创造性的人，也似乎能很好地使用这两种看似相反的思维。[④]因为在创造过程中，人们往往是在发散思维和聚合思维之间来回切换。例如，当创造者遇到问

---

① KAUFMAN J C, GLĂVEANU V P. A review of creativity theories: What questions are we trying to answer? ［M］//KAUFMAN J C, STERNBERG R J. The Cambridge handbook of creativity (second edition). New York: Cambridge University Press, 2019: 27-43.

② 林崇德.创造性心理学［M］.北京：北京师范大学出版社，2018：201.

③ 希斯赞特米哈伊.创造力：心流与创新心理学［M］.黄珏苹，译.杭州：浙江人民出版社，2015：117.

④ 同上：57.

题但问题并不明晰时，他首先需要使用辐合思维，综合各种信息，明晰要解决问题的关键，然后才能寻找到合理的发散点；接着，他可能使用发散性思维寻找解决问题的可能性，但究竟选择使用哪种解决方案，则需要借助辐合思维，综合各种信息进行判断和分析，以节省大量试误的时间；当使用辐合思维选择的问题解决方案并不奏效或效果不佳时，他们可能会再次使用发散思维。他们会在发散思维和辐合思维之间不断转换，直到创造性地解决问题。

在本研究所收集的数据和资料中，尽管我国教师没有提到"辐合思维"这个词汇，但他们还是提到了幼儿采用相关思维表现所带来的各种创造。他们更多地使用了"综合判断""决策""抽丝剥茧""接近问题核心""逻辑推理能力""发现聚焦点"等词汇来表达，但细细分析他们的案例，幼儿在实现创造时，往往都使用了辐合思维。例如，在案例4-2中，幼儿最开始使用了发散思维想到了制作更为复杂的多米诺骨牌装置，但为了实现自己的创造性想法，幼儿需要在斜坡与跷跷板之间寻找合适的"链接物"。幼儿综合各种信息，想到了使用有高度差的叠高积木作为"链接物"，但如何保证叠高的积木向前倒且产生足够的力量让后面的"跷跷板"一端翘起来时，幼儿使用的是辐合思维，创造性地选择了"搭建有高度差的叠高积木"，并通过不断验证、观察和调整等找到了解决问题的方法。这种聚焦问题，综合各种信息不断进行推理分析的能力帮助他们成功实现了创造。

案例 4 - 2

在多米诺骨牌装置中利用"叠高积木"

随着探究的不断深入，越来越多的幼儿不再满足于搭建简单的多米诺骨牌，他们想要尝试更复杂的搭建方式。多米诺骨牌的复杂程度体现出幼儿综合、决策、创造等多种高阶思维能力。例如，圆盘积木从右边的斜坡上滚下来，穿过一小段防止其跑偏的"短隧道"后，还需要有足够的力量击打后续"跷跷板"的一端让其翘起，以启动后面的多米诺骨牌装置。他们发挥聪明才智，想到了在中间利用数量有所递增的五排叠高积木形成高度差，来达成他们的目的（见图4-1）。但因为积木倒下来可能向前倒，也可能向后倒，所以幼儿们还要算准积木撞击的部位以及积木之间的距离，确保积木被撞后是向前倒下去的，并且有力量地碰到跷跷板的一端时才能成功。孩子们就像工程师解决工程难题一样抽丝剥茧，不断假设验证，探索创造，显现出独特的逻辑思维能力和工程意识。

图4-1　叠高积木装置

（上海大学附属实验幼儿园　许翠单）

有教师提到，与成人一样，幼儿在创造过程中也会综合使用发散和辐合这两种思维方式。例如，幼儿在解决某个问题时，可能会先运用发散思维去进行多种假设，然后通过分析排除一些方法，或者在经过判断后先选择使用某个方法进行验证。在这个过程中，教师也能观察到幼儿很多创造性的表现。在不少案例中，幼儿在产生各种想法时会自我分析，在分析的基础上做出决策。因此，尽管不同阶段幼儿的思维水平有差异，但我们不能小看幼儿的思维能力。随着年龄的增长，幼儿能够在生成各种创造性想法的同时，结合自己的经验、观察以及实际操作，使用辐合思维，缩小可行性方法的范围，逐步寻找到最佳解决方案。

当然，有教师也提到，在幼儿创造的过程中，教师应尽可能鼓励幼儿进行思考，不轻易对幼儿的想法做判断。幼儿有时也会因为思维定式或者模糊的经验，不能发现问题解决的关键，所以教师可以通过一些开放性的问题引导幼儿综合各种信息去明晰要解决的关键问题，或者引导幼儿对生成的各种设想或假设先进行分析、比较和讨论，然后再逐步聚焦成可行的方案。尽管教师没有意识到这是在引导幼儿使用辐合思维，但在许多案例中，教师的确是这样做的。例如，幼儿岳岳在沙水池使用多节剖面管创造了"水上乐园"中的"激流勇进"滑道，但被想象成该项目"体验者"的乐高人仔小紫随着水流滑到唯一一节倾斜放置的剖面管底部时就不再前进了。岳岳尝试用手去推小紫，但多次尝试，小紫依旧纹丝不动。这时，教师问岳岳："为什么小紫在第一节滑道上滑得这么快啊？"岳岳不假思索地回答："因为这个是斜坡呀！"教师说："哦！怪不得在后面平平的滑道上滑不动了。"岳岳愣了愣，随即拿起平铺的剖面管比画起来，然后使用各种工具材料把剖面管都垫高成相互连接的斜坡，最终让小紫顺利滑到终点。教师在分析时也说道："受思维定式的影响，他没有抓住解决问题的关键点。此时，我为了激发岳岳继续探究的热情，提出了具有探究意义的问题，引发他进一步思考。岳岳立刻举一反三，通过自己的思考和尝试把握了'水往低处流'的规律，展现了思维的灵活性。"[①]在这个案例中，教师通过提问和对话的方式引导幼儿综合各种信息去分析问题，运用发散思维使用各类材料进行创造，这也是幼儿运用辐合思维和发散思维的体现。在很多案例中，教师会问幼儿："你想想，这些方法中哪些比较可行？"同时，教师也会组织幼儿在集体讨论中共同比较、分析，帮助幼儿进行判断和选择。

---

① 胡昕云.水上乐园开拓史［M］//教育部基础教育司.游戏·学习·发展——全国幼儿园优秀游戏活动案例选编.北京：人民教育出版社，2020：30-39.

从国外的幼儿教育相关文献来看，大部分教师都更看重发散思维在幼儿创造性教育中的重要性。但也有一些文献和项目提到了辐合思维的重要性。例如，西班牙学者欧弗索-本里诺等（Alfonso-Benlliure, Meléndez & García-Ballesteros）指出，在创造过程中的某些时候（例如分析、决策、修改），辐合思维尤其重要；在其他方面（例如头脑风暴），发散思维的作用变得更为突出。但以往学前儿童创造性培养的干预研究大多仅关注发散思维的训练，这是远远不够的，教育还应该促进幼儿发散思维和辐合思维之间的互动。为此，他们设计了针对5—6岁幼儿发散和辐合思维培养的创造性教育干预项目，以游戏活动为载体，设计了一些让幼儿进行想法评估的活动，来培养幼儿的辐合思维。①在全美幼儿教育协会（NAEYC）组织出版的关于幼儿创造性培养的论著中也提到了，在教室里和在生活中，幼儿都需要协调使用辐合思维和发散思维来创造性地解决问题和寻找解决方案，尽管在教育策略上该书还是更多地指向发散思维。②

从我国的社会文化来看，如果将辐合思维看成是通过分析评判来追求"一题求一解"的闭合思维，那我国的教育一向比较重视辐合思维的培养，它在我国是有基础的。相对而言，在幼儿创造性思维的培养上，我们可能既需要强调发散思维的培养，也需要帮助幼儿能够灵活、综合地使用发散思维和辐合思维，从而产生既具有新颖性又具有价值性或适宜性的创造。若将辐合思维看成综合各种信息进行分析判断的过程，那么与西方更强调将对象按其属性、特征等要素分解为各个组成部分的思维方式相比，中国倾向于将对象的各个部分作为互相关联的整体来看待，这样的整体综

① ALFONSO-BENLLIURE V, MELÉNDEZ J C, GARCÍA-BALLESTEROS M. Evaluation of a creativity intervention program for preschoolers [J]. Thinking Skills and Creativity, 2013(10): 112-120.
② ISBELL R, YOSHIZAWA S A. Nurturing creativity: An essential mindset for young children's learning [M]. Washington: The National Association for the Education of Young Children, 2016: 27.

合思维方式或许更有助于人们在创造过程中看到信息之间的关联，从而综合各类信息进行评估和分析，找到问题的核心，制订更适宜的解决问题的方案。尽管这种综合思维的方式对幼儿来说是有困难的，但在中国文化的浸润、教师的身体力行以及引导下，幼儿在耳濡目染下可以逐渐形成这种思维方式。总而言之，包含综合思维在内的辐合思维，在我国社会中是有文化基础的，当我们在培养幼儿创造性思维时，不仅要重视发散思维，还应重视辐合思维和发散思维的综合应用。

（三）联想性思维与组合性思维（含迁移、远距离联想、组合或重组思维、譬喻思维）

在吉尔福特提出的发散思维和辐合思维的基础上，后续的研究又生发了很多其他的相关概念和理论。不过也有研究和理论例外，其中一个突出的例子就是最早由梅德尼克（Mednick）提出的远距离联想理论（the associative theory of the creative process），[1] 后来还有其他学者也从联想和连接的角度提出了关于创造性过程的理论。[2] 甘秋玲等在文献研究和专家论证的基础上也提出，包括远距离联想、迁移在内的组合性思维也是重要的创造性思维之一。重组思维能根据需要，把已有的几种事物（或者其部分）进行重新整合，生成新的、具有更优功能效果的新事物。与重组思维比较相似的还有远距离联想、迁移等。具体来说，远距离联想是将关系遥远的对象进行联想、连接和重新整合的思维方式。迁移是指能够从其他领域引入新的思路与方法，解决当前面对的问题。[3] 但若从远距离联想的角度来分析，实际上创造过程中的组合或重组也涉及突破常规想法，将不同

① MEDNICK S A. The associative basis of the creative process［J］. Psychological Review, 1962, 69(3): 220-232.

② KAUFMAN J C, GLĂVEANU V P. A review of creativity theories: What questions are we trying to answer?［M］//KAUFMAN J C, STERNBERG R J. The Cambridge handbook of creativity (second edition). New York: Cambridge University Press, 2019: 27-43.

③ 甘秋玲，白新文，刘坚，等．创新素养：21世纪核心素养5C模型之三［J］．华东师范大学学报（教育科学版），2020（2）：57-70.

对象或元素进行联想、连接的过程，[①]迁移也涉及不同情境或不同领域的联想和连接，因此也可以说与联想性思维相关。一些文献还认为类比思维（analogical thinking）和譬喻思维（metaphorical thinking）也是重要的创造性思维方式。尽管有文献认为这两类思维不属于通过远距离联想进行的创造，但从某种意义上说，类比和譬喻也涉及对两种事物或两种领域之间相似性的联想和联结。综上所述，有创造性的联想、迁移、组合、重组、类比和比喻等都涉及远距离联想和联结。尽管它们之间是有区别的，不同文献对它们的分类也不尽相同，但在查阅诸多资料后，本研究决定将这些创造性思维方式纳入联想性思维和组合性思维一起进行讨论。联想性思维是指将创意联系到一起的能力，组合性思维是指以新的方式合成不同元素。[②]若要将这两者与发散思维和辐合思维进行区分，那么发散思维更强调多角度、多方向的思路扩散，辐合思维更强调集中，而联想性思维和组合性思维更强调连接。

之所以讨论这两类创造性思维方式，是因为在本研究中，当中国教师在讨论幼儿创造性表现时，"迁移、联想、联结、组合、改造"等都是出现频率较高的词汇。因而本研究认为，联想性思维和组合性思维（含迁移、远距离联想、组合／重组、譬喻）也是我国幼儿创造性思维的重要方式。事实上，在中国传统文化中我们也能看到使用这些思维方式所产生的创造，因此在教育上推动和支持幼儿使用这些思维方式既具有可行性，也具有文化基础。

1. 迁移

在讨论幼儿创造的前期经验基础以及幼儿经验的互相迁移时，教师多次提到"迁移"在幼儿创造过程中发生的作用。在其他教师的话语中，我

---

① WELLING H. Four mental operations in creative cognition: The importance of abstraction[J]. Creativity Research Journal, 2007, 19(2-3): 163-177.

② LUBART T, ZENASNI F, BARBOT B. Creative potential and its measurement [J]. International Journal for Talent Development and Creativity, 2013, 1(2): 41-51.

们也能多次看到教师对个体经验"迁移"的强调，有的教师甚至将其放在非常重要的位置上。"作为老师，我越发觉得创造力其实就是孩子主动学习、深度学习的能力，就是理解性学习，就是举一反三，会迁移的能力"（杨老师）。在很多其他案例和日常观察记录中，教师也经常提到，正是经验的迁移帮助幼儿实现了让人眼前一亮的创造。在前文提及的多米诺骨牌装置的案例中，教师就提到，斜坡装置的出现就是幼儿把前期的探索经验迁移到了多米诺骨牌的创造过程中。

> 许老师：当"斜坡"重新出现，我仔细观察和倾听才发现，大班幼儿搭建的复杂装置中出现了从小积木到大积木的排列和特殊的连接物等，这些对"撞击力""被撞击到的积木部位"有不同的要求。因此，"斜坡"又被孩子们用来解决眼前的问题。这是幼儿综合前期经验并将其运用到新的游戏情境中解决新问题的过程，这种经验的迁移、举一反三的能力也验证了游戏中经验的连续性。

从某种意义上讲，幼儿也的确是把斜坡和长方体积木以创造性的方式组合在一起，变成更有趣、更复杂的多米诺骨牌装置，可以算是运用重组思维进行了创造。类似的案例还有很多，因此，我国教师非常认可迁移在创造性思维中的作用，在日常活动中会注意帮幼儿及时梳理经验，将其潜意识中的模糊经验上升为意识层面的相互关联的知识和经验，同时充分利用集体环境和同伴的作用帮助幼儿实现彼此之间经验的互相迁移。

2. 远距离联想

如前所述，梅德尼克将远距离联想理论引入了创造性心理学，并开创了远距离联想测验（RAT）来测试人的创造性。他认为创造是由所谓的远距离联想产生的，这些联想使个人以新的、不寻常的方式，将那些看似遥远的不同元素联想、结合在一起，从而引发具有新颖性的创造，被联想在一起的元素之间关系越远，思维的过程或解决问题的过程就越具有创造性。从某种意义上讲，这的确是一种将不同元素以非常规方式进行组合或重组的思维方式。生活中有很多发明创造就是利用远距离联想的方式形成的，在中国的文化中，通过远距离联想来实现创造的案例有很多。例如，三十六计中的"金蝉脱壳"，就是将"金蝉脱壳"的现象与军事问题联想到一起，由此帮助自己保存实力，从"形式"中抽离，以脱离险境。[①]

在本研究中，诸多教师也提到，幼儿经常将看似没有关联的物体联系在一起，变成出乎意料的创造。

> 如何一次性搬运几块圆柱体积木？可以用手一次抱多个，但圆柱体积木总是掉下来。一天，有个女孩突然想到用轮胎做搬运工具，她在轮胎中间的凹槽里摆满圆柱体积木，滚着轮胎向前走。她告诉我们，当轮胎转动的时候，圆柱体积木也会自动往前滚，它们都是圆圆的，所以轮胎适合搬运这类积木。

幼儿在每天的活动中已经积累了大量关于圆柱体积木和轮胎的经验。在解决"如何一次性搬运许多块圆柱体积木"的问题时，大多数幼儿还停留在使用手、拖车等常用的工具上，但该名幼儿将圆柱体积木和轮胎的共同点联系起来，突破常规思路，把轮胎作为搬运工具解决问题，这种解决方式不禁让人眼前一亮。

从所收集的数据和资料来看，这样的远距离联想思维在幼儿的各类活动中也很常见。在象征性游戏中，当幼儿尝试以物代物时，也常常会将本无关联的物体联系在一起，呈现出令人意想不到的创造性表现。例如，幼儿在扮演医生时，根据自己的需要把小小的便利贴用作"鼠标垫""处方

---

① ANTONIETTI A, COLOMBO B. Creative cognition: How cultures matters［M］// GLĂVEANU V P. The Palgrave handbook of creativity and culture research. London: Springer Nature, 2016: 102−124.

纸"和"退热贴"。"在艺术活动中，幼儿也会将一些看起来无关的材料或工具与他们想表达的内容联系起来，有时候就会让人觉得很意外，很有创造性"（岳老师）。从国外的幼儿创造性教育资料来看，尽管较少有研究提到"远距离联想"，但在幼儿的案例中能看到诸多相关表现。

鞋盒与臭豆腐

虽然我们已经提供了非常多的材料，但幼儿是天生的艺术家，他们的表达与创造经常超越我们的想法。

图4-2　幼儿作品《大大大大臭豆腐》

例如，小栗子品尝了徽州的名菜臭豆腐后，记住了闻起来臭、吃起来香的臭豆腐，可是如何在游戏中制作臭豆腐，体现"臭"味呢？这一天，他在鞋柜里发现了爸爸的鞋盒，这个味道让他突然有了灵感。方方正正又带着"臭"味，不正是"臭豆腐"吗？当他将鞋盒带来并将自己的想法告诉同伴们时，大家都表示认可！全班幼儿都带来了爸爸的臭鞋盒，一起制作"臭豆腐"（见图4-2）。

（上海市实验幼儿园）

在具体的教育支持策略上，教师主要提到了如下三个方面：

首先，幼儿通过远距离联想实现的创造，让其获得成就感。幼儿由于经验较少，不容易受限于常规思路，经常能把看起来不相关的事物联系到一起。因此，教师应保护幼儿的自由联想能力，当幼儿通过联想性思维实现创造时，教师要及时给予肯定，激励幼儿在日常游戏和活动中广泛使用远距离联想的方式。

其次，为幼儿提供丰富多样的材料，允许幼儿根据需要自行收集材料。由于幼儿常常需要借助具体形象以及实物操作来进行思考，因此教师可以提供品类丰富的材料，让幼儿边观察探索边自由联想和创造。

> 周老师1：教室里有美工材料，美工室也有。我也一直在思考，教室和美工室在支持幼儿创造上有何区别？有一天，孩子们说他们更喜欢在美工室创作，我问他们："为什么？"有孩子说："因为美工室里有更多的材料，我在那里常常能找到更合适的材料。"还有孩子说："因为我有的时候想不出怎么做的时候，在美工室里转啊转，再看看各种材料，就突然有想法了。"

不少教师还提到，幼儿在创造作品或解决问题时，有时联想到的材料未必是教师能想到的，所以教师在提供材料时，"也可以问问幼儿的需求，或者允许幼儿自己收集材料"（曹老师）。

最后，使用启发式提问拓宽幼儿思路。当幼儿出现思路受阻的情况时，教师可以通过启发式提问，拓宽幼儿联想的范围，启发幼儿将看似遥远的事物联系起来，从而实现创造。

案例 4 - 4

三黄鸡的油皮与闪粉

大班某幼儿想要表现浦东三黄鸡，他选择将黄色的手工纸揉成纸团包成一只鸡的形状，又不断游走在材料区，想要寻找更合适的材料。

老师询问："你在找什么呢？"

幼儿回答："我想找一个可以做三黄鸡皮的材料。"

老师问："为什么你要找这样的材料呢？鸡不是已经用黄色的纸做好了吗？"

幼儿说："我吃到的三黄鸡，皮是有点油的。"

老师说："那你觉得，什么样的材料可以表现三黄鸡表皮上的油？"

幼儿说："我知道了，我去找可以发光的材料。"

幼儿最终找到了金色的闪粉，他将粉撒在手工纸团上，做成了心目中的"三黄鸡"。

（上海市实验幼儿园）

3. 组合或重组思维

教师也提到，幼儿常常会采用组合改造或重组的思维方式进行创造。例如，一名大班幼儿将纸浆蛋托改造成盾牌的计划画了下来，之后按照计划进行创造：他把纸浆蛋托上单独的蛋托都剪了下来，用硅胶枪粘贴成一个个圆圈，并将这些圆圈从大到小套在一起，最后用一个蛋托把中间空着的洞填满粘牢。再涂画上一个五角星，背后则加上一个长条纸板作为抓手，盾牌就做好了。这就是重组思维的典型案例。在其他案例中，幼儿也经常会将本不相关的材料组合起来，形成有创意的作品或玩法，如有幼儿想到了将滚筒和绳子组合（即站在滚筒上跳绳），让自己和同伴玩得更有趣。

在中国的文化中，通过组合或重组来实现创造的案例比比皆是。例如，"龙""麒麟"等中国文化中的吉祥物都是集结了多种动物身上的不同元素而创造出来的形象，表现了超出自然本色的理想化的形式美，给人以吉祥的祝福和美的享受。传统玩具"七巧板"也是鼓励人们通过不断重组七块板来实现创造。因此，通过组合或重组来创造的思维方式在我国具有文化根基。

在激发幼儿创造性的教育策略上，教师们经常提到，帮助幼儿亲身体验通过组合和重组元素可以创造出新颖的事物或作品，有助于幼儿有意识地使用这种思维进行创造。例如，教师会有意识地请幼儿欣赏和发现艺术作品中的元素组合，或者设计一些活动鼓励幼儿将物体拆解并重组。教师还会向幼儿提供可自由组合、可自由改造的低结构或无结构材料，鼓励幼儿将物体进行自由组合和关联。

　　王老师2：要给幼儿提供可组合的材料。不同类型、不同特点的材料组合，会形成特点不同、复杂程度各异的结构。这种可组合的材料可以产生无限可能，能最大程度地激发幼儿的创造力。
　　盛老师：无限组合可以实现复杂学习和创造，从固定不可重组的材料转向可自由组合的材料后，幼儿的设计与想象将发生质的变化。

　　在实践中，我们常常看到教师鼓励幼儿收集树叶等自然物进行组合创造。教师还会有意识地设计和投放一些材料，如不同形状的纸片、各种材质的建构材料等，鼓励幼儿进行自由组合。在西方的幼儿创造性教育文献中，尽管没有看到对"组合思维"的强调，但在教育策略中也鼓励幼儿通过组合材料来进行创造。例如，福禄培尔的恩物就鼓励幼儿通过组合不同形状的材料来发展创造能力，现代积木玩具其实也受到恩物的影响。美国21世纪学习联盟研制的《21世纪学习之学前教育框架》中也提到，幼儿的创造性可以表现为在创造性的材料或物体上增添自己的想法，例如，在物体上添加其他孩子不一定使用的元素；为美术作品或者建构作品增添独有的特征；在积木搭建或规则游戏中将物体关联组合起来。由此可见，鼓励组合或重组或许是东西方幼儿创造性教育的共性教育策略。
　　4.譬喻思维[①]
　　还有一些教师提到，在使用语言进行表达的创造性活动中，"比

---

① 有文献称之为"隐喻思维"。若翻译成隐喻，则容易与中国文化中的"暗喻"相联系，但实际上隐喻思维包含各类譬喻，因此这里选择使用"譬喻思维"的说法。

喻""譬喻"或许是幼儿实现创造的思维方式。

> 胡老师：我感觉比喻是幼儿创造的一种表现。比如，幼儿在描述图书内容时用了比喻，他说图书中先出现一幅大图，再依次出现图中的小图，就像俄罗斯套娃一样。我当时觉得他对规律的描述很精确，也很有创造性。
>
> 许老师：在游戏分享环节，我和孩子们一起讨论"长方体积木竖着摆和横着摆，哪个更易被击倒？为什么？"有孩子说："横着摆就像一个人躺在地上，竖着就像一个人站着，不稳。"你是否惊叹于孩子们的思维和语言？他们竟用这么形象的比喻来解释"受力面积和摩擦力关系"的复杂问题。

可以看出，幼儿是借助譬喻尝试表达自己的发现，他们跳出惯常使用的词汇和语言，让表达的内容更形象、更易被理解。尽管在访谈中提及譬喻或比喻的教师数量并不多，但在幼儿园活动记录和案例资料中，类似的例子还有很多，教师也常常会惊喜地夸赞幼儿的表达。

在中国文化中，一直有使用譬喻修辞法进行日常语言表达和文学创作的传统。所谓的譬喻（比喻）是根据联想，抓住不同事物的相似之处，用浅显、具体、生动的事物来解释抽象、难理解的事物，正所谓"举也（他）物而以明之也"。中国的成语（如白驹过隙）、军事计谋（如调虎离山）、歇后语（如鸡蛋碰石头——自不量力）中经常能看到譬喻的手法，中医、五行学说中也有譬喻的成分，古代文学中也留下了诸多具有意境美的譬喻（如唐代诗人白居易的诗句"玉容寂寞泪阑干，梨花一枝春带雨""嘈嘈切切错杂弹，大珠小珠落玉盘"等）。孔子从思维方法角度提出了"能近取譬"，墨子、孟子则在实际论辩中广泛地运用"譬"的方法，如孟子及其弟子在儒家经典著作《孟子》中使用了一百五十九个比喻（如"民之归仁也，犹水之就下，兽之走圹也"，该语句以一个简单的比喻，表现民众归仁的必然趋势）来表达思想，这些比喻大多浅近简短而贴切深刻。国外生活和文学中也有比喻的手法，但善用比喻肯定是我国社会常见的，且具有深厚文化根基的重要思维方式之一，有学者将其称之为"譬"的思维方法。[①]由于比喻借助具体的形象，常有人认为这是中国人善用形象思维的表现，而西方人更善于使用抽象思维。

在创造性思维的研究领域，譬喻常被认为是创造性思维的重要表现之一。[②]吉布斯（Gibbs）曾将日常语句中的譬喻分成冻结的譬喻（frozen metaphors）和新颖的譬喻（novel metaphors），毫无疑问只有后者才具有创造性。[③]新颖的譬喻不仅有助于我们以一种新的思维角度理解和洞察一些事物和现象，也有助于我们在文学中进行具有美感的创作。由于幼儿不受很多常规逻辑、常规表述、已有概念的束缚，他们可以更自由地将自己的理解和发现与具有相似之处的事物联系起来，借助比喻的方式，用自己已有的、讲得清楚的经验来表述新情境中看起来复杂的事物。也因此，他们在日常活动中往往用不少比喻来进行表达，且产生出人意料的效果。维柯（Vico）曾说过，"在世界的童年时期，人们按本性就是些崇高的诗人"，[④]诗歌中到处都是突破常规思路的比喻，因此维柯的这句话也启示我们，尚未完全社会化的幼儿或许就是善用譬喻思维的创造者。

譬喻思维也常常与类比思维被放在一起讨论。威灵（Welling）将类比思维定义为，"意味着将一个概念结构从一个常规情境转换到另一个创新性的情境中加以使用。常规情境中要素间的抽象关系与创新性情境中要素

---

① 张晓芒. "譬"的思维方法及其在现代教学中的作用与意义［J］. 湖南科技大学学报（社会科学版），2004，7（2）：15-18.

② RYHAMMAR L, BROLIN C. Creativity research: Historical considerations and main lines of development［J］. Scandinavian Journal of Educational Research, 1999, 43(3): 259–273.

③ GIBBS R. Metaphors［M］//RUNCO M A, PRITZKER S R. Encyclopedia of creativity. San Diego: Academic Press, 1999, 209–219.

④ 维柯. 新科学［M］. 朱光潜，译. 北京：人民文学出版社，1986：97.

间的关系有相似之处"。①也就是说，类比思维是根据两个对象在一系列属性上的相同或相似，由其中一个对象具有某种其他属性，推测另一个对象也具有这种其他属性的思维方法，它有助于人们运用熟悉情境中的已有经验来创新性地解决新情境下的问题。类比思维也被证明是能准确预测科学家创造性的精准指标之一，许多发明创造就来自类比思维。如奥地利医生奥恩布鲁格（Auenbrugger）看到父亲经常用手敲击酒桶以确定其中存酒的多少，由此受到启发：人的胸腔不就像木桶吗？既然从叩击木桶发出的声音可以推断桶内酒的有无或多少，那么，从叩击胸腔发出的声音不就可以推断胸腔内积水的有无或多少吗？最后他经过努力实验，发明了叩诊法。尽管本研究尚未发现幼儿使用类比思维进行创造的实证案例，不过从定义来看，譬喻与类似的确有很多相似之处，对譬喻思维的反复实践和运用或许有助于幼儿对不同对象之间的相似之处保持敏感，发展类比思维并进行创造。

综上所述，鼓励和肯定幼儿使用形象的譬喻思维，在幼儿创造性教育中具有积极的价值和可行性。在国内外的幼儿创造性教育文献中，鲜少有研究提及或强调"譬喻思维"的重要性，但在中国，支持幼儿使用譬喻思维进行创造，是值得推进的，是适用于我国社会文化的。除了鼓励幼儿自己创造新颖性的譬喻以外，教师也可以适当地使用和创造譬喻，帮助幼儿逐渐习得并喜爱譬喻的思维方式。

（四）横向思维与逆向思维

1. 横向思维

在创造性思维中，还有一个重要的概念即"横向思维"（lateral thinking）。②横向思维是由剑桥大学教授德·波诺（De Bono）提出的，它

① WELLING H. Four mental operations in creative cognition: The importance of abstraction [J]. Creativity Research Journal, 2007, 19(2-3): 163-177.
② DE BONO E. Lateral and vertical thinking [M] //HENRY J. Creative management. London: Sage, 1991: 16-23.

强调跳脱环环相扣的、常规的纵向思维路径，采用不同的视角方向来思考，从横向寻找问题答案，从而实现创造。换言之，纵向思维者通常对问题采取最常规的思路，依靠逻辑获得问题答案；而横向思维倾向于探求观察事物的不同方法和角度，涉及思维的灵活性，即从一个方面／角度／方向灵活地跳到另一个方面／角度／方向，而不是简单地遵循预先的推理路径。这种思维方式会促使人们以新的方式看待问题，尝试从没有探索过的方向去思考和推理，因而有助于实现创造。《诗经》中的"他山之石，可以攻玉"即为这种思维的写照。在"曹冲称象"故事中，年幼的曹冲（据记载当时为五六岁）把用秤称大象重量的常规思路转换成依据船入水的深度来称同等重量石头的思路，也是横向思维的一个典型案例。

本研究中的教师基本没有提到"横向思维"，更多地用"思维的灵活性""思维的变通能力"来指称幼儿的相关表现。例如，"孩子能根据事物的发展与变化从其他角度、其他方向深入思考问题，体现了孩子思维的变通能力"（黄老师）。如以下案例中，幼儿就表现出了横向思维的灵活性："多米诺骨牌"在摆的过程中总会被意外碰倒，大家想到了放积木时轻拿轻放，减少走动，增加积木之间的间距，增加积木重量等方法。但有幼儿却想到了有创造性的做法，"他们竟然会想到用'空开一段'的办法减少'全部重新再来'的风险，就算倒也是一小段，最后再一段一段接起来"（许老师）。该做法转换了解决问题的角度，减少了"全部重新再来的"的风险，成功解决了问题，是非常智慧的做法。

2. 逆向思维

在横向思维中，有一类灵活转向的思维方式即逆向思维。[①]从一般的、常规的、正面的方向去寻找解决问题的方法和途径，这是常规的正向思维方法。逆向思维则与之相反，是与传统的、逻辑的或习惯的思维方向相反

---

① 在有的文献中将横向思维与纵向思维相对，将逆向思维与正向思维相对，因而没有将逆向思维包含在横向思维中。但大部分文献认为逆向思维也是切换思维的角度，因而也将其认定为是横向思维的一种。

的一种思维方式。[①]它要求克服单向的机械思维，从相反的方向去观察和思考，往往能产生独创性的发现或突破性的成果。例如，解决半导体杂质问题的办法是往半导体中添加杂质。

在中国文化中，同样有诸多采用逆向思维创造性地解决问题的故事。如司马光砸缸，常规的思路是"救人离水"，司马光采用的是"让水离人"的逆向思路；文彦博树洞取球，"文潞公幼时与群儿击球，入柱穴中不能取，公以水灌之，球浮出"，常规的思路是"向下取球"，文彦博采用"让球上来"的逆向思路。在军事上，"声东击西""欲擒故纵""空城计""避实就虚"等都是采用逆向思维创造性解决问题的案例。在日常生活中，我们也能体会到对逆向思维的推崇，如以退为进、以逸待劳等。

在国外关于幼儿创造性教育的文献中，很少能够看到关于幼儿逆向思维的表述和案例。但是，本研究中的教师多次提到幼儿的逆向思维及相关案例。例如，在"数积木"案例中，幼儿就展现出了逆向思维。幼儿用了每一层加竖线以增加每层积木的数量和在最上面再加一层的方式解决了画不下的问题。幼儿突破了"从下面接着画"和"重新画最后一层"的正向思维，采用把积木层数整体上移和画最上面一层的逆向思维，简便而富有创造性地解决了问题（见图4-3）。幼儿评价自己："我想了一个比老师更好的方法。"

图4-3　"金字塔"案例中的逆向思维

叶澜教授曾指出，"对成同根、相互转化"和"审时度势、灵活应变"是中国文化中独特的两大传统思维方式。[②]无论是道家表述天地之

---

① 董奇.儿童创造力发展心理［M］.杭州：浙江教育出版社，1993：26-39.
② 叶澜.回归突破："生命·实践"教育学论纲［M］.上海：华东师范大学出版社，2015：258-261.

道，还是儒家议论人事之变，都可以列出多种不同等级的相互成对、相互依存和相互转化的说明事物关系的概念，"阴阳之说"就是典型的例子。"比照"也是中国文化传统中重要的思想方法。而识变、灵活应变的思维方式与"横向思维"也有相似之处，与"对成同根、相互转化"的思维方式结合起来，或许更说明了中华文化强调使用逆向思维灵活应对问题的智慧倾向（牛卫华和斯滕博格也曾指出，实际上"创造性"这个词在中国已经至少存在了2300年，只不过它是以"道""太极""阴阳"等词出现的[①]）。尽管从认知心理学理论来看，逆向思维对于幼儿来说具有一定难度，但是我们仍然可以看到幼儿利用逆向思维来实现创造的例子。中国幼儿教育中也有诸多包含逆向思维元素的材料，如颠倒歌。它的特点是运用颠倒手法把事物说反了，这种歌因其幽默诙谐的民间趣味，广为流传，也深受幼儿喜爱。幼儿园教师也常用类似的素材引导幼儿进行创编、想象和创造，如："稀奇稀奇真稀奇，蚂蚁身高三尺七。老鼠踩死长毛象，蜗牛疾步快如飞。"

因此，本研究认为，逆向思维在幼儿创造性活动中是可行的思维方式，在我国也具有深厚且独特的文化基础。尽管幼儿的思维水平还在发展过程中，但我们可以通过相关故事素材以及教师的创造示范对幼儿的逆向思维方式进行熏陶和滋养，鼓励幼儿利用逆向思维进行创造性想象，观察、支持和赞赏幼儿在日常生活中使用逆向思维创造性地解决问题的行为。

尽管逆向思维有助于更灵活地看待问题和事物，但也不能否认正向思维的积极作用。"逆向思维与正向思维是相对的，没有正向思维，也就无所谓逆向思维的说法；在某种情况下的正向思维，在另外一种情况下很有可能为逆向思维，逆向思维在很大程度上就是别的方向上的正向思维；逆向

---

① NIU W, STERNBERG R J. The philosophical roots of Western and Eastern conceptions of creativity [J]. Journal of Theoretical and Philosophical psychology, 2006, 26(1-2): 18-38.

思维的运用常常是建立在一定的正向思维的基础上，没有一定的正向思维为基础，是很难产生逆向思维的。总之，逆向思维与正向思维不可分。许多创造虽然从表面上看是逆向思维所致，但可能在其产生过程中，既需要以正向思维为基础，又需要逆向思维做参考。"[①] 从这个意义上看，所谓的逆向实际上是相对的，创造的过程往往是正向思维和逆向思维相互结合、相互转化的结果。中国文化中"阴阳调和""相克相生""从无到有，从有到无"等强调相对和相互转化的思维方式，与仅强调逆向思维的二元对立思维方式相比，有着更为丰富的内涵，有助于我们灵活、辩证地看待和思考不同情况下的问题，更有助于我们审视和综合运用各种因素来达成创造。

综上所述，我们或许可以在幼儿创造性教育中使用"审时度势、灵活应变"与"对成同根、相互转化"来描述相关的创造性思维方式。尽管这种思维方式对幼儿来说并不容易，但让幼儿从横向以及逆向的角度去思考和创造是可以的，我们应使用"对成同根、相互转化"与"灵活应变"帮助教师理解这种思维方式，帮助教师关注中国传统思维方式的独有内涵，让教师有意识地帮助幼儿在耳濡目染中逐渐体会蕴含中国文化特点的思维方式，并将其运用到生活和创造中。

（五）自我反思

在学前教育领域，一些研究更多地将反思与一般认知过程中的元认知和自我调控能力联系在一起。现在关于幼儿创造性教育的研究和文献也越来越多地注意到，反思是有助于幼儿生成创造的重要思维方式。一般来说，仅仅富有想象力或身体上采取新的立场是不够的。参与者需要通过反思性的转变，以突出差异并揭示其有用性的方式将新的和现有的视角联系起来，才能在行动中出现新奇的事物。[②] 有些文献也会用"批判性思维"来强调反思的意义，因为批判性思维实际上也是一种理性反思，关注于决定

---

① 董奇. 儿童创造力发展心理［M］. 杭州：浙江教育出版社，1993：33-34.
② GLĂVEANU V P. Creativity as a sociocultural act［J］. The Journal of Creative Behavior, 2015, 49(3): 165-180.

相信什么或做什么。例如，英国政府颁布的《早期基础阶段法定框架》和《发展很重要：早期基础阶段非法定课程指南》（Development Matters: Non-statutory Curriculum Guidance for the Early Years Foundation Stage）将"创造性思维"和"批判性思维"共同作为幼儿学习和发展的重要目标，在对该目标进行具体解释和提出教师支持策略时，数次提到了"反思"。例如：幼儿在游戏时会反思和具有灵活性是很重要的，幼儿应学会在他们试图实现一个目标时，回顾他们的进展，检查他们做的情况。教师也可通过使用照片和学习旅程记录，帮助孩子们反思和谈论他们的学习。

与其他国家相比，我国教师更注重在集体中通过交流促进幼儿的反思，帮助幼儿改进想法、变通思维、寻找多种可能性和最佳解决方案。从本研究收集到的数据和资料来看，教师也非常注重促进幼儿个体的自我反思。例如，许老师就认为，在创造性的认知方面，最重要的要素就是促进幼儿的自我反思。

　　许老师：促进幼儿的自我反思很重要，它提供幼儿"向内看"的机会。为了支持幼儿创造性能力的发展，我会注重促进幼儿的自我反思和评价。

在日常活动中，在安吉幼儿教育的理念和实践中，"反思"也被认为是重要的关键词，"反思在将'经历'转化为'知识'的过程中起着关键作用。我们将反思整合在儿童的一日生活中。在教师、家长、材料和环境的支持下，儿童每天有机会以多种方式反映和表达他们在一日生活中的经验，认识和反思自己的经历，理解自己的经验。这些机会促使儿童进一步探索，从而培养他们的洞察力和深度发现的能力，创造他们持久的学习以及不断发展的知识体系。"[1]在安吉幼儿园课程中，教师们鼓励幼儿在游

---

[1]　程学琴.放手游戏，发现儿童［M］.上海：华东师范大学出版社，2019：25.

戏后用绘画游戏故事的方式回顾、反思、叙述和表达。"每次游戏结束后，儿童会自主地画自己想要表达的游戏内容，把直接经验用抽象方式表达出来，这是儿童第一次反思。然后，儿童用语言向教师和家长表达自己画了什么，是如何游戏的，成人再用文字把他们的原词原句完整地记录下来。在跟成人进行表述的时候，儿童会再次思考自己在游戏中有哪些发现和想法，这是第二次反思，是儿童用语言对自己的经验进行的二次抽象。当儿童看（听）到自己的经验、自己的画、自己的语言被成人用抽象的文字表征出来后，会再次回忆思考自己的游戏，这是第三次反思。接下去，游戏故事会在教室的墙面、阅读架等空间展示和存放，儿童可以不断地、反复地去看，跟自己的游戏对话，这时，也蕴含着更多的反思。"[1]虽然幼儿自我反思的结果不一定都指向创造，但在很多案例中，很多幼儿的创造恰恰是在反思的基础上生成的，教师们在观察和聆听幼儿反思表达的同时，也在不断颠覆自己对儿童的认知："原先觉得儿童的能力是有局限的，儿童只能达到教师想让他们达到的发展目标，但是事实并不是这样，儿童在主宰自己游戏的同时，在不断地发现着这个世界。"[2]

除了通过鼓励幼儿进行自我表征、幼儿集体交流以及环境创设（如将幼儿的记录和学习历程张贴在墙上）来引发幼儿的自我反思外，教师非常注重与幼儿一对一的倾听和对话，因为"成人和孩子间的倾听和对话就是在向孩子提供反思和解释的机会"（黄老师），"孩子会在这个过程中再想想有没有要反思和调整的地方，所以有时候孩子还会再补充几句"（胡老师）。

从社会文化的角度来分析，"吾日三省吾身"，提倡自我反思在我国具有深厚的文化积淀。因此，中国教师认可"反思"在幼儿创造性思维中的重要作用，既因为幼儿的创造性表现的确让教师看到了反思的作用，也因为中国社会文化对反思作用的强调。在幼儿创造性教育中，将反思作为我国幼儿创造性思维的重要元素，是适宜且重要的，我们应鼓励教师通过个

---

[1] 程学琴.放手游戏，发现儿童［M］.上海：华东师范大学出版社，2019：146.
[2] 同上：147.

体反思、一对一对话、集体中的多元交流等方式推动幼儿的反思。

二、关于幼儿创造性思维中灵感或顿悟的探讨

传统意义上，人们习惯把创造性思维看成是瞬间的灵感乍现。灵感的产生比较神秘且难以捕捉，常常是无意识的，因而创意常常需要通过顿悟得以实现。在本研究中，不少教师也提到，幼儿的创造性思维中常常蕴含着突然的灵感、顿悟或直觉思维。本研究也曾尝试解答幼儿是如何想到这些创意的，有一些幼儿会对自己的想法做一些解释，但不少幼儿会说："我也不知道。""我就是突然想到了……"幼儿这么回答，可能是没有能力用语言来表达自己的思维过程，也可能就是凭借直觉瞬间出现了一些想法。诸多学者也指出，创造性思维中的确包含着灵感、顿悟和直觉思维，[1][2][3]幼儿的思维本身不具备很强的逻辑性，凭借直觉思维进行创造，也符合他们的认知特点。

诸多学者也指出，尽管在创造性思维产生的过程中，创意的产生常常带有突然性或跳跃性，但"这种感觉很突然，可能是因为导致它的处理过程超出了我们的意识范围"。[4]韦斯伯格（Weisberg）写道，"似乎没有什么理由相信，新问题的解决方案是飞跃性的。在这个过程的每一步都涉及一个远离已知事物的小运动"。[5]因此，我们也可以这样理解，诸多思维方式（如联想性思维）在创意突然产生的过程中起到了作用，只不过速度很快，幼儿很难意识到。从这个意义上说，如果教师有意识地培养幼儿的各种创造性思维方式，将有助于幼儿更有效地产生"突然的创意"。

如果从创造阶段理论来看（如：索耶曾将创造的过程总结归纳为8个阶

① 林崇德.创造性心理学［M］.北京：北京师范大学出版集团，2018：205-209.
② RUNCO M A. Creativity: Theories and themes: Research, development, and practice (2nd ed.)［M］. London: Elsevier Academic Press, 2014: 1-38.
③ 董奇.儿童创造力发展心理［M］.杭州：浙江教育出版社，1993：26-39.
④ RUNCO M A. Creativity: Theories and themes: Research, development, and practice (2nd ed.)［M］. London: Elsevier Academic Press, 2014: 23.
⑤ WEISBERG R W. Creativity: Genius and other myths［M］. New York: Freeman and Company, 1986: 50.

段，从发现问题、获得知识、收集相关信息、酝酿，到产生想法、组合想法、选择最优想法、外化想法），[①]灵感的产生往往以大量的探究、分析和经验铺垫为基础，是一个从量变到质变的跨越过程，幼儿的创造也常常如此（例如：幼儿将轮胎与圆柱体积木联系起来，也是基于前期大量探究后才突然出现的想法）。而在灵感产生之后，我们仍然需要使用理性的分析进行验证。因此，"创造并非一种不可解释、一蹴而就的神秘过程，它只是包含了大量的日常认知加工过程的更为复杂的一种过程"。[②]

第三节　我国幼儿创造性思维培养的教育建议

本研究基于收集到的资料和数据，尝试对教师报告的我国幼儿创造性思维的主要方式及相关教育支持策略进行描述，也从社会文化的角度进行一些讨论。综合以上的分析，本研究尝试对我国幼儿教师培养幼儿的创造性思维提出一些教育建议。

一、不低估幼儿创造性思维的水平和复杂程度

从已有案例中，我们可以看到，幼儿展现出了多种创造性思维方式，这些方式在中小学生及成人的创造性思维过程中也经常能看到。虽然，与更大年龄的学生及成人相比，幼儿的认知水平有限，也倾向于直观的、具体的、形象的创造，但很多关于创造性教育的研究，往往会低估幼儿创造性思维的复杂程度，例如：认为幼儿主要依靠随意的、跳跃式的、非现实

① SAWYER R K. 创造性：人类创新的科学（第二版）［M］. 师保国，等，译. 上海：华东师范大学出版社，2013：103-105.
② 师保国. 对创造性的理解误区与教育启示［J］. 人民教育，2016（21）：14-19.

的、缺乏逻辑性的想象进行创造，认为幼儿的创造可能更多地表现在不太受现实制约的艺术性活动中。但本研究的数据证实，幼儿可以使用综合分析、逆向思维等方式达成创造，其创造性思维方式是复杂多样的，甚至覆盖了创造性心理学研究及中小学创造性教育所提及的大部分创造性思维方式。正如沃德（Ward）等所说，"创造性的生成过程绝非不同寻常之物，而是很普通、很规范的……各种形式的创造力，从最平凡的到最高雅的，从小孩把感冒综合征叫作'迟钝的鼻子'到相对论的发展，都以这些生成过程为基础"。[①]因此，在未来的幼儿创造性教育中，既不要高估幼儿的思维水平，也绝不低估幼儿创造性思维方式的多样性、复杂程度及水平，不能将其在创造过程中的思维方式简单化。我们可以在日常教育中，留意观察本研究所提及的幼儿已使用的多种创造性思维方式并进行有效支持。

二、支持幼儿综合且灵活地运用多种创造性思维方式

幼儿的创造性思维并不简单地等同于一般教师或者大部分研究所集中关注的"发散思维"。幼儿的创造性思维是多种思维有机结合的产物，不同的思维方式既相互排斥又相互补充，甚至还有所交叉。有时幼儿在创造中也确实只用到了一种方式，但更多的情况下，创造并不是一蹴而就的，幼儿实际上是综合运用多种思维方式为自己的创造服务。

看似不可能的直角转弯轨道

一天，玲玲搭了一个斜坡，斜坡下面连接了一个"直线轨道"，轨道的末端放置着一根长长的圆柱体积木。她将一个圆盘从斜坡上滚

---

① 沃德，史密斯，芬克.创造性认知［M］//斯滕博格.剑桥创造力手册［M］.施建农，等，译.上海：东方出版中心，2021：244—272.

下，沿直线轨道将"圆柱体目标物"击倒。

接着，玲玲又和小伙伴一起用积木对原来的直线轨道进行了调整，搭成一个"直角转弯轨道"。当她们从坡道上滚下圆盘，准备击倒"圆柱体目标物"时，圆盘在"转角"的地方飞了出去，转弯处积木倒了下去，挑战失败。

玲玲马上用长方体积木在转弯处做了"加固"。这次，圆盘没有飞出去，而是停在转角的地方卡住了。于是，她们手拿着圆盘在转弯处的轨道上一遍又一遍地测量角度，然后说"够宽了"，紧接着又试了一次，还是失败了。

分析：幼儿已经不满足已有的游戏难度，想要寻求更高的挑战。她们在有计划地实施自己的预设，验证自己的想法。她们认为，所有看上去圆圆的东西都能随意滚动，并且能转弯。显然，她们对不同物体的运动轨迹并不清楚。但是，她们在细致观察的基础上有针对性地解决问题。

为了击倒目标物，玲玲和小伙伴们又想到了6个办法，进行了多次的尝试。

办法1：尝试在轨道上放置若干圆柱和圆盘，让滚下来的圆盘积木带动更多积木前进（见图4-4）。

办法2：尝试增加圆柱数量，并将圆柱前移到转角另一侧，规避转弯问题（见图4-5）。

办法3：放平护栏，防止圆盘撞击护栏，减慢速度（见图4-6）。

办法4：垫高圆柱体，增加被撞概率及获得向下滚动的力量（见图4-7）。

办法5：多米诺骨牌连锁反应装置（见图4-8）。

办法6：将多米诺骨牌装置前移，并和圆柱调换前后位置（见图4-9）。

图4-4　在轨道上放置圆柱、圆盘

图4-5　增加圆柱数量

图4-6　放平护栏

图4-7　垫高圆柱体

图4-8　采用多米诺骨牌方式

图4-9　调换圆柱体位置

　　游戏结束后，我特意在分享环节引发幼儿反思。幼儿们从坡道高度、长度、轨道宽度、圆盘大小、形状、运动轨迹等不同角度回答了7种可能，并且提出了自己的假设。

教师的思考

　　玲玲从想到让圆盘推动圆柱体，再借助圆柱体等积木的滚动来实现推倒目标物的目的，把之前搭建多米诺骨牌的经验迁移过来，设计连锁反应装置。她在不断调整自己朴素而奇妙的观点，更是不断观察、假设、验证、反思的过程，表现出强烈的探究欲望和创造力。虽然案例中的女孩们最终并没有获得成功，但探究学习过程带给幼儿的价值更重要。

（上海大学附属实验幼儿园　许翠单）

正如教师所分析的，幼儿虽然没有成功，但是她们的思考和行动非常具有创造性。在该案例中，幼儿首先使用了发散思维制作"直角转弯轨道"，发现圆盘无法直接转弯时，她们又想了6个办法尝试击倒目标物。她们不断运用发散思维寻找解决问题的办法，在办法5中联想和迁移了原有的多米诺骨牌搭建经验，在办法6中又使用了逆向思维。整个过程中，幼儿在不断地持续观察，综合各种信息进行分析，回到教室后对"为什么击不倒"的过程进行个体反思和集体反思，提出自己新的假设。她们综合使用各种思维方式的过程让人惊叹，我们能从中感受到她们创造性思维方式的综合、精细和灵活性。

该案例也启示我们，创造性思维可能并不是独立于其他认知过程的一种独特思维方式，它所涉及的思维方式和认知过程（如迁移、综合分析、反思、譬喻等）也会存在于其他认知过程中，但具有创造性的个体可能更有倾向和能力在不同情境下灵活、综合地使用这些思维方式和认知方法帮助自己形成创造性解决问题的方式。因此，教师在运用各种策略和方法支持幼儿的创造性思维时，要关注支持幼儿灵活地使用各类创造性思维方式生成新颖的想法或解决问题的方法。

（一）支持幼儿在一日生活中灵活且综合地运用各种创造性思维方式进行创造性实践

创造性培养中有这样一个悖论："在创造力教学的过程中，教师常常教给学生一些具体的方法，但方法一旦固定，感觉学生的思路就被限制在了这些具体的方法中,最终并没有起到真正培养创造力的效果。"①类似地,在幼儿创造性教育中,倘若仅仅通过开放式提问、创编故事等方式进行单一情境下的创造性思维训练,其效果可能并不理想,因为实际生活中幼儿遇到的情境或问题要复杂得多,幼儿需要学会灵活地综合运用各种思维方式,才能灵活应对复杂情境或问题。因此,在幼儿创造性教育中,我们需要支持幼儿在一日生活中,利用各种生成性或较低结构的实践活动(如游戏活动、项目活动或探索性主题活动、游戏性区角活动、生活中的各种"计划之外"的情境、低结构的STEM活动)等,在实际创造和解决各类问题的过程中发展灵活且综合的思维方式以及突破思维定式的倾向。教师也应突破"创造性思维就是发散思维或想象"的思维定式,从更广泛的范围去观察、分析和支持幼儿发展创造性思维的方式、水平或倾向。

(二)为幼儿提供宽松自由的心理环境和可操作可体验的实践环境

著名心理学家契克森米哈伊(Csikszentmihalyi)曾指出:"与尝试让人们更有创造性地思考相比,改变环境中的条件要更容易激发人们的创造性。"②这在激发幼儿的创造性思考与实践中亦是如此。

1.提供宽松、自由、从容的心理环境,提供充足的时间

思维的灵活性离不开自由的氛围和环境。毫无疑问,在高度紧张或有压力的心理环境下,幼儿综合且灵活应用各种思维方式的能力肯定大打折扣,因此教师应注意在一日生活中为幼儿提供宽松、自由、从容的心理氛围,淡化对结果的评价。

与此同时,我们还要为幼儿提供充足的时间。诸多案例显示,创意和灵感很少会突然出现在幼儿的脑海中,前期大量的尝试、探究、分析、经验铺垫、酝酿和反思的过程,也可能灵活地运用了各种创造性思维方

① 张亚坤,陈宁,陈龙安,施建农.让智慧插上创造的翅膀:创造动力系统的激活及其条件[J].心理科学进展,2021,29(4):707-722.
② CSIKSZENTMIHALYI M. Creativity: Flow and the psychology of discovery and invention[M]. New York: Harper Collins, 2014: 1.

式。从创造认知过程的相关理论来看，无论是华莱士最早提出的准备、酝酿、明朗和验证四阶段[①]以及润科（Runco）后来在此基础上增加的递归（recursion）阶段（即在创造过程中重新访问前期的阶段，并根据需要进行调整）[②]，还是之前提到的索耶所总结的创造八阶段，都说明了创造性思维以及实践的过程是需要时间的。因此，我们要允许幼儿有充足的时间进行创想、实践、反思和调整。

> 王老师1：如果教师经常催促幼儿，例如，"某某已经完成了""快一点，时间快到了""因为今天时间有限，我们就到此为止吧"。那么，当孩子没有时间进行充分的探索和思考时，是不太可能产生创新的想法和做法的。
>
> 金老师：教师要放慢脚步，给予幼儿足够的时间去试验、重复和反思，通过自由的探索，他们就能够创造出原创的、独一无二的作品。

事实上，除了需要在单次活动里为幼儿提供充足的时间外，也需要为幼儿提供更长的时间段。在本研究收集到的不少案例中，幼儿甚至花了将近一个月的时间去设计、制作、反思和修改他们的创想。雷斯尼克在《终身幼儿园》中也指出，就如幼儿时常是从简单的想法做起，不断尝试和修修补补一样，有创造性的修补者常常要走过迂回曲折的道路，才能找到解决办法。他们损失了效率，但是获得了创造性和灵活性。当意想不到的事情发生或者新的机会出现时，修补者就能更好地利用机会。在当今瞬息万变的世界，修修补补比以往任何时候都更为重要。修补匠懂得如何即兴发挥、适应和迭代，所以当新的情况出现时，他们不会受限于旧的计划。修

① 华莱士.思想的方法［M］.胡贻谷，译.北京：商务印书馆，1936：29-42.
② RUNCO M A. Creativity: Theories and themes: Research, development, and practice (2nd ed.)［M］. London: Elsevier Academic Press, 2014: 1-38.

补能够培养创造力。科学家其实也是，虽然他们事先会设计严谨的计划，但他们往往并不是一次性就能成功的，他们花在修修补补上的时间往往要比他们第一次按照计划进行研究的时间长。[①]这段话或许可以让我们更笃定充足时间对于创造的重要性。

2. 为幼儿提供可操作的材料，帮助其在创造性实践中进行创造性思考

与更大年龄的儿童相比，幼儿的思维具有具体形象性。随着认知能力的提高，他们的思维虽然摆脱了对动作同步性的依赖，但仍受到具体事物形象和动作的影响。虽然他们有时候可以进行无实物想象，但更多时候，他们仍然需要借助具体形象和实物操作来进行创造性思考，他们的各种创造性思考需要落实在创造性实践中。在材料的提供上，与高结构材料相比，低结构材料更有助于激发幼儿的想象、联想等，就如教师所说的，"低结构材料在幼儿手里就像孙悟空一样，可以七十二变"。教师需要根据幼儿创造的需要及时提供材料。

（三）通过师幼对话，推动幼儿综合使用各种创造性思维方式

师幼间的对话是促进幼儿创造性思维能力发展的重要策略。不过，与教师向幼儿提出启发式问题、指导性建议，或者"喋喋不休地说话"相比，我们更主张教师应推进自己与幼儿间的"高质量对话"。这种对话是建立在尊重幼儿基础上的、以更开放和更平等的方式进行的对话。在这样的对话过程中，教师愿意放下自己对幼儿、对问题判断的固有思维，倾听幼儿自己的想法，和幼儿回溯他进行创造的思考和行动，并和幼儿共同讨论和反思。这样的过程可以帮助幼儿将很多无意识的行动和发现上升为有意识的认识或思考，进而在自己的各种发现、问题和观点之间建立联系，产生新的想法；也可以帮助幼儿对自己的各种想法进行综合分析、判断或思考。当教师对幼儿的想法进行追问，或者有意识地指出一些信息时，这也有助于幼儿关注他所忽视的信息或思考角度。可以肯定的是，对于幼儿

---

① 雷斯尼克. 终身幼儿园［M］. 赵昱鲲，王婉，译. 杭州：浙江教育出版社，2018：168-169.

来说，对话的过程实际上也是幼儿借助成人的支架学习和使用反思、辐合思维、发散思维、联想等其他创造性思维方式的过程，这将有助于提高幼儿思维的灵活性和变通性。这在下文中许老师的话语中或许可以得到一些印证。

为什么我觉得高质量的对话在幼儿创造性教育中一定不能缺？首先，我和他对话的过程也是孩子学会倾听、思辨、总结、判断、决策的过程。其次，高质量对话能促使孩子反思。最后，高质量对话也能让孩子获得高层次的思维榜样，学习抽象、概括等思维能力。因此，我尽可能地要求自己与孩子的对话保持一定的质量，帮助他更好地实现自我学习和创造。在这个过程中，我与孩子保持人格和思维上的平等，把他当成成人进行沟通交流。我从来都不会敷衍孩子提出的任何一个想法，慢慢地，我发现他就学会了以自己的方式陈述问题并在问题与问题之间建立联系。他在逻辑自洽中学会反思、变通思维以及总结观点，有挑战性的思维运动让他乐此不疲。

在对话的过程中，教师一定不要用自己的预设或者想法去干扰或引导孩子，因为我们需要支持幼儿的创造，很多时候幼儿的创造超出我们的想象范围。此外，在本研究中，不少教师都提到，为了让幼儿能够更自由地进行创造，在幼儿创造的过程中，教师可以再退后一些，师幼对话可以少而精，但创造活动后的倾听与对话可以更丰富一些。当然，幼儿的表达能力尚在发展过程中，教师在对话过程中，应允许幼儿用肢体动作、表情、艺术、符号等多种方式来表征和表达自己的想法，反过来，教师也应注意提供必要的材料支持并观察幼儿的表达方式。本研究的资料显示，诸多教师很看重幼儿创造性的表达表现，因为多样的表达能帮助幼儿思考，教师常常能从中发现令人惊喜的创造。如在案例4-6

中，即使幼儿用纸笔表达同样的内容，但他们的表达方式并不一样，都很有创造性。有意思的是，在该案例中，中国用"阴阳"来描述事物关系的表达习惯也对幼儿的思维方式和表达产生了潜移默化的影响。

阳刻和阴刻

幼儿对"字是怎么印刷出来的？"很好奇，在教师的支持下慢慢聚焦到"活字印刷术"，又逐渐延伸出了对印章的兴趣。幼儿尝试使用橡皮等材料制作自己的姓名印章，但很快发现了新的问题："为什么有些小朋友的印章是凸出来的，有些却是凹进去的？"查阅信息后，幼儿知道了阴刻和阳刻，仔细辨认两者的区别后，豪豪说："图案有颜色、背景没有颜色就是阳刻；图案没有颜色、背景有颜色就是阴刻。"另3名幼儿则用纸笔记录了他们的发现：在图4-10中，幼儿用笑脸和哭脸来表示阴刻和阳刻；在图4-11中，幼儿则用突起和凹陷的线条图案来表示；在图4-12中，幼儿则用图文结合的前书写方式记录他的理解。

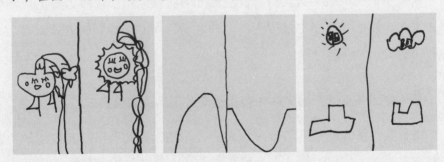

图4-10 笑脸和哭脸表示法   图4-11 线条表示法   图4-12 前书写方式表示法

（上海市静安区芷江中路幼儿园新梅园 杨立婷 丁莉莉）

在我国，儒家教育一向重视学生的思考，强调"学而不思则罔，思而不学则殆"，同时也重视对话教学。对话教学强调根据具体情境采取不同的对话策略和不同的回答，也讲究"不愤不启，不悱不发"，强调对教育"火候"的把握。这些教育思想其实都和高质量对话的很多要点相一致。因此在现代幼儿创造性教育中，我们完全可以以中国传统教育思想中的这些精髓为基础，将其不断发扬、丰富和深化。

（四）通过集体中幼儿间的互相学习，帮助幼儿丰富创造性思维方式

幼儿通过不同的思维方式来实现创造的智慧也可以在幼儿间共享和迁移。教师可以在分享幼儿创造的具体案例时，帮助其他幼儿感知思维的灵活性或者用幼儿可以理解的话语描述案例中使用到的具体方式（如"反过来思考""换个角度想一想"等），帮助幼儿丰富他们的创造性思维方式。

（五）支持幼儿创造性思维发展的教育策略是建立在对幼儿创造过程的细致观察和聆听基础上的

幼儿的创造性想法和意图可能只是表现为一个突然的细小动作或者一句细微的话语，但为何突然有这个创意以及这个创意是否合适，其实又和创意出现的前后动作与语言相关。教师需要对幼儿创造过程中的行为、语言进行耐心、细心、翔实的捕捉，才有可能理解幼儿的想法和思维过程，更好地采用一些策略方法支持和促进幼儿对各种创造性思维方式的灵活应用。因此，教师要树立"过程为王"的意识，用"细描"的方式观察、倾听和捕捉幼儿的创造过程。

三、肯定并发扬中国文化中有益于幼儿创造的思维方式

由于人类认知的基本心理过程具有普适性，因此我国幼儿使用的创造性思维方式（如想象、组合、反思等）与西方幼儿创造性理论或实践的观点有很多相似之处。随着研究的深入，我们可以深刻感受到中国文化蕴含着诸多有利于创造的思维方式。从访谈情况来看，教师们对于创造性思维方式的文献阅读并不多，他们较多地提到了发散思维，在谈及其他有利于创造的思维方式时，则用自己朴素的语言在描述，这些朴素的语言以及对思维方式的认可实际上是以中国文化因素作为基础的。

　　若与西方社会主流思维方式进行更细致的比较，我们发现，中国文化中颇有特色或有所倾向性的思维方式（譬喻思维等）不仅是创造性思维的重要方式，而且其中一些思维方式（如整体综合思维、"对成同根、相互转化"和"审时度势、灵活应变"）比西方所讲的辐合、逆向、横向思维方式更强调各种因素、各种思维角度的系统性、整体性以及相互转化性。从这个角度上看，中国文化下的创造性思维方式的内涵和使用更为复杂，也或许会更有利于创造。

　　因此，在创造性教育中，在借鉴使用西方关于思维方式的名词或概念时，我们也不能失去文化自信，恰当地使用中国文化中的词汇来描述这些思维方式，有利于保留我们文化中有利于创造的思维方式的复杂内涵和独特性。从已有的案例来看，幼儿也切实地在使用这些思维方式，因此，我们应将中国文化中有利于创造的思维方式看成是幼儿创造性教育中的瑰宝，并继续鼓励幼儿使用。当然，有些思维方式对于幼儿尤其是年龄偏小的幼儿来说还比较复杂，无法完全掌握，但可以让幼儿接触这些思维方式。"在儿童的发展中，所有的高级心理技能都两次登台：第一次是作为集体活动、社会活动，即作为心理间的机能，第二次是作为个体活动，作为儿童的内部思维方式，作为内部心理技能。"[1]有效的学习过程总是学习者先接触到一些新事物，在能够完全理解它们之前，学习者与其他人一起体验和感知它们，同时受到更懂得这些事物的人的鼓励和指导，然后才逐渐地将这些新知识内化。与之类似，教师可以用一些幼儿可以理解的方式（如成语、传统故事等）帮助幼儿接触这些思维方式。在这个过程中，幼儿不仅可以感知中国文化，而且也可以逐渐将其内化成自己的创造性思维方式和能力。

　　当然，我们也可以和西方的幼儿创造性教育增强交流，在交流中反思我们平时可能忽视的某些重要的创造性思维方式（如是否因为在评价上过

---

① 余震球.维果茨基教育论著选［M］.北京：人民教育出版社，2005：388.

于强调一致性而忽视了发散思维）。另外，也有文献认为中国偏重形象思维、整体思维、类比思维等（虽然从前文来看，这些思维事实上是有利于创造的，也与幼儿的具体形象思维较为符合），而西方更偏重抽象思维、分类思维、演绎思维等。[①]这实际上也再次启示我们，正如有创造性的人往往兼具看似矛盾的发散思维和辐合思维一样，各种思维方式并不能用二分法简单地区分为有利于和不利于创造，事实上正向和逆向、纵向和横向、偏重逻辑和偏重形象等看似矛盾的思维方式在创造的整个认知过程中都可能起作用，人们一直在根据实际情境，综合灵活地使用这些思维方式，帮助自己产生各种新颖、有价值的想法。中国文化中蕴含很多有益于创造的思维方式，但我们也要对西方社会思维方式的倾向性兼容并蓄，增强交流，在幼儿创造性教育中，根据幼儿的思维特点和发展水平，帮助他们扩展分类、逻辑推理等思维能力，辅助他们综合使用各种思维方式进行创造。

---

① 张亚坤，陈宁，陈龙安，施建农. 让智慧插上创造的翅膀：创造动力系统的激活及其条件［J］. 心理科学进展，2021，29（4）：707-722.

第五章

基于幼儿的创造性实践
培养幼儿的创造性人格

创造性人格是个体创造性的另一项重要组成部分，它对个体创造性实践以及个体创造性发展起到促进和保证作用，因为"一个人未能发展想法或未能将想法转化为行动存在很多原因，但其中一个更重要的影响因素似乎是个体独特的个性"。①费斯特（Feist）在研究人格对艺术和科学创造性的影响时，也发现创造性人格通常可以预测一个人在相关领域所能取得的创造性成就。②尽管幼儿期的创造处于萌芽状态，但该时期是创造性人格发展的奠基时期，"这一时期的人格塑造对幼儿以后的创造和成功起着关键的作用"。③因此，创造性人格的培养在幼儿创造性教育中具有重要的价值。本章将结合对幼儿创造性实践的支持和促进，讨论如何促进幼儿创造性人格的发展。

第一节　关于创造性人格构成的研究概述

创造性人格是吉尔福特首次提出和使用的一个概念，是指高创造性个体在创造性行为中表现出的品质类型。④和创造性思维一样，关于创造性人格的结构构成，不同的学者也不断形成各自的理论和看法，这些理论与看法之间有相似之处，但也有细微的差别。在具体讨论幼儿创造性人格培养前，我们有必要先了解关于创造性人格构成的相关理论和研究。

---

① MUMFORD M D, GUSTAFSON S B. Creativity syndrome: Integration, application, and innovation［J］. Psychological Bulletin, 1988, 103(1): 27-43.
② 费斯特. 人格对艺术和科学创造力的影响［M］// 斯滕博格. 创造力手册. 施建农，等，译. 北京：北京理工大学出版社，2005：238-244.
③ 王灿明，等. 学前儿童创造力发展与教育［M］. 南京：南京大学出版社，2016：38.
④ GUILFORD J P. Creativity［J］. American Psychologist, 1950, 5(9): 444-454.

一、关于高创造性人才创造性人格构成的观点概述

诸多研究对于具有高创造性的人士进行了研究，并从不同角度列举了创造性人格的重要方面，比较典型的理论有吉尔福特的观点和斯滕博格的观点。吉尔福特提出创造性人格包含八个方面：有高度的自觉性和独立性，不肯雷同；有旺盛的求知欲；有强烈的好奇心，对事物运行机制有深究的动机；知识面广，善于观察；工作中讲究理性、准备性和严格性；有丰富的想象力、敏锐的知觉，喜欢抽象思维，对智力活动和游戏有广泛的兴趣；富有幽默感，表现出卓越的文艺天赋；意志品质出众，能排除外界干扰，长时间地专注于某个感兴趣的问题。[①]斯滕博格则提出七条创造性人格因素：对含糊的容忍；愿意克服障碍，意志力强；愿意让自己的观点不断发展；活动受内在动机的驱动；有适度的冒险精神；期望被人认可；愿意为争取被认可而努力工作。[②]布罗林（Brolin）则将前人提到的创造性人格总结为以下特征：强烈动机，忍耐，好奇心，深度承诺，独立思想和行动，强烈渴望自我实现，强烈的自我意识，自信，开放，被复杂性和模糊性所吸引，高敏感性，对要做的调查能投入情感。还有学者从双重矛盾的角度提出了创造性人格的组成，强调了创造性人格既对立又统一的辩证性。例如，"心流之父"希斯赞特米哈伊在对77名卓越创新者、14名诺贝尔奖得主进行访谈后发现，这些人士的性格并不是单面的，他们往往具有相互矛盾的两种极端性格，如既富有智慧但又天真，既守纪律又好玩乐，既负责又不负责，既内向又外向，既现实又富有想象力，既传统保守又反叛独立，既客观冷静又充满激情，既谦逊又骄傲，在某种程度上逃脱了严格的性别程式（两性同体倾向），既承受痛苦又感受到极大的愉悦等。[③]

① GUILFORD J P. Some theoretical views of creativity［M］//HELSON H, BEVAN W. Contemporary approaches to psychology. Princeton (N.J.): Van Nostrand, 1967: 419-459.

② 林崇德. 创造性心理学［M］. 北京：北京师范大学出版社，2018：226.

③ 希斯赞特米哈伊. 创造力：心流与创新心理学［M］. 黄珏苹，译. 杭州：浙江人民出版社，2015：55-72.

可以肯定的是，由于这些研究选择样本的标准和研究方法并不一致，因此它们关于创造性人格的表述各不相同。但总体而言，我们能从中看到诸多相似性或交叉性。费斯特将这些人格特征分成了四个类别：认知类人格特征（如经验上的开放性等），社会性人格特征（如不顺从于权威或集体、自信等），动机类人格特征（如坚持、努力、强烈的自我实现意愿等）以及临床人格特征（如情感障碍）。[①]也有研究关注创造性人格与创造性思维的关系，如费斯特指出，经验上的开放性（openness to experience）被证明是与创造性思维关联最强、最稳固的创造性人格，内驱也被很多研究证明能引发高水平的创造性思维过程。[②]

在国内，尽管不少研究沿用了国外的创造性人格测量工具，但还是有不同的研究对我国高创造性人才的创造性人格构成提出了不同框架。甘自恒通过对著名科学家传记、文献的研究，概括出中国科学家创造性人格的十项基本特征：高尚的理想和志向；爱国主义精神；善于合作的精神；善于提出和讨论问题的精神；善于综合、勇于创新的精神；甘于奉献、敢冒风险的精神；求实和严谨的治学精神；逆境发愤、老当益壮的精神；尊敬师长、关爱晚辈的精神；争取一流、再创辉煌的精神。[③]这些特征与国外心理学中关于高创造性人士的人格有共通点，但在很大程度上强调高尚的道德情操和精神，显现了中国社会文化中高创造性人士独特的人格特点，对当前的研究颇有启示。在此之后，还有很多研究使用心理学研究的方法进行了创造性人格构成的研究，其中影响较大的有林崇德团队的研究成果。该团队在经过近30年的实验研究后，将创造性人格总结为五个方面的特点及表现：健康的情感，包括情感的程度、性质及其理智感；坚强的意志，即意志的目的性、坚持性（毅力）、果断性和自制力；积极的个性意

①② FEIST G J. The function of personality in creativity: Updates on the creative personality［M］//KAUFMAN J C, STERNBERG R J. The Cambridge handbook of creativity (second edition). New York: Cambridge University Press, 2019: 27-43.
③ 甘自恒. 中国当代科学家的创造性人格［J］. 中国工程科学，2005，7（5）：35-42.

识倾向，特别是兴趣、动机和理想；刚毅的性格，特别是性格的态度特征（如勤奋）以及动力特征；良好的习惯。他们对我国创新拔尖人才的心理特征进行了系统研究，结果发现虽然这些拔尖创新人才所属领域不同，但都依据上述五项因素表现出突出的创造性人格。[①]

还有一些研究尝试分析东方和西方，尤其是中国和美国创造性核心特征之间的异同。牛卫华指出，各类研究显示，有一些核心的创造性特征在东西方社会中是共通的（如独立性、好想象），区别则较为集中地表现在"个人主义与集体主义""内驱与外驱""是更求新还是更强调社会价值性或适用性"等方面。通常情况下，东方社会更强调集体主义、外驱和社会价值性或适用性，但这些在西方社会中往往被认为是不利于创造性发展的。[②]

二、关于儿童创造性人格构成的研究概述

诸多研究都承认，包括幼儿在内的儿童身上也存在创造性人格的表现，这些表现与成年人的创造性人格常常是相通的。美国心理学家托兰斯通过这些相似表现，甚至将幼儿描述为世界上最有创造性的人。[③]

在儿童创造性人格的具体表现方面，影响力较大的一项研究是美国心理学家托兰斯以87名教育家为调查对象，要求每人列出5种创造性儿童的特征，结果表明创造性儿童的主要人格特征包括：具有好奇心，能不断提出问题；思维与行动具有独创性；独立性，有个人主义和自足倾向；想象力丰富，喜欢叙述；不随大流，不依赖集体的公认；探索各种关系；主意多，思维流畅；喜欢搞实验；具有灵活性；顽强，坚韧；喜欢虚构；对

① 林崇德.创造性心理学［M］.北京：北京师范大学出版社，2018：228-229.
② NIU W. Eastern-Western views of creativity［M］//KAUFMAN J C, STERNBERG R J. The Cambridge handbook of creativity (second edition). New York: Cambridge University Press, 2019: 448-461.
③ ISBELL R, YOSHIZAWA S A. Nurturing creativity: An essential mindset for young children's learning［M］. Washington: The National Association for the Education of Young Children, 2016: 62.

事物的错综性感兴趣，喜欢用多种思维方式探讨复杂的事物等。① 威廉斯（Williams）等编制了威廉斯量表用于评估儿童的创造性人格特质，具体分为冒险性、好奇性、想象力、挑战性4个维度，该量表经修订后也较多地被用在我国儿童包括幼儿的创造性人格研究中。美国21世纪学习联盟提出的《21世纪技能框架体系》在对5—12岁儿童的"创造性与创新"技能描述时，则提到了不惧失败、开放性等人格特征，其中"把失败看作是一个学习的机会；明白创造力和创新是一个长期的、周期性的过程，有小的成功和频繁的意想不到的结果"以及"对新的和不同的观点持开放态度"也适用于幼儿，如幼儿会表现出"当没有达到预期结果时，愿意重新尝试"。

　　我国也有不少研究尝试列举儿童创造性人格的具体构成。例如，董奇在综合国内外大量研究的基础上，将创造型儿童的一般人格特征概括为以下八个方面：具有浓厚的认知兴趣，即好奇好问，具有旺盛的求知欲；情感丰富、富有幽默感；勇敢、甘愿冒险；坚持不懈、百折不挠；独立性强；自信、勤奋、进取心强；自我意识发展迅速，即创造型儿童的自我评价、自我体验、自我控制的发展水平往往高于同龄儿童；一丝不苟。② 甘秋玲等基于文献和专家咨询等方法，提出中小学生创造性人格培养的目标包括：好奇，有很强的好奇心和旺盛的求知欲，对事物运行机制有浓厚的认识兴趣；开放，具有开放心态，愿意接纳新生事物，不断拓宽视野；冒险，敢于冒险，能容忍不确定性；挑战，勇于挑战，坚持不懈，面对批评、挫折有韧性；独立，对事情有自己的观点，具有较强的自主性、独立性；自信，对自身的创造性有信心，进取心强；内驱，在活动中受内在动机的驱动。③ 庞维国在文献总结的基础上，将教育要培养的创造性个性归纳为如下六个方面：任务承诺，容忍模棱两可，愿意冒险，经验

① 朱永新.创新教育论［M］.南京：江苏教育出版社，2002：125.
② 董奇.儿童创造力发展心理［M］.杭州：浙江教育出版社，1993：76.
③ 甘秋玲，白新文，刘坚，等.创新素养：21世纪核心素养5C模型之三［J］.华东师范大学学报（教育科学版），2020（2）：57-70.

的开放性，偏好直觉思维，创造性自我效能感。[①]王灿明则提到要从以下几个方面来促进儿童创造性人格的发展：好奇心；探究兴趣；玩的自由；质疑能力；挑战精神；乐观自信；自主能力；晶化体验（crystallizing experience），即将自己的心智集聚或自觉地指向一个明确的目标，从而有强烈的动机和目标感；道德境界；顽强意志。[②]由上我们可以看到，同国外情况相似，我国关于儿童创造性人格构成的各项研究也持有各自不同的观点，但又能找到一些相似性，如都提到了自信（或自我效能感）。

三、关于幼儿创造性人格构成的观点概述

与此同时，也有不少文献专门针对幼儿的创造性人格进行了讨论。例如，英国学者克拉夫特将"可能性思维"认定为是日常生活中创造性（小C）和儿童创造性的核心组成部分，她通过对英国学前教育实践的观察后，认为3—7岁幼儿的"可能性思维"中，提出问题（与好奇心相关）是最大的驱动元素，冒险精神也是核心要素；目的性和自主精神会贯穿可能性思维的始终，但并不是核心部分。[③]在西方国家，不少关于幼儿创造性培养的政策文件和有影响力的文献也将幼儿创造性人格培养纳为创造性教育的重要内容。这两条同样也适用于5—6岁幼儿，如幼儿会表现出"当没有达到预期结果时，愿意重新尝试""愿意采纳别人的建议"等。例如，英国政府颁布的《发展很重要：早期基础阶段非法定课程指南》在具体描述幼儿创造性和批判性思维时也提到了创造性人格的发展目标："了解更多信息，所以对自己想出自己的想法很有信心。""专注于实现一些对他们来说很重要的事情。他们越来越有能力控制自己的注意力，而忽视干扰。"

---

① 庞维国. 创造性心理学视角下的创造性培养: 目标、原则与策略[J]. 华东师范大学学报（教育科学版），2020（11）：25-40.
② 王灿明. 儿童创造教育新论［M］. 上海：上海教育出版社，2015：158-169.
③ CRAFT A. 可能性的思维和智慧的创造力：英国教育的未来？［M］// BEGHETTO R A, KAUFMAN J C. 培养学生的创造力. 陈菲，周晔晗，李娴，译. 上海：华东师范大学出版社，2013：289-288.

自信、独立和专注三个方面是被重点强调的发展目标。全美幼儿教育协会（NAEYC）组织出版的关于幼儿创造性培养的论著则将幼儿的创造性人格界定为：有好奇心，独立，玩性（playfulness），冒险（adventurous），主动参与，好想象，不羁或不受约束（lack of inhibition）。①

在国内，关于幼儿创造性人格的研究也颇为丰富。林崇德提到，幼儿创造性发展最重要的人格基础是其好奇心的发展。②而在幼儿阶段，董奇也认为，幼儿的创造行为和活动主要来自他们的好奇心，好奇心和创造性想象共同构成了幼儿创造形成和发展的两个最重要的表现。③王小英则认为学前儿童创造性人格的两大支柱是强烈的创造动机和肯定的自我意识，即好奇心和自信心。④陈红敏等提出幼儿科学的创造性人格包括三个系统，其中动力系统表现为好奇心和敢为性，保障系统表现为独立性和自信心，调控系统表现为坚持性和乐观性。⑤刘文等经过研究，认为我国幼儿的创造性人格可从如下方面进行测评：独立性、合作性、成就感、自信心、新异性、好奇心、审美性、敏感性、幽默感。⑥现有的不少研究也以此为测评工具进行了幼儿创造性人格情况及相关因素的研究。陈静静则认为，在创新人格与心理的诸多要素之中，强烈的自信心和自主性是最为重要的关键，以此为切入点，学前阶段的创造性人格培养主要是帮助幼儿能够感受到自己的力量与存在，并逐渐形成正向的自我意识和自我评价。⑦与此同时，还有少量研究也尝试研究教师关于幼儿创造性特

① ISBELL R, YOSHIZAWA S A. Nurturing creativity: An essential mindset for young children's learning［M］. Washington: The National Association for the Education of Young Children, 2016: 64-69.

② 林崇德.创造性心理学［M］.北京：北京师范大学出版社，2018: 347.

③ 董奇.儿童创造力发展心理［M］.杭州：浙江教育出版社，1993：76.

④ 王小英.学前儿童创造人格的构成与塑造［J］.东北师大学报，2003（2）：125-129.

⑤ 陈红敏，莫雷.幼儿科学创新人格的架构及其培养［J］.当代教育论坛，2005（1）：83-85.

⑥ 刘文，齐璐.幼儿的创造性人格结构研究［J］.心理研究，2008，1（2）：21-26.

⑦ 陈静静.创新素养培育的实践误区与解决方案——基于创新素养模型、阶段特征与人才类型的剖析［J］.教育发展研究，2007（18）：70-77.

征的内隐观。如刘宝根等采用社会效度的方法（预调查和问卷调查）对244名重庆市北碚区幼儿教师关于创造性儿童特征的内隐观进行了研究，结果发现，教师比较重视创造性儿童对环境的探索和好奇，教师提及的幼儿创造性人格主要包括与自主敢为性、意志品质、叛逆性有关的因素，同时也提到与社会适应性相关的人格特征（如与同伴关系融洽，有高尚的情操等），但该研究认为我国幼儿教师创造性儿童特征的内隐观中没有出现明显的集体主义倾向。[①]

从以上论述可以看出，无论是国外研究，还是国内研究，各项文献或研究者关于幼儿创造性人格构成的观点也都不完全一致，幼儿的创造性人格是包含多特质的复杂结构。与成人和青少年的创造性人格相比，不少研究倾向于将幼儿创造性人格的维度减少，如主要强调好奇心、自信心等。虽然幼儿创造性人格或品性的养成肯定会受到周围社会文化环境的影响，也需满足社会对其创造性的要求，但总体来看，很少有研究从社会文化适应性的角度分析适合中国文化的幼儿创造性人格特征。因此，本研究将结合质性研究的实证数据，尝试从文化适应性的角度进行讨论，为我国幼儿园培育幼儿创造性人格的实践提供一些建议。

第二节 我国教师强调的幼儿创造性人格 及教育支持策略

本研究将尝试结合收集的质性数据和资料，用细描的方式对我国教师所强调的幼儿创造性人格及相关教育支持策略进行讨论，并从我国社会文

---

① 刘宝根，李菲菲，徐宇.幼儿教师创造性儿童特征内隐观研究[J].学前教育研究，2007（7-8）：89-93.

化的影响及适宜性的角度尝试进行分析。从总体上看，教师多次提到的重要的幼儿创造性人格主要有如下几个方面。

一、葆有好奇心

好奇心是指个体在认识世界过程中对未知和新异事物进行积极探索的心理倾向或内部动机。[①]在本研究中，几乎所有的教师都提到了"保护幼儿的好奇心"在幼儿创造性教育中的重要作用，教师们纷纷用"第一反应""首先想到""最关键的"等词汇来表达培育幼儿好奇心的重要性。

在众多高创造性人士的传记、发言或者研究资料中，我们能够发现，他们几乎无一例外地提到好奇心是他们成功的内在动力。从孩提时期开始，他们就对周围世界的观察与探索呈现出极大的好奇心，这种好奇心是他们最终获得成功的重要素养。"童年时是否是天才与成年以后是否富有创造力没有直接关系，令一个人变得富有创造力的似乎是对周围事物具有超乎寻常的强烈好奇心。"[②]不少研究也已证实，好奇心能够促进个体创造性的发展，[③④]舒特（Schutte）和马卢夫（Malouff）进行的元分析也发现了创造性随着好奇心的增强而增强。[⑤]好奇是幼儿阶段重要的年龄特点之一，由于周围许多事物对于幼儿来说仍然是陌生的、不熟悉的或者新奇的，因此幼儿有着与生俱来的、比成人更强烈的好奇心和探究欲望。因此，好奇心是幼儿进行创造的重要优势，保护和培育幼儿的好奇心是幼儿阶段创造

① GROSSNICKLE E M. Disentangling curiosity: Dimensionality, definitions, and distinctions from interest in educational contexts［J］. Educational Psychology Review, 2016, 28(1): 23–60.
② 希斯赞特米哈伊.创造力：心流与创新心理学［M］.黄珏苹，译.杭州：浙江人民出版社，2015：150.
③ CELIK P, STORME M, DAVILA A, et al. Work-related curiosity positively predicts worker innovation［J］. Journal of Management Development, 2016, 35(9): 1184–1194.
④ HARDY J H, NESS A M, MECCA J. Outside the box: Epistemic curiosity as a predictor of creative problem solving and creative performance［J］. Personality and Individual Differences, 2017(104): 230–237.
⑤ SCHUTTE N S, MALOUFF J M. A meta-analysis of the relationship between curiosity and creativity［J］. The Journal of Creative Behavior, 2019, 54(4): 940–947.

性教育的重要任务。

好奇心能够推动幼儿创造性能力的发展。首先，好奇心有助于幼儿养成对未知问题的敏感性。很多创造都是起源于问题的提出，识别和重新定义问题是重要的创造性思维方式。其次，好奇心有助于幼儿养成对周围信息敏感且开放的态度，有助于幼儿注意并积累很多新经验和新信息。诸多艺术家、文学家等都曾指出，好奇有助于自己开放地积累很多经验，有助于自己将很多经验联系起来并产生创造的灵感。类似地，因为好奇，孩子才会对周围的世界有打量的意愿，才会有机会进一步发现周围世界的色彩、趣味、美感，才会善于和灵敏地去倾听周围丰富的声音。再次，好奇有助于幼儿产生积极探索的内在动力，并促进一系列有助于创造的品性的产生。具体来说，由于好奇心的驱使，个体对想要探究的事物会产生强烈的兴趣、内驱力和坚持性，好奇还会帮助幼儿战胜对未知的畏惧，有助于幼儿养成冒险精神和挑战复杂性、不确定性的偏好。这些品性都是重要的创造性人格，因而，好奇心就如同引发创造性人格的发动机，其重要价值可见一斑。

在我国当前的社会文化背景中，"保护好奇心"是备受强调的重要教育原则。在我国《3—6岁儿童学习与发展指南》的科学领域中，就强调了好奇心和兴趣是幼儿探究中的首要目标和前提性目标，"成人要善于发现和保护幼儿的好奇心"，要"激发其好奇心与探究欲望"。在当前高度重视科技创新的背景下，习近平总书记在2020年9月11日召开的科学家座谈会上指出："好奇心是人的天性，对科学兴趣的引导和培养要从娃娃抓起，使他们更多了解科学知识，掌握科学方法，形成一大批具备科学家潜质的青少年群体。"因此，从中国的社会文化来看，保护幼儿的好奇心具有重要价值。

第一，在具体的教育策略上，教师提倡从问题入手，"鼓励并接纳孩子的各种提问"，鼓励幼儿对感兴趣的问题进行追问，并尝试在探究中寻找问题的答案。中国文化中也经常提到"打破砂锅问到底"、刨根问底、"君子之学必问"等，这与教师重视问题的策略是一致的。

> 许老师：好奇心的保护非常简单，就是欢迎孩子提问，接纳孩子各种各样稀奇古怪的想法，让他们有机会去发现问题，提出问题，让他们具备观察、发现、质疑、批判的能力。我的儿子就很喜欢向我提问，因为我一直很乐于接纳他的每一个问题和想法。我从来不会嘲笑他想到的任何事情，比如：打嗝和放屁是不是一个意思？他的好奇心一直被好好地保护着，甚至开始发芽，生长。

第二，不少教师不约而同地提到，不能将目光仅仅限于创造的结果，尤其是成功的、美好的结果，要接纳孩子因为好奇而产生的"破坏"行为。

> 郭老师：幼儿在教室里把东西拆开，看起来是破坏行为，但我们得容忍。创造性的培养不一定最后都呈现出精彩的结果，孩子对事物感到好奇，想去一探究竟，哪怕是破坏，那也是对事物持有探索的欲望和好奇，这往往是创造的起源。

事实上，这种"破坏"不仅是孩子探索欲望的重要表现，是帮助幼儿养成探究未知问题习惯的方式，而且是重组创造或者产生新发现、新创造的契机（如案例5-1）。

案例 5 - 1

"沙漠漩涡"

破坏行为背后是孩子天生的好奇心和探究欲望，他们对这个世界有一连串的问号，迫切想要去发现和体验。今天，好奇的康康拆开了一个电动文具，就是那种可以快速吸掉桌子上橡皮屑的小机器。他拆开来以后告诉我："我不是想要破坏它，我是想要看看它有多厉害……你看，它能够制造神奇的'沙漠漩涡'。"只见他把拆了一半的机器盖在一个装有彩色细沙的瓶口上，然后发动机器，仔细观察瓶子中沙子的运动，神奇的"沙漠漩涡"出现了，沙子被高高地扬在"半空中"，不停地以打转的方式保持运动，仿佛在跳一支有趣的沙子舞。当他发现这个小小的文具有这样的"魔法"时，他马上给游戏加码，在里面放一个弹珠，告诉我弹珠也许会被卷起来，然而失败了。他又拿来一个泡沫小球，小球还真的被"沙漠漩涡"卷了起来，跟着沙子跳有趣的圈圈舞，好玩极了。游戏还没结束，他又把弹珠埋进沙子里，说只要有足够的时间，沙子里的弹珠是会被漩涡卷到表面上来的……我听着那小小文具发出的声响，看着康康专注而欣喜的样子，心里默念，真好。

（上海大学附属实验幼儿园　许翠单）

第三，要积极利用幼儿对自然的亲近感和好奇感。"天人合一"是中国传统文化的一个基本问题，作为中国哲学的基本特征之一，它强调人是自然之物。人类来自自然，与自然依存，与自然相互作用，又通过改造自然，进入现代文明。幼儿虽然出生于现代社会，但对自然有着天生的亲近感，对自然有着强烈的好奇心和探索欲。幼儿在探索自然材料时也能自由地想象和创造。因此，教师应鼓励幼儿到充满野趣的自然和户外活动，尽情地享受自然赋予的恩惠，从中产生惊奇、疑惑，尽享创造的喜悦和美好。当然，与此同时，我们也可以让幼儿接触一些充满创造的人造工具和高科技产品等。

第四，我们不能将好奇心仅仅局限在科学领域，要看到好奇心在各领域创造中的重要作用。教师可以鼓励幼儿观察周围的各种事物，对事物保持敏感，并让幼儿有机会去探索。当幼儿有新的发现时，教师要善于倾听，积极地与他们进行交流。

第五，对幼儿葆有好奇心。在访谈中，教师越来越多地提到，为了鼓励和支持幼儿的主动学习及创造，教师对幼儿要葆有好奇心，不要凭借所谓的经验对幼儿进行主观判断，要始终对"他们对什么感兴趣？""他们为什么会这么做？""他们接下来会怎么做？"等问题充满好奇。当教师对幼儿的行为保持开放、敏感的态度时，教师就能更好地支持幼儿的探究和创造。

二、内驱与主动性

与好奇心密切关联的概念是由其引发的积极探索与创造的内在动机。很多教师在访谈中提到，与外在动机驱动的活动相比，内在动机更大地激发了幼儿创造的欲望以及冒险的勇气。

> 如果不是源自幼儿内在动机的活动，你根本看不到孩子们了不起的想法和做法。因为如果不是孩子们想做的事情，孩子们很快就放弃了，更谈不上创造。

不过，有些内在动机并不源自幼儿的好奇心，而是源自想象、情感等其他原因。如：因为想玩角色游戏，所以用积木搭了一个"电影院"，其中不乏很多创造；因为想为流浪猫建造一个家，所以动用了很多低结构材料进行设计与创造。

> 周老师1：就以孩子为小猫造家为例，尽管给小猫造家有难度且耗时长，但在爱猫的情感驱动下，幼儿产生了强烈且持续的创作热情，长达半年时间投入其中，表现出坚定的决心。小猫的家经历了三次升级，回顾这三次升级，起到决定性作用的是幼儿强烈的情感动机。内驱力极为珍贵，当有爱的激励，兴趣爱好的牵引，好奇心的驱使，幼儿就能自发、自主地进入探索与创造状态。

和教师们的看法相似，诸多研究都认为，动机取向是创作过程的关键组成部分，内在动机对创造性的培养起着关键作用。有了内在动机后，我们还需要将其转化为积极的主动行为，因此，本研究将内驱与主动性列为幼儿创造性人格的重要组成因素。

中国的文化和教育传统中也强调内在动机的智慧。如孔子曾说："知之者不如好之者，好之者不如乐之者。"在此，孔子强调了兴趣，以及享受内在乐趣对于学习的重要性。鲁迪（Rudy）和尼伦伯格（Nirenberg）也曾引用"嗜欲深者天机浅，凡外重者内必拙"来描述内在动机和外在动机所产生影响的区别。①

从教育策略上来看，有以下三个比较凸显的关键经验。

第一，教师们反复提到了"教师退后""让幼儿走在更前面"等策略。例如，在谈及创造性艺术活动的经验时，有教师认为："退后一步的选择，是教师向伟大的内在动力致敬的方式。"这与克拉夫特关于"可能性思维"培养的发现较为一致，即自主精神（自主性和能动性）贯穿在可能性思维的始终，"教师退后"是重要的策略之一。

在提到这个策略时，不少教师提到了"无为而治"。有教师认为："所谓的无为是为了给予孩子自主探究和发现的机会，激发孩子创造的无限潜能，我们作为教师一直在观察，通过观察让我们走近、理解孩子，继而给予孩子隐性支持。"

第二，在观察和支持幼儿内在动机的过程中，教师还应注意观察和倾听，避免误判幼儿的创造动机。

周老师2：教师不要猜测或立即判断，因为你的猜测可能会误解幼儿的动机，会无意中引导幼儿关注教师的兴趣点。

---

① RUEDY E, NIRENBERG S. Where do I put the decimal point?: How to conquer math anxiety and increase your facility with numbers［M］. New York: Henry Holt and Company, 1990: 238.

第三，幼儿内心生发出来的动机固然重要，但教师也可以积极利用集体、周边环境等因素巧妙地引发幼儿的内在动机。

在"帮小猫造家"案例中，教师也提到类似的情况："孩子在第一次制作完成后，有更多的孩子加入其中。因为孩子总有差异，有的孩子对周围事物特别敏感，也有的孩子不那么敏感，在起跑线不一致的情况下，孩子们也能大胆参与。"在一次教研活动中，教师还就"动机是否一定来自幼儿自己"进行了讨论，最后达成的共识是"源头不一定来自这名幼儿，但他愿意加入别人的创造活动，说明他是主动想参加这个活动的"。

教师还提到，有时幼儿只是表达了一个创造的意愿，是否转化为行动常常需要得到教师的鼓励、支持，这或许与幼儿的目的性、主动性还在逐渐发展中有关。

此外，教师可以用情境或材料引发幼儿的内在动机。例如：教师在中班展示用纸做的鸟凭借"嘴巴"停在"树枝"上的现象，这打破了幼儿关于"小鸟用脚站立"的常规经验，由此激发了好奇心，愿意积极探究，并尝试发散思考，将"小鸟"停在不同的地方或用其他材料制作小鸟，看看能不能让它保持平衡。有教师把这类方法称为通过情境和材料引发自我驱动的探索和创造。与之类似，S幼儿园在总结教师支持幼儿进行创造性学习的策略时，也多次提到了情境：创设探索发现情境；以情境激发动机；制造问题情境，引导幼儿发现问题。M幼儿园也提到设置大的艺术主题活动，通过情境引发幼儿的创作动机。

> 社会类的创作很有价值，我们需要设置一些情境来引发幼儿的兴趣和积极性。比如我们会借助家长资源在幼儿园布置很多关于非遗文化的摊位，吸引幼儿的注意。

国外的教育策略更提倡源于幼儿内在的创造动机。挪威的学者在将中国幼儿园活动与以挪威为代表的欧洲幼儿园活动进行比较时，发现中国的教师会反复提到"激发兴趣"这个词，但欧洲幼儿园教育很少提到这个词。因为在教师看来，兴趣是幼儿自己内在生发出来的，教师要做的事情是去观察发现并支持幼儿的自身兴趣，而非通过外力去激发幼儿的兴趣。在这一点上，东西方教育不一定要互相照搬，但可以互相启迪，西方的教育启示我们要更加尊重幼儿自己的想法，但中国教师的策略暗含了"循循善诱"的教育智慧。

　　陈老师3：在幼儿自发地被吸引并参与时，我们是不动声色的。我们看似无为，实为有为。因为我们的无为，让我们的有为变得更为机智。

　　几乎所有的幼儿园都会使用情境策略，或许和李吉林情境教育思想有相通之处，后者被评价为"在中国的大地上土生土长发展起来的，是具有中国特色的教育思想流派"，且也被王灿明引入学前阶段和创造性教育领域，应该讲是颇具中国特色的教育策略。[①]

　　大多数研究都认为内在动机有利于创造力的培养，外在动机几乎总是有害的。[②]任何外部诱因，如最后期限、对于评估或奖励的顾虑等都会导致人的内在动机降低以及创造力下降。不过最新的研究表明，如果与内在动机相协调，外在动机也可以在创造力中发挥作用。[③]乔伊斯（Choi）也通过研究指出，外部动机是促进还是抑制创造力，关键在于它是引导个体关注创造本身还是引导个体关注其他，前者会增加个体的创造意图从而提升创

① 王灿明，孙琪.学前情境教育影响儿童创造性思维发展的实验研究［J］.教育研究与实验，2018（5）：41-45.
② HENNESSEY B A. Taking a systems view of creativity: On the right path toward understanding［J］. The Journal of Creativity Behavior, 2017, 51(4): 341-344.
③ HENNESSEY B A. Motivation and creativity［M］//KAUFMAN J C, STERNBERG R J. The Cambridge handbook of creativity (second edition). New York: Cambridge University Press, 2019: 374-395.

造力，后者则会抑制创造力。[①]这些研究结果可以为中国教师诱发动机的教育策略提供理论支持。不过在运用该策略的同时，我们还要尊重幼儿的自主性，正如教师们在访谈中反复强调的，"一定要为幼儿的自发创造留有一席之地"（周老师1），"最重要的还是给孩子空间完成他们自己想做的事，尽可能让他们按照自己的想法自由探索，充分表达自我，满足自我创造探究的需求"（刘老师）。

三、独立与合作

我们曾就幼儿园创造性教育的个性化和集体指向展开过详细讨论。从分析来看，我国教师主张为幼儿独立思考并拥有自己的观点提供切实的支持，但同时还非常主张合作与交流，将幼儿间差异、小组和集体视为有效的资源，既鼓励幼儿对话交流，也在幼儿具有合作潜力和合作意愿的情况下，进行群体合作。但需再次强调，不应只看重幼儿在创造中的独立性，培养幼儿兼具独立性与合作性，应成为我国幼儿园培育幼儿创造性人格的重要内容。正如希森所指出的，美国是世界上少数主流文化更加强调个人主义和独立性的国家，所以在幼儿品质描述上会更多地强调个体，但与美国的主流文化相比，世界上其他国家中70%的文化事实上都更加强调合作性和相生相依，更加推崇和鼓励集体力量。[②]中国就是一个典型的强调合作的国家。因此，为了让幼儿更好地适应和传承中国文化，也为了让幼儿更好地适应未来对合作创造的更大需求，我们应该同时培养幼儿的独立性与合作性。

四、自信与乐于接纳不同看法

在访谈中，多位教师提到了幼儿自信心的重要性。例如杨老师认为：

① CHOI J N. Individual and contextual predictors of creative performance: The mediating role of psychological processes［J］. Creativity Research Journal, 2004, 16(2-3): 187-199.
② 希森. 热情投入的主动学习者——学前儿童的学习品质及其培养［M］. 霍力岩，房阳洋，孙蔷蔷，译. 北京：教育科学出版社，2016：53.

"除了呵护孩子的好奇心以外，我的第一反应就是增强自信心。"为何自信心对幼儿的创造性很重要？一方面，只有幼儿对自己的能力和潜力具有足够的信心，他们才会勇于探索周围的世界，才会积极地思考和表达，才会勇于挑战尚未解决的问题或者在未知的情境中冒险，保持独立性、不盲从；另一方面，自信会带来积极愉悦的情绪，"当他的情绪状态是积极愉悦的，他才会有一种灵光乍现的可能"（吴老师）。许老师甚至认为，培养创造性根本上是为了让幼儿能够完成自我实现，具有自信和快乐的感受，而这又会进一步促进创造，形成良性循环。

> 许教师：我对创造的理解也没那么狭隘，我最终想要看到的是孩子能够完成"自我实现"的目标，那样他就会是一个真正快乐的人。只要他拥有好奇心，不断朝着自己内心的想法和愿景去探索，那么他就是自信和满足的，更能活出生活的品质，这是我所希望看到的。

诸多教师指出，幼儿创造性教育的一个重要策略就是帮助幼儿成为自信的人，让他们觉得自己是有能力的创造者，也让他们觉得自己的新想法和新行动是有价值的。

第一，相信每一个幼儿都是天生的创造者，并为他们提供材料和活动的机会，"让幼儿愉快地释放天性，做一些容易形成自我效能感的活动，帮助他们看到自己创造的能力"（杨老师）。教师认为，在诸多的活动中，游戏和艺术由于不需要过多的知识基础，且很容易让幼儿产生愉悦情绪，是幼儿天生喜爱的活动，容易促使幼儿产生创造，因此教师应看到这些活动在培养自我效能感上的价值。

同时，还有很多教师提到，这些在活动中呈现出来的高创造性让教师们产生了敬畏之情，"太了不起了，我太崇拜他们了，我们甚至要敬畏儿童"（陈老师），"在我眼里所有孩子都很了不起"（俞老师），"很多时候幼儿想到的方法我们老师都想不到，他们能做到的事情我们都做不到，他们时常给我们带来惊喜"（许老师）。这样的活动改变了教师对幼儿的看法，师幼关系也变得更为平等和民主，也让幼儿变得更为自信，"敢在教师面前大胆表达自己的观点，甚至是反对意见，因为他觉得心里很安全"（许老师）。教师提到，这种民主的师幼关系对于培养幼儿的自信和创造性很关键，但在实践中很难真正实现。只有真正看到并高度认可幼儿的创造能力，教师才会真正地在师幼关系上进行改变。

第二，在幼儿创造性教育实践中，教师要及时赞赏和鼓励，让幼儿获得价值感、自我效能感和愉悦感。因此，教师是幼儿的欣赏者，"除了提供物质材料，教师更应在情感上给予幼儿支持，欣赏、肯定、鼓励都是支持幼儿自信、大胆表现的动力"（陈老师3）。而且，"教师也要看到每一个幼儿的创造性，不要把目光停留在能力特别强的少数幼儿身上"（王老师2）。在具体行动上，教师要不吝于通过动作、眼神、语言、互动、展示作品等方式表达自己对幼儿创造性行为的肯定和支持。

> 许老师：教师及时的赞赏与鼓励能引发孩子不断探究，不断迎接挑战。我的角色首先是一个欣赏者，以欣赏的眼光去看待孩子。比如：当孩子搭建不同的多米诺骨牌造型时，我会大呼："见证奇迹的时候到啦！"这样的态度给了孩子极大的自信和勇气，他们不断发起新的挑战。
>
> 陈老师3：我们会记录下孩子的话语，把孩子的作品拍下来，并展示在教室环境中，让孩子们觉得自己得到了肯定，变得更自信，更积极地去进行创造。

也有教师指出，肯定和鼓励也需谨慎，不能只是说"你真好"或"你真棒"，而是表述值得欣赏的具体方面，而且不能让幼儿仅仅为了获得表扬或者吸引教师的注意而进行创造。例如，一名幼儿在访谈时表示，今天之所以创作了"书"，是因为老师喜欢他们的制作，但今天集体分享的时候教师没有喊她分享，她有些失落。因此，在对幼儿表达赞赏和欣赏时，教师还需要把握方式和频率。

第三，教师再次提到了高质量对话的重要性。与幼儿的对话可以帮助幼儿形成更好的自我认知，让其对自己的能力有信心。同时当幼儿面临问题或不确定情况时，高质量的对话可以帮助他进行更丰富和深入的思考，增强他解决问题的能力和面对挑战的信心，也会提高他在实际操作中成功的可能性。

　　许老师：与孩子高质量对话的过程，是帮助孩子不断进行心理建设的过程，让他学习自我反思和自我评价，有信心并且有能力去面对挑战和未知。这种清醒的自我认知最终会转化为一种自主能力，帮助孩子达成自主学习和自我创造的目标。

第四，不少教师都提到，教师"需要开放包容，信任孩子，在评价上尊重幼儿自己的创造"（杨老师），不以成人的标准去评价或比较，或者谨慎地使用让幼儿感觉受挫的批评。由于幼儿的自我意识还没有完全建立，他们对自我的认知和自信心的形成往往是通过周围"重要他人"（主要是父母、老师、同伴）的评价建立起来的，因此教师虽然可以在创造性思维上帮助幼儿通过自我反思、集体反思和对话产生新的想法，但同时也要注意让幼儿获得心理上被认可的感受并充满自信。相反，如果幼儿在幼儿园总是被给予负面评价，我们可能常常看到他们不自信、要求成人帮忙或缩手缩脚、安于现状。如果我们在创造性教育实践中，能够充分接纳、鼓励幼儿，我们就能经常感受到幼儿在创造过程中的自我满足感和自信心。

从已有的文献来看，"自信"的确是诸多高创造性人士的重要人格之

没人约的彩虹舞台

我向全园教师展示了我们班的创造性表演游戏活动和集体分享交流活动。在集中研讨中，有老师觉得，刚才的分享交流像是一场严肃的表演研讨会，站在台上表演的两组孩子像是在接受批评。刚开始孩子表演完还是笑嘻嘻的，可是每一次给他们梳理不足后，他们越来越不开心。我努力回想之前的分享交流中孩子们的表情，发现确实如老师们说的一样。我努力思索分享交流的价值，意识到评价不应只有建议和问题，应该还有欣赏和认可。

经过大家的提醒，我开始关注孩子们在游戏和分享交流中的情绪变化。例如，有一次，我惊讶地发现以前预约爆满的彩虹舞台被冷落了，来预约表演的孩子越来越少，甚至没有人愿意上来表演。于是我主动去询问孩子们的表演意愿，他们却说："我们还没准备好呢！""可是，老师觉得你们的表演已经很棒了呀！"我试图去鼓励他们。"不不不，我们还有两个组员动作记不住，总是需要提醒。""老师，我们的儿歌动作还没想好呢！"孩子们依旧拒绝了我的提议。

（上海市宝山区陈伯吹实验幼儿园　陈佳楠）

一，斯滕博格以培养自我效能感作为重要的创造性教育策略之一，[①]因而在幼儿创造性教育中培养幼儿自信，具有重要价值。尽管在西方幼儿创造性教育中，不同国家、不同学者和不同政策关于创造性人格的表述不一，但我们仍然能在一些文献中看到对培养自信或自我效能感的强调，如英国政府颁布的《发展很重要：早期基础阶段非法定课程指南》提出"要让幼儿

① STERNBERG R J. Enhancing people's creativity［M］//KAUFMAN J C, STERNBERG R J. The Cambridge handbook of creativity (second edition). New York: Cambridge University Press, 2019: 88-103.

对自己想出自己的想法很有信心"。有意思的是，在中国关于创造性人格及培育的表述中，几乎都提到了"自信"，频率要比西方文献高得多。这或许也提示我们，西方教育本身主张"幼儿应更多地得到正向表扬或鼓励"，幼儿是否自信或许已不成为创造性教育中有待解决的问题。与西方国家相比，中国的社会文化更强调通过倾听集体成员的批判性建议来打开思路和进行自我反思，这有助于幼儿产生新的想法和创造，进而获得自信。但倘若相关的方法使用不当，则并不利于幼儿自信的形成。因此在创造性人格的培养上，我们还需要综合使用赞赏、肯定以及尊重，帮助幼儿对自己产生足够的信心。相反，如果只使用正向表扬，幼儿则不容易形成经验的开放性。因此，我们可以综合采纳中外教育的精髓，使用"叩其两端而执其中"来解决该问题，既不一味地表扬和赞赏，也不一味地让其反思，抓住两端，有效地培养幼儿的创造性品质。

五、坚韧

与"自信"相关的概念还有"不惧失败"和"坚韧"。因为创造并不总是一次成功的，创造的过程也总是充斥着失败，人们也常常是在面临失败的时候容易失去创造的信心，这个时候就需要学会坚韧和有吸取教训重新再来的毅力。因此，不惧失败、坚毅、坚持不懈、有韧性等常被看作是创造性人格的重要元素。

在本研究中，"不惧失败""具有坚持性"等词也频繁地出现在教师的访谈中。在观察中，我们也常常看见教师赞赏那些即使失败也坚持探索而有新发现、新创造的孩子。不少教师提到，当幼儿在面临失败和困难想要放弃时，教师要及时进行鼓励和支持，以培养他们的韧性，有时幼儿的韧性和毅力常常超出我们的意料。

　　许老师：他们常常在我们看起来根本不可能解决的问题中假设、验证、试误、反思、解释……半小时过去了，甚至一个小时过去了，他们还是不愿意放弃。

在搭建直角轨道的例子中，幼儿失败了很多次，但始终没有放弃，所表现出的情绪也很积极愉悦。在本研究所收集到的资料中，有很多类似的案例，如幼儿在面对失败时，面带微笑地说："我发现问题所在了！"多次失败后，他们仍然很有信心地说："没事的，明天我们会继续想办法！"例如，男孩用积木、透明塑料管、小球搭建了一个装置，他希望小球在被多米诺骨牌打中后飞进后面的透明塑料管中（见图5-1）。近一个小时的时间，他不停地调整积木和塑料管的高度、角度，但都没有成功，他调整了一下自己失落的状态，笑着对老师说："失败是成功之母！再坚持一下，我肯定会成功的。"

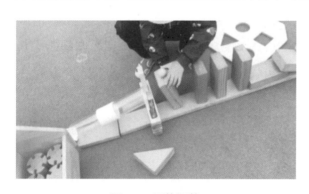

图5-1　不停调整

教师也总结了幼儿抗挫能力强的主要原因：一是因为幼儿有强烈的内在动机；二是幼儿有自信，他们相信自己的能力；三是他们在每一次失败中都收获了新经验。

> 张老师3：以前，我们总觉得幼儿很容易放弃，特别是遇到困难的时候。但面对自己要解决的问题时，他们会异常投入。每一次失败都让他们收获了新经验，增强了进一步探究的欲望和动机。在幼儿假设、验证、再假设、再验证的循环往复过程中，我看到了幼儿的自信，看到了幼儿解决问题的能力。

我想，教师对幼儿试错过程的包容和试错能力的培养也无形中推动了幼儿抗挫能力的发展。教师容许幼儿试错，鼓励他们从失败中反思，幼儿能很快从失败中调整好情绪，一定程度上，助推了幼儿坚韧品格的形成，从这里我们也能看到创造性人格与创造性思维之间相互依存的关系。

> 许老师：试错能力其实就是孩子针对问题进行计划、操作、验证、反思的能力，而我也会允许他不断试错，他的理解、反思能力也会慢慢变强。我觉得，孩子需要这样不断尝试，花大量时间动手动脑，这是培养他毅力的重要方式。

中华民族文化向来强调不断从失败中吸取教训，如"前车之覆，后车之鉴""胜败乃兵家常事""不以成败论英雄"等诸多名言。与此紧密关联的还有对坚韧品格的弘扬，例如：有志者事竟成；锲而舍之，朽木不折；锲而不舍，金石可镂；古之立大事者，不惟有超世之才，亦必有坚忍不拔之志；天将降大任于斯人也，必先苦其心志，劳其筋骨，饿其体肤，空乏其身，行拂乱其所为。诸多关于中国文化的研究都认同自强不息、刚健有为等强调韧性、坚持和奋斗的精神，这也是中国文化的基本精神。[1]林崇德在讨论中国文化与创造性时认为："中华民族之所以能在五千年的历史进程中生生不息、发展壮大，历经挫折而不屈，屡遭坎坷而不绥，靠的就是这种发愤图强，坚韧不拔，厚德载物，与时俱进的精神。"[2]也有研究指出，在不同文化中成长的儿童所表现出的坚持性会有所不同，最有说服力的解释是，广义上的文化价值观能影响教育在多大程度上鼓励儿童坚持；对于许多美国家庭而言，具有坚持性并不是一种重要的价值观，对幼儿尤其如此。[3]

虽然国内外文献中对幼儿创造性人格培养中坚持性的强调并不一致，但本研究认为，我国幼儿园在幼儿创造性人格的培养上，应坚持强调对

① 张岱年，程宜由.中国文化精神［M］.北京：北京大学出版社，2015：14.
② 林崇德.创造性心理学［M］.北京：北京师范大学出版社，2018：247.
③ 希森.热情投入的主动学习者——学前儿童的学习品质及其培养［M］.霍力岩，房阳洋，孙蕾蕾，译.北京：教育科学出版社，2016：53.

幼儿坚韧、毅力以及不惧失败的品性的培养，因为这不仅能有效地促进幼儿的创造，而且也与中国社会文化息息相关，具有重要价值和文化适宜性。

在具体的教育策略上，本研究认为有以下六点可供参考。

第一，教师应该在实际创造活动中包容幼儿的试错，更看重过程中的创造而非结果。

第二，我们应该帮助幼儿看到失败和坚持中的成长，帮助幼儿形成"成长型思维"。

第三，教师也应该将失败看成是促进幼儿创造性发展的宝贵资源，不要急于去帮助或提供建议。曾经有人问许老师："为什么你的班级总是不断出现精彩案例，而我们班的孩子总是平平无奇？"许老师的回应其实让人很受启发。

> 许老师：教师不要急于介入，因为教师介入时提供的解决方法和思路是基于成人思维方式的。幼儿在成人的指导下解决问题，看似获得了成功，却错失自己创造性解决问题的机会，这也是很多班级出现的精彩案例并不精彩的原因。

有意思的是，教师又多次借用了"无为而治"来说明教育的理念和策略。

> 袁老师：老子的"无为而治"可以用在这里。教师需要尊重幼儿的天性，相信幼儿的能力和潜力，让他们去尝试、学习、发现，甚至破坏。如果他们失败或出错了，也没关系，因为他们会从失败和错误中学习。
>
> 许老师：正是因为无为，才能让我看到孩子对各种各样材料产生的好奇、探索和假设，以及对待失败的态度。

第四，必要时提供及时的支持。我们应理解幼儿在面临失败时产生的沮丧情绪，应通过情感关怀帮助他重建信心或打开思路，并引导他学会调节情绪。

第五，在一日活动中，我们可以通过故事阅读、集体活动、参观访问、家园协作等活动方式帮助幼儿理解坚持的重要性。

第六，我们应同时看到坚持与内驱、自信之间的关联，帮助幼儿在实际创造的过程中，在坚持性与思维的灵活性上获得平衡，做到既坚毅又开放。

六、在预判基础上敢于冒险

与"好奇心""不惧失败"关联的还有一个很重要的创造性人格，即敢于冒险（勇于尝试与挑战）。冒险意味着准备好去尝试并愿意承担一定的风险和失败，尝试一些新的、让人觉得好奇的东西或挑战一些新问题的解决，如果不成功，就重新思考，并再次尝试。

"冒险"在高创造性人士的创造性人格中频繁被提及。例如，克拉夫特将冒险精神认定为是"可能性思维"的核心要素。[①]全美幼儿教育协会（NAEYC）关于幼儿创造性培养的论著也将冒险作为幼儿重要的创造性人格："有创造力的成年人往往很有冒险精神，大多数年幼的孩子也是如此。他们准备好并愿意尝试新事物，他们对自己的成功充满信心，而不会被别人对自己想法的看法所吓倒。这一特性让孩子们探索而不关心最终产品会是什么。一种冒险的精神使孩子们能够探索新的材料，以独特的方式组合物品，并承担可能导致失败的风险——或者有一个更好的想法！"[②]在美国高瞻课程的创造性艺术教育中，有一条重要的实施原则是"建立一种支持

---

① CRAFT A. 可能性的思维和智慧的创造力：英国教育的未来？［M］// BEGHETTO R A, KAUFMAN J C. 培养学生的创造力. 陈菲，周晔晗，李娴，译. 上海：华东师范大学出版社，2013：289-288.

② ISBELL R, YOSHIZAWA S A. Nurturing creativity: An essential mindset for young children's learning［M］. Washington: The National Association for the Education of Young Children, 2016: 66.

创造性冒险并重视过程而非结果的氛围"。①

在本研究中，尽管很多教师愿意用勇于尝试和挑战一词来表述，但也有一些教师直接使用"冒险"来描述幼儿的创造性人格。

> 王老师1：有创造性意味着面对新问题、新设想或者不确定的情境、事物要勇于尝试，勇于挑战。事实上，有创造性的孩子不会安于现状，会坚持挑战新事物。
>
> 盛老师：试验、尝试、冒险是实现创意的重要条件。面对未知的事物，冒险是必须具备的一种精神，也是实现创造力的重要基础。

在安吉游戏中，冒险被做了如下解释："人类在任何推动其所知极限时都是在冒险。没有冒险，就没有解决问题的能力。没有解决问题，就没有学习。在安吉的幼儿园中，儿童接触并享受物理的、社会的、智力上的冒险。环境经过认真的设计以支持儿童的身心发展。这样的环境打破了因成人内心的担忧而产生的设计局限。在这种教育环境中，冒险的含义就是根据自己的条件和选择去探索未知。儿童有最大的机会去探索并突破自己能力的极限，解决自己遇到的困难。教师在现场观察并支持这一探索过程，但不干涉、干预或指导（除非有明确的危险或儿童已经完全尝试了所有解决问题的可能性）。因此，儿童不断鼓足勇气，不断在自己掌控的物理和社会环境中解决问题。"②

从教师们的话语以及安吉游戏对冒险的定义来看，勇于冒险和挑战中包含着多重的人格特征：勇敢，求新，容忍未知和不确定，有独立想法，愿意冒险。但当我们讨论是否鼓励幼儿冒险时，诸多的教师提出，他们更愿意使用"乐于尝试和挑战"这样的表述，因为冒险意味着幼儿需要承担

---

① 爱泼斯坦.创造性艺术——关键发展指标与支持性教学策略［M］.霍力岩，等，译.北京：教育科学出版社，2018：27.

② 程学琴.放手游戏，发现儿童［M］.上海：华东师范大学出版社，2019：22.

一定的风险，成人会存在各种各样的担忧，尤其担心幼儿的安全。但也有教师并不认同这样的观点。

> 徐老师1：冒险不是鲁莽，冒险是个体面对可预测的风险而表现出的一种勇气，是有准备的。孩子在尝试冒险时，会对可能要承担的风险，以及自己的能力进行一些预判，这实际上有助于他们养成不盲目挑战的思维习惯。与教师一味地鼓励幼儿去挑战和尝试相比，幼儿自己的冒险反而更有助于他们的安全，以及未来的发展。

徐老师对"冒险"的解析可能类似于斯滕博格所提到的创造性教育应鼓励的"审慎的冒险"（prudent risk-taking）[1]，其内涵要比"有勇气去尝试和挑战"要复杂得多。从这个意义上说，"冒险"实际可能还蕴含着对周围信息的敏锐观察，对自我能力和各种因素的综合分析，以及对未知情况的想象、假设和预判。综合以上情况，本研究更倾向于用"在预判基础上敢于冒险"来描述创造性人格中的"冒险"，从教师的反应来看，大家也更愿意接受这样的描述。

中国文化也蕴含着对冒险精神的鼓励，例如："不入虎穴，焉得虎子"就是对冒险的直接鼓励；"会当凌绝顶，一览众山小"也是颂扬只有敢于冒险的人才能看到壮丽景观；草船借箭、空城计等军事故事都具有冒险精神，鼓励大家面对有可能被敌军识破的风险迎难而上。中国文化蕴含着对冒险的鼓励，但不鼓励无谓的冒险和盲目的冲动，提倡在适度预判的基础上进行新的尝试，这也是对自己、他人甚至社会负责任的表现。针对幼儿的创造性教育，西方社会更关注新颖性，中国则更追求适用性。两者可以互相借鉴，中国的教育可以更鼓励幼儿大胆冒险，西方的教育可以更鼓励

---

[1] STERNBERG R J. Enhancing people's creativity [M] //KAUFMAN J C, STERNBERG R J. The Cambridge handbook of creativity (second edition). New York: Cambridge University Press, 2019: 88-103.

幼儿有责任地冒险。

在具体的教育策略上，为了避免幼儿因干扰而瞻前顾后，教师要学会放手，信任幼儿，要重过程轻结果。

> 方老师：如果教师对幼儿充满信任，幼儿就能够自由实施他们感兴趣的想法，大胆尝试新的东西，然后就会呈现出很多创意。相反，如果教师要求太多，总是去评价是否可以，那么幼儿就会不断试探教师对自己行为的容忍度，缩手缩脚，瞻前顾后。

教师对幼儿的冒险精神表示鼓励和赞赏，但把是否冒险的决定权交给幼儿。教师可以作为陪伴者，给予幼儿安全感，也可以和幼儿一起回顾和讨论，共同对冒险行为进行总结和反思。同时，我们也应看到，幼儿并不能完全靠抽象的预判来做决定，他们是需要靠直接感知、实际操作和亲身体验来感知可能存在的风险。同时创造过程中的冒险也并不是一次就能呈现的，因此，幼儿可能会在实际探索中经历"观察分析—冒险、体验—退回—反思、调整再分析—再冒险、再体验……"这样不断循环往复的过程，因此教师要看到幼儿在活动过程中不断尝试和敢于冒险的精神，也要支持幼儿创造性思维的发展。

案例 5 - 3

我看见了"星星"

两个男孩用螺母积木搭出了两个方框，又拿长板横在中间，将两个方框连了起来。接着，他们又把一张又大又重的垫子抬到了方框顶上。孩子们非常兴奋，他们把这个作品叫作"天台"，并且很想验证这个"天台"是否可以载人。

他们先尝试了各种办法（如在上面放积木、放小推车）来测试

"天台"的安全性。

教师看到了孩子们对危险的预判，他们并不鲁莽。

之后孩子们再自己尝试爬上"天台"，当他们发现"天台"有明显摇晃时，又用横板对天台进行了加固并加上了更

图5-2　冒险的"载人"工程试验成功

大更厚的蓝色垫子，整个"天台"明显比之前高了不少。男孩沐沐双手扶住"天台"一边的木板，用力摇晃，进一步确认"天台"的安全性。站在人字梯上的悠悠说："我们已经加固了很多地方，我们爬的时候也不会用力推它。"悠悠看了看教师，似乎想得到教师的回应。

教师的思考

孩子们用反思性语言分析了自己所搭的"天台"，并形成了自己的观点，连接就能使之牢固。孩子们在没把握的情况下希望得到来自成人的确认。我读懂了孩子行为的目的，也确认了孩子当下的能力，我愿意带着好奇心去观察他们接下来会怎么做。

悠悠和沐沐犹豫了好一会儿后，开始行动。沐沐用脚踢了踢"天台"的四个"脚"，对歪的地方进一步做了加固。悠悠看了半天，到材料区拿来一块长板，旁边的沐沐马上表示赞同："再加固一下。"于是，两人又在两边分别加了一块长板进行连接。可见，当教师真正放手时，孩子反而会小心翼翼，更加谨慎，更重视安全问题。

在此之后，幼儿又经历了"天台"太高，不敢爬上去到不断尝试的过程。从中我们可以看到，孩子们面对风险时会不断对自己的能力进行确认，在可控的范围内一步步达成自己的目标。最后，三个孩子微笑着坐在高高的"天台"上，指着远方说："我看到'星星'了！""我也看到了！"他们突破了原有经验，突破了自我，充分享受

着游戏的乐趣和成就感。

教师的思考

一个在成人看来简单的"天台"游戏，却是幼儿自己创造出来的"意义世界"，它承载了幼儿了不起的学习过程。幼儿看见了"星星"，我看见了幼儿，看见了他们表现出来的应对复杂世界的能力，看见了他们在用自己的方式表达对这个世界的好奇、热爱、想象。[①]

七、玩兴与投入

本研究认为，还有一个重要的幼儿创造性人格特征是玩兴，或者称为游戏性（playfulness）。希斯赞特米哈伊发现，高创造性人士的性格常常既守纪律又好玩乐。[②]在访谈中，有一个很有创造性的教师也认为："别人问我怎么能想出那么多有创意的教学点子，我觉得就是因为我也爱玩。"克拉夫特也发现"玩"是引发3—7岁幼儿"可能性思维"的重要元素。[③]全美幼儿教育协会（NAEYC）关于幼儿创造性培养的论著中也将玩性列为重要的幼儿创造性人格。[④]当然，几乎所有的国家都会把游戏列为幼儿园重要的活动之一，但并不都将游戏与创造性人格的培养联系起来。

虽然教师们并没有明确地提及玩兴，但可以看到，很多幼儿创造性的案例都来源于游戏，这是在大量的资料分析过程中自然呈现的结果。重新回看资料，可以发现主要有以下两个原因。

一是与其他类型的活动相比，教师在幼儿自主游戏中更愿意放手，幼儿也就能充分地展现自己的创造。尽管在项目活动、探索性主题活动、集

---

① 许翠单.我看见了"星星"［J］.幼儿教育，2021（5）：9-13.

② 希斯赞特米哈伊.创造力：心流与创新心理学［M］.黄珏苹，译.杭州：浙江人民出版社，2015：55-72.

③④ ISBELL R, YOSHIZAWA S A. Nurturing creativity: An essential mindset for young children's learning［M］. Washington: The National Association for the Education of Young Children, 2016: 64-69.

体教学活动中也能看到幼儿的创造性表现，但教师教学的成分更大，幼儿
创造性思考的空间不大。在研究过程中，不同的教师都曾提到，有创造性
的孩子往往看起来有些"调皮"，当这些幼儿在游戏中不需要被纪律约束
时，往往能够表现出令人惊讶的创造性。同时，与其他活动相比，游戏具
有更多不确定的场景或问题，这也助推了幼儿灵活应对能力的发展。

　　另一个原因与游戏的特点相关，游戏能够天然地推动幼儿创造性人
格的塑造。具体来说，在游戏中，幼儿能够感受到自己对环境和实物的
掌控感以及力量，能够全身心投入；他们不会满足于现状，会在自己
的最近发展区不断做新的尝试和挑战，培养一定的冒险精神；游戏源自
幼儿内在的动机，可以推动幼儿内驱力和主动性的发展；在游戏中，幼
儿会表现出极大的坚持性，不会担心失败，即使失败也会很快调整好情
绪；游戏中积极愉快的情绪会提升幼儿思维的灵活性，让幼儿积极有效
地进行创造；高创造性人士时常更为幽默，而游戏中的幼儿也喜欢"开
玩笑"，例如在角色游戏活动中，"当儿童的想象和意境以一种似真非真、
似假非假的滑稽形态呈现出来时，他的一句'假的呀'，正是道出了幽默
感的内心体验"。[1]游戏是幼儿天生最喜欢、也是最适宜他们年龄特点的
活动方式，如此看来，"玩"就是最好的培养幼儿创造性人格的途径，因
此，诸多成年人的创造性激发中也提到了"玩兴"的重要性。[2]尽管对于
玩兴的界定不一，有研究认为，"只要活动或行为本身伴随着娱乐、享受
和乐趣体验等特征就被视为玩兴"，[3]但我们可以肯定的是，游戏带给幼儿
的"玩兴"是可以帮助其在有趣而快乐的实践活动中发展创造性人格的。
不过玩性并不意味着不严肃和不投入，相反，幼儿时常非常认真地对待
自己的游戏，他们全身心地享受着"心流"带来的快乐。

① 华爱华. 幼儿园游戏理论［M］. 上海：上海教育出版社，2000：115.
② 李玲，陶厚永，宋浩. 玩兴氛围、创造性过程投入对突破性创新行为的跨层次影响［J］.
科技进步与对策，2022，39（7）：142–149.
③ VAN VLEET M, FEENEY B C. Young at heart: A perspective for advancing research on play
in adulthood［J］. Perspectives on Psychological Science, 2015, 10(5): 639–645.

　　还有学者指出，若从创造性思维的认知过程来看，空闲时光也让理性暂时退居幕后，或许也正是酝酿创意的时候，这种"自由且悠闲"的时间对于鼓励创造性思维的过程是必要的。很多发明家也正是在休闲的时候忽然有创意的。因此，游戏或玩兴也是帮助幼儿学会从容，懂得闲暇是产生创造价值的重要途径。①

　　因此无论是创造性思维的发展，还是创造性人格的培养，游戏都是幼儿园创造性教育的重要手段。教师应为幼儿提供充足的游戏机会，放手让他们真正享受游戏的快乐，以及从中创造的快乐。教师不能将游戏再次掌控为按部就班的活动，要把游戏的权利和自由还给幼儿，并注意观察、欣赏和及时支持幼儿创造性人格的发展。值得注意的是，教师还需要给幼儿提供不同种类的游戏机会，包括运动性游戏、建构游戏、象征性游戏和规则游戏等，让幼儿在游戏中丰富创造体验。

　　从社会文化背景来看，中国的传统文化并不看重游戏的价值，但随着现代心理学和教育学的发展，我们已经越来越认识到游戏的重要性。相关政策多次重申，幼儿园教育应"以游戏为基本活动"，幼儿游戏的机会也越来越多，因此以游戏促进幼儿创造性的发展，完全符合我国的国情。

第三节　我国幼儿创造性人格培养的关键要点

　　研究表明，成年人的创造性人格在时间和空间上趋于比较稳定的状

---

① BEGHETTO R A, KAUFMAN J C, HEGARTY C B, et al. Cultivating creativity in early childhood education: A 4 C perspective [M] //SARACHO O N. Contemporary perspectives on research in creativity in early childhood education. Charlotte: Information Age Publishing, 2012: 251-270.

态，[①]幼儿创造性人格发展的总趋势是随着年龄增长而不断上升。[②]换言之，创造性人格在儿童早期具有可塑性，也会对未来稳定的创造性人格的形成产生重要影响。因此，在幼儿时期，通过教育对幼儿的创造性人格进行积极培养是具有可行性的。反之，倘若在学前教育阶段错失了帮助其发展创造性人格的关键机会甚至形成一些反向的人格特征（如没有好奇心，不愿意冒险，更愿意按部就班和墨守成规），后期可能就很难纠正和改变了。因此，我们首先需要真正重视幼儿创造性人格的培养。

一、不低估幼儿的创造性人格，尊重和释放天性

幼儿天生就具有强烈的好奇心，当他们进行探索和创造时，他们所表现出的坚持性、乐观态度也常常超出成人的预期。和创造性思维一样，幼儿所具有的创造性人格是丰富且复杂的，因此，我们不能将幼儿的创造性人格简单化而低估他们的水平。同时，我们也应该正视他们的优势，在尊重幼儿、释放其天性的"无为"中助推其创造性人格的发展。当然，教师也要创造性地使用"无为之治""不言之教"的智慧，做到"无为中有为"，在幼儿需要的时候提供必要的支持和引导。由于这些品性还常常涉及复杂的心理过程，教师需要有"同理心"并在此基础提供恰当的心理支持。例如，当幼儿坚持调整了一个小时的小球装置，却被其他幼儿不小心踢翻了，该名幼儿暴跳如雷，这时教师非常理解他的不易，没有马上去责备他。这种处理方式让幼儿觉得自己被理解，也愿意和教师敞开心扉。

二、重视中华优秀传统文化的宝贵财富

尽管各类文献的说法不一，但我们仍然可以看到中国和西方教育所

① 斯滕博格.剑桥创造力手册［M］.施建农，等，译.上海：东方出版中心，2021：364-392.
② 齐璐.3~5岁幼儿创造性人格的结构、发展特点与类型［D］.沈阳：辽宁师范大学，2007.

强调的创造性人格有很多相似之处。中国传统文化中蕴含着丰富而有利于创造性人格发展的瑰宝（如强调坚韧，不惧失败），也蕴含着"无为而治""循循善诱"等有利于幼儿创造性人格发展的教育智慧，我们应在符合现代社会需求的基础上，传承和创新这些文化宝藏。同时，也应该关注文明交流互鉴，互相学习，取长补短。

三、留意幼儿创造性人格不同要素之间的关联

创造性人格的不同要素在个体创造的过程中也是互相支撑和互相影响的。例如，当对某个事物感到好奇时，幼儿往往更愿意冒险和不气馁；当因为坚持收获成功时，幼儿就能感知创造的快感，并对自己感到自信，愿意去尝试新事物，探索不确定的事物。因此，教师应综合观察，看到创造性人格不同要素间的关联，也看到创造性人格与创造性思维之间的关系，根据幼儿个体差异，有针对性地从不同的切入点推动幼儿在整体创造性人格上的发展。

当然，不同的幼儿因为个体差异会有不同的性格特征。当幼儿在某一项上偏弱并且不利于其创造性发展时，我们可以重点帮助其获得某方面的正向发展，并以强项带动弱项的方式促进其综合发展。

有些创造性人格看起来是矛盾的，如独立性与合作性，玩性的非正式性与认真投入，谨慎的预判与冒险。高创造性人士的性格并不是单面的，他们可以同时具备相互矛盾的两种性格。我们通常只强调发展创造性人格对立两端中的一端，但每个人都有复杂的性格，具体呈现哪一种品格，取决于具体情境的需要。因此，这些方面其实是矛盾统一的，我们可以帮助幼儿习得多面的创造性人格，并采用中庸的思维方式来解决看似矛盾的问题，即引导幼儿根据创造的需要，在不同的情境下灵活地采取不同的应对行为。

其实我们或许不用纠结西方教育中更强调的某些创造性人格是否适用于我国，美国教育中提到了"不受约束"的创造性人格，在我国可能

并不被教师所看好，但在真实的教育场景中，幼儿需要无拘无束的想象才能有所创造，但在很多情境下又需要在遵守必要规则的前提下进行创造。例如，曾有小班幼儿不小心把墨水洒在了地上，满地都是墨水，幼儿们觉得很好玩，于是在地上用墨水画画。虽然地上的"作品"看起来真不错，但打扫卫生的时候，影响到了其他幼儿，还给保育员阿姨和老师增加了非常多的工作量。从这个角度看，我们或许可以向西方学习，在某些可以更自由畅想的情境中减少对幼儿不必要的束缚，鼓励幼儿无拘无束地创造，但在某些情况下则需要建立必要的规则，帮助幼儿理解并遵守规则。关于这一点，袁老师用"无为而治"表达了她的看法："一旦教师建立好教室里的规则后，她就不需要再管理孩子了，甚至不需要说什么。"陈向明也曾对"无为而治"做了这样的解释：关于"无为而治"，可以使用"碗壁之喻"在这里做一个类比。碗是由一个具有实体的碗壁和一个虚的内部空间而组成的。外部可见的碗壁只是为碗发挥作用而提供的一个条件，内部的空间与外部的碗壁一样重要。^①日本学者在她关于教师专业发展的研究中也注意到这个现象：规则就好比碗壁，规则内（就好比碗内）可以容下孩子的创造性、自由和兴趣，对中国教师而言，"或者可以说，没有清楚的结构和限制，那就没有创造性和自由""这在西方人听起来可能有些矛盾"。^②在中国文化的熏陶下，这对于中国教师来说是非常容易理解的教学智慧，在创造性的培养上，我们可以去除"强结构"或者去除不必要的规则，然后支持幼儿在遵守规则的前提下自由创造，甚至"在很多问题上可以不由教师来决定，而是把问题抛给幼儿，和幼儿一起讨论是否要设立或调整规则，但规则一旦设立或确定，幼儿就需要遵守"（许老师）。倘若这样来理解的话，不受约束

① 陈向明.优秀教师在教学中的思维和行动特征探究［J］.教育研究，2014，35（5）：128-138.
② HAYASHI A. Teaching expertise in three countries: Japan, China, and the United States［M］. Chicago: The University of Chicago Press, 2022: 89-91.

性和遵守规则又形成了辩证统一的关系。

四、教师应努力成为幼儿创造性人格培养方面的榜样

要鼓励创造性的学习，还应该同时成为有创造性的教师。不少学者认为，教师的榜样作用有助于幼儿创造性的发展。[①]当教师表现出好奇心、愿意和幼儿共同探索、即使遇到失败也不退缩、愿意尝试新事物并对各种信息都保持开放的心态、愿意"跳出自己的舒适圈"并容忍活动中的不确定性时，幼儿显然会受到感染，这对于幼儿创造性人格的培养具有潜移默化、日积月累的影响。

五、重视家园合作

虽然幼儿的创造性人格相对来说不是那么随意变化的，但在不同的情境下可能会有不同的表现，容易受到外界环境的影响。因此，我们应该注意创造性人格培养上的家园合作，通过家园协作共同促进幼儿创造性人格的发展。

六、用专业创造和大创造资源为幼儿埋下创造性人格的种子

有幼儿园设计了这样一场活动：组织幼儿先独立阅读屠呦呦的故事，之后再集体讨论故事中让他们印象深刻的内容，孩子们都提到了坚持、克服困难、不怕失败等品质。活动的效果让观摩者很感慨，也很动容，幼儿从中自然地感知着重要的创造性人格。这也启示我们，尽管幼儿的创造性活动更多源于幼儿自身的兴趣和需求，也需要在生成性和低结构的创造性实践中真实体会和养成各种创造性人格，但教师可以有目的地设计和组织一些阅读、集体讨论、实地探访等活动，让幼儿有机会接触和了解一些专业创造者和科学家的故事和经历，让创造者们的精神像种子一样，深植于孩子们的心中并生根发芽。

---

① JEFFREY B. Creative teaching and learning: Towards a common discourse and practice [J].
Cambridge Journal of Education, 2006, 36(3): 399-414.

这与贝加托、考夫曼等关于幼儿创造性培养的观点不谋而合，他们也提到尽管专业创造和大创造貌似与学前教育者或幼儿的创造性无关，但通过一些方式让幼儿接触专业创造者（Larger-C creators），了解大创造者（Big-C creators）生平经历，有助于幼儿看到更多的可能性并促动幼儿想象和养成远大志向，从这个意义上讲，专业创造和大创造也可以包含在幼儿园创造性教育内容中。①

七、重视幼儿道德品性的培养

诸多研究都认为创造既要讲究新颖性，又要讲究适用性和价值性，尤其适用性和价值性在中国的文化中更被看重。创造性应受到社会文化尤其是社会道德的约束。不重视道德养成，创造性教育将会培养众多思维敏捷、头脑灵活但缺乏是非善恶观念的学生。因此，品德修养也是创造性人格的一种表现。②从儒家思想来看，我国社会文化对创造性个体的理想也是具有高道德标准和思想灵活开放的人。③因此，尽管幼儿创造的价值性还不能从社会的角度进行判断，但其未来的创造成果还是要回归社会进行判断，因此我们应该在启蒙阶段就向幼儿传递相应的道德准则。除了合作性、融入集体以外，教师并未过多地提及社会道德规范方面的人格品行培养，但可以肯定，这部分的教育散落在幼儿社会领域的发展过程中，也会融入幼儿创造性解决社会交往问题的过程中。

---

① BEGHETTO R, KAUFMAN J C, HEGARTY C B, et al. Cultivating creativity in early childhood education: A 4 C perspective［M］//SARACHO O N. Contemporary perspectives on research in creativity in early childhood education. Charlotte: Information Age Publishing, 2012: 251-270.
② 赵勇.国际拔尖创新人才培养的新理念与新趋势［J］.华东师范大学学报（教育科学版），2023（5）：1-15.
③ 希斯赞特米哈伊.创造力：心流与创新心理学［M］.黄珏苹，译.杭州：浙江人民出版社，2015：68.

第六章

总结与展望

幼儿是极富创造能力的，我们不能低估他们创造性发展的水平以及潜力，更不能错过幼儿创造性培育的关键期。从整体情况来看，虽然我国幼儿园教育一直强调培养幼儿的创造性，但广大教师对幼儿创造性发展的深入思考并不多。本研究在访谈对象以外的一般幼儿园教师进行调研时，大部分教师认为，观察过幼儿的创造性行为表现，但对如何培养幼儿的创造性能力并没有进行很多思考。包括受访教师在内的诸多教师也并没有过多地思考过"幼儿创造性"的要素，而是比较笼统地思考幼儿创造性培养的策略和方法。从学术研究的角度看，相关研究也较为笼统，有的是针对个别要素进行讨论，缺乏对更多源于或契合中国社会文化的理念策略的系统提炼和研究。本研究尝试结合我国幼儿园教育实践和社会文化，分别从创造性的领域、前期经验基础、创造性的个体和集体指向、创造性思维、创造性人格和创造性实践等方面，结合以"细描"为特征的数据和资料，对适合我国文化的幼儿创造性教育进行多维度的具体讨论，希望能为相关实践提供契合当前教育改革背景的思路和策略。

第一节 总结性思考：融会贯通，共同发展

无论是幼儿园创造性教育的实践和教育政策的制定，还是相关的学术研究，或许都可以从以下四方面进行综合思考。

一、幼儿园创造性教育是一个有机整体

幼儿创造性培育所涉及的要素纷繁复杂。先了解局部，才能了解整体，因此本研究先将创造性培育分成若干关键的子问题，分别进行剖析和阐述。尽管各章中主要罗列了教师认为有效的策略和方法，但在研究中，

教师们同时也报告了一些困惑，产生这些困惑的原因就与教师对幼儿创造性培育的认识不够深入、不够全面有关。

事实上，不少关于创造性教育的理论和研究也指出了这一点。例如，斯滕博格和鲁巴特在分析关于创造性构成成分的各种理论的基础上提出了"创造力投资理论"（investment theory of creativity）。[①] 他们认为，以往的各种创造性构成理论大多强调其中的某一或某些方面而忽视了其他方面，因而都不是对创造性最完整的解释。为此，他们提出"创造力投资理论"，该理论借用市场投资来比喻创造性的实现，认为创造性需要有六种不同但相互关联的必要资源：高智力技能（如分析、想象、实践的智力技能）；领域相关的知识；特定的"思维风格"；动机；特定的人格特征（如自信、能忍受模糊等）；一个支持和奖励创造性想法的环境。前五种资源是个体作为"投资者"投入的个人资源，这些个人资源同时还受到外部环境的影响。斯滕博格后来详细阐述了对这些资源进行融合的重要性，[②] 他认为这六种资源在创造性中是共同发挥作用的。创造性要远比每个组成部分的简单相加更为复杂，创造性得以充分发挥的关键是这些因素的投入和它们之间的凝聚方式，这六个因素须经有效聚合后才能产生高创造性。例如，各个组成部分若都是高水平的，那么可以加倍提高创造性；相反，每个组成部分可能都有一个最低阈值，如果有一个组成部分低于这个阈值，不管其他组成部分是否存在或者水平如何，创造性的成就都不可能实现。甘秋玲等在阐述中小学生的创新素养时，也提到创新素养是人格、思维和实践三个要素协同交互作用的结果。这三者形成闭环、互相促进，构成创新素养的三个侧面。每一侧面的水平越高，它们所构成的创新素养的最终水平就越高。[③] 张

① STERNBERG R, LUBART T. An investment theory of creativity and its development［J］. Human Development, 1991,34(1): 1-31.
② STERNBERG R J. The nature of creativity［J］. Creativity Research Journal, 2006, 18(1): 87-98.
③ 甘秋玲，白新文，刘坚，等.创新素养：21世纪核心素养5C模型之三［J］.华东师范大学学报（教育科学版），2020（2）：57-70.

亚坤等在融合以往创造力研究的基础上，建构了一套创造力培养的"蝴蝶理论"（图6-1），即认为创造力培养需要抓住"动力系统的激活"这个核心来统领全局，同时兼顾创造力培养所需要统筹兼顾的各个部分（包括认知层面的能力，非智力因素，合理的社会支持、互动以及文化的包容等），这些部分也是创造力心理动力有效激活的基本条件。[①]国内外研究中还有诸多类似的创造性多元素模型或理论，虽然它们各自的表述有所差异，但基本都认同，创造性源于多个元素的共同作用。

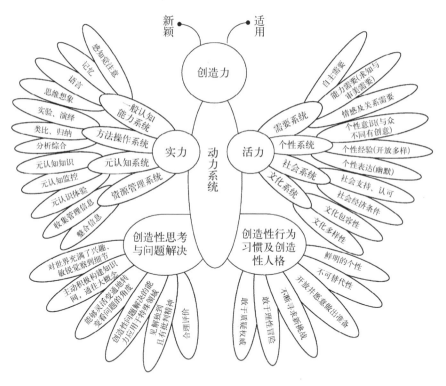

图6-1 创造力培养的"蝴蝶"理论

创造性的多因素理论同样适用于幼儿教育阶段，本研究还想借助中国文化中的整体思维来对此做进一步阐述。整体思维注重整体统一，强调事

① 张亚坤，陈宁，陈龙安，施建农.让智慧插上创造的翅膀：创造动力系统的激活及其条件［J］.心理科学进展，2021，29（4）：707-722.

物的相互联系和整体功能，中华医术就是一个典型的例子。中医理论将人体看成是有机联系的统一整体，认为人体内部各个组成部分及各个组成要素之间既相互联系、不可割裂，又互相制约、互为作用。创造性教育涉及的各项关键问题或要素亦是如此，它们并不是有或无、水平高或低那么简单。首先，它们是共同发挥作用，不可割裂的，如果采取"头痛医头，脚痛医脚"的方式，实际上治标不治本。例如，如果我们只关注对幼儿创造性思维的培育，而不关注创造性人格的培育以及宽松心理环境的创设，那么创造性教育可能收效甚微，反过来亦是如此。其次，它们是相互促进的。例如，在宽松心理环境和强烈的内在动机引导下，幼儿的创造性思维才会更为活跃；当幼儿通过活跃的创造性思维获得成就感时，他又会进一步养成乐于创造的人格倾向，进而产生更多的内在创造动机。再次，这些关键要素也会相互制约，教师应根据具体情况有策略地综合推进各项要素。例如，就培育创造性人格而言，如果在幼儿个体刚有创造性想法或内在动机时，教师就急于引导幼儿在集体中接受别人的建议和自我反思，不注意延缓评价所带来的压力，那么是不利于幼儿创造性发展的，因为"推迟评价是产生新颖想法的核心"。[①]如果教师能够在提升幼儿自信的基础上，在宽松自由的氛围中，在恰当的时机引入同伴的意见帮助幼儿完善想法，反而有助于幼儿创造性的发展。最后，比较多的研究注意到了教室、幼儿园氛围和环境对幼儿创造性发展的影响，但从教育人类学的视角来看，整个创造性教育实际上浸润在社会文化的整体环境。文化人类学家格尔茨（Geertz）指出，"不受人的文化模式指引的人的行为最终会不可驾驭，成为一个纯粹的无意义的行动和突发性情感的混乱物"[②]"不只是一个人存在的装饰品，而是——就其特性的主要基础而言——人存在的基本条件"。[③]同样，创造性人才的培养需要突破，也需要适应社会，因此我们还应关注

---

① 普奇奥，冈萨内斯.培养创造性思维：西方途径与东方问题［M］//刘诚，许娜娜，吴恩泽.创造力：当东方遇上西方.程励，金培，译.成都：四川人民出版社，2016：6.
②③ 格尔茨.文化的解释［M］.韩莉，译.南京：译林出版社，2014：58.

幼儿对社会文化潜移默化的习得。

总之，在幼儿园创造性教育上，教师不应孤立地看待某个关键要素或策略方法在幼儿创造性培养上的作用，也不应简单地查漏补缺，而应借用整体思维，将创造性教育涉及的各项要素和各项策略看成是既相互区别又有机融合、相互联系的整体，尤其要注意社会文化的影响。教师还需要将教学真正作为一门发挥创造性的艺术，不拘一格，在具体情境中对幼儿的创造性表现进行灵活处理，逐渐积累形成自己的教育智慧和教育直觉。这也是幼儿的创造性学习需要有创造性的教师予以支持的重要原因。

另外，幼儿园管理层也确实需要通过赋权教师，组织形式更为灵活且基于具体情境的深度教研，形成合理的评价制度支持教师在创造性教育上的专业发展。

此外，创造性的教育还需要家庭、幼儿园、社区共同协作。不少教师也提到了家庭教育和社会机构教育给幼儿园创造性教育带来的影响和困惑，例如：幼儿园支持幼儿艺术创造能力的发展，但不少家长更看重短期的艺术学习效果，选择把幼儿送去社会上的培训机构，而培训机构比较关注艺术技巧的训练且框定了幼儿艺术表现的内容，导致幼儿在幼儿园进行艺术活动时缺乏创造性，这让教师感到很无奈。与此同时，不少教师提出可采取积极的措施，多与家长沟通和协商，把创造性教育的方法与家长进行分享，这样或许可以产生一些积极的改变。社会教育机构和整个社会组织实施幼儿创造性教育的方式方法还有待完善，目前我们已经看到国家政策的积极应对，但可能还需要更深入、更广泛的调研和政策研究，这或许是未来可以着重进行研究的重要方面。

二、发展融入中华优秀传统文化的中国幼儿园创造性教育话语体系

不少研究认可西方创造性教育的理论，并直接将其应用于中国的学前教育中，如有一些研究直接使用了西方关于幼儿创造力的测量工具或关于创造性教育的量化研究工具，也有一些实践研究尝试借鉴学习西方创造性

教育的理念和方法。不可否认的是，这些研究和实践对推动我国幼儿创造性教育的发展起到了不小的促进作用。

　　但本研究的分析讨论证明，无论是在创造性领域、前期经验基础、个体和集体指向上，还是在创造性思维、创造性人格和创造性实践等方面，幼儿创造性的学习和教师相关的教学策略中都隐含着中国文化的影响。我们既可以看到中国传统艺术等显性文化的影响，也能看到中华优秀文化中的价值观、思维方式、人格品性和行为方式等隐性文化的影响，这些文化对创造性教育的影响并不是消极或负面的，很多时候恰恰是积极正向的。尽管有利于达成创造性的一些中国文化因素比西方文化中相对应的因素要更为复杂（例如中国思维方式中"对成同根、相互转化"加上"审时度势、灵活应变"的内涵，或许就要比西方话语体系中的"逆向思维"加上思维灵活性的内涵更丰富），或者在一定程度上挑战了西方主流文化关于幼儿园创造性教育的一些观点，但值得我们在幼儿园创造性教育中加以传承、使用和发展。我们应该有文化自信和教育自信，应该认可中国幼儿园也有着基于中国社会文化发展起来的有效策略和方法，并将其视为文化瑰宝予以充分发掘。

　　这项研究也改变了我的看法。我曾经也认为"放手""给予幼儿自由"等中国幼儿园正在使用的创造性教育策略和方法是源自西方的教育理念，但在研究的过程中越来越感受到，中国传统文化不缺乏鼓励创造的思考，只不过因西方教育思潮的涌入而被忽视了。当我们觉得因为向西方学习而获得新的思考和方法时，其实是因为这些思考和方法与中国根深蒂固的文化相契合，中国教师结合自己的想法和经验，将这些思考和方法在历史的长河中"重拾"起来，加以丰富、本土化和现代化创新，形成了有中国底蕴的理念和方法。这些理念和方法未必能用西方的词汇或概念来诠释，因此我们可以用中国自己的话语和文化来进行诠释（"留白""无为而治"等就是很好的例子），并在汲取现代教育思想和实践经验的基础上不断丰富和充实。正如华爱华在接受国外学者访谈时曾建议：

"有些人认为中国文化（中的教育）强调权威和服从，但这不是中国教育的真实历史。我们应该保护好我们文化遗产中好的部分。人们误以为有许多教育理念来自西方，但实际上我们能从我们古代文化中寻找到这些理念……我们有良好教学方法的悠久传统，这些方法并非来自西方。我们有关心幼儿、重视体验和创造性学习的传统。"①

事实上，国外的研究者也在不断汲取中国智慧，并将这些智慧融入他们的理论架构和研究中。《U型理论：感知正在生成的未来》就提到，将儒家文化简单理解为"服从"是有偏见的，事实上儒家文化有非常丰富和有启发的内涵。他自身就从儒家的"格物致知""修身"等思想中得到启发，②特地带领研究团队到安吉幼儿园进行观察和访谈。因此，对于中国文化中有益于创造性培养的独特元素，我们不仅要进行保留并加以创新和运用，还应根据新时代的变化和需求向国外介绍我们文化中的优秀经验，如自省、重视集体的力量。

在幼儿园创造性教育领域，我们应该建设和发展自己的话语体系。这样不仅能让其他国家更清楚地了解中华优秀传统文化及其在儿童创造性教育发展中的作用，避免对中国教育背后的文化逻辑产生误解，也能帮助我国教师在中国文化背景下采取更适合幼儿园创造性教育的策略和方法，引导幼儿习得优秀传统文化，发展中国思维方式、行为方式和人格品性，形成中国文化背景下的创造力。

三、与时俱进完善幼儿园创造性教育的中国经验

中华文明自古以来就以开放包容闻名于世，在同其他文明的交流互鉴中不断焕发新的生命力。中华文明五千年发展史充分说明，无论是物种、

---

① HAYASHI A. Teaching expertise in three countries: Japan, China, and the United States [M]. Chicago: The University of Chicago Press, 2022: 109.
② 夏莫. U型理论：感知正在生成的未来 [M]. 邱昭良，王庆娟，陈秋佳，译. 杭州：浙江人民出版社，2013：13.

技术，还是资源、人群，甚至思想、文化，都是在不断传播、交流、互动中得以发展、得以进步的。在不妄自菲薄、重视宝贵的"中国经验"的基础上，我们在幼儿园创造性教育上也不能故步自封，应该积极参与幼儿园创造性教育的国际交流。一方面，这些中国经验在被使用时仍然存在一些值得进一步完善的地方，国外的经验也提示我们可以从不同的角度多方面地进行思考。因此，当中国在幼儿园创造性教育上的经验和方法受到挑战时，我们可以思考这些挑战带给我们哪些思考，我们如何站在中国文化的立场上，与时俱进地完善和进一步创新中国经验。如前所述，中国教师普遍重视幼儿个性化活动和自由探索后的集体活动，这种做法受到认可也受到质疑。教师们并没有因为质疑就放弃发挥集体活动在培养幼儿创造性上的作用，而是对集体活动的组织方式进行了完善。另一方面，西方文化和幼儿园教育中一些有利于创造性发展的因素（如更强调冒险精神，更认可幽默的价值等），也的确是我国教育相对欠缺和薄弱的地方，新时代的教育背景要求我们去做一些有益的优化。因此，我们可以适当地借鉴国外有益经验，促使我国幼儿园创造性教育的理念、方法和环境能够在保持自我特点的同时不断创新发展。在中国社会文化背景下，发掘和发扬中国文化中有价值的因素，汲取西方文化中值得借鉴的元素，构建有中国文化内涵、适合中国文化背景和需求的幼儿园创造性教育，是我们未来应该继续努力的方向。

四、辩证思考幼儿园创造性教育的中外经验，共同发展与创造

（一）辩证地看待中外经验，有选择地综合使用

如前所述，随着研究的深入，越来越清晰地感到，创造性的过程不仅涉及多种因素，而且这些因素之间往往是看似矛盾又互相联系和互相促进的，发散性思维和聚合性思维、创造性人格中的多对看似对立的品性都是典型的例子。我们往往只强调了其中某一方面，而忽视了看似对立的另一面，使得创造性难以得到更好的发展。在对待幼儿园创造性教育的中外经

验和策略时，似乎也存在类似的情况。

　　从教育人类学的立场来看，文化是相对的，不存在优劣之分，不同文化下的教育亦是如此。同样，在幼儿园创造性教育的问题上，不论我国教师和国外教师的策略方法有何不同，它们之间并不需要一较高下，每一种策略和方法都不能涵盖所有情况，每一种方法都为促进幼儿创造性发展提供了空间，但同时又不可避免地在某些方面限制了幼儿创造性的表达和发展。我们应辩证地看待这些具有差异的策略方法，不应用"有或无""好或坏"的二元思路来看待这类经验；我们应在具体的情境下根据实际情况综合使用这些策略经验。例如，如果用集体的看法或预设的结论来压制幼儿个体的看法时，乐群的倾向或许不利于幼儿创造性的发展；但如果利用集体作为幼儿互相学习、互相交流、共同建构的平台，那么"乐群"的倾向就有利于促进幼儿的创造性发展；如果尊重幼儿个性化的想法，那么个性化有利于幼儿创造性的发挥，但如果只关注个性化，那么幼儿在创造过程中往往会以自我为中心，不顾及他人的感受和接纳他人的想法。日本京都大学教育哲学家西原石东在其2021年5月的退休演讲中，提出在中国思考教育时，将阴阳思想的重要性作为未来的哲学方向。他认为必须克服或避免简单的二元论，具有"阴阳"思想有诸多好处，他也将其重新定义为"软二元论"。[①]事实上，中国类似的辩证思想还有不少，例如：《道德经》中的"有无相生，难易相成，长短相形，高下相倾，音声相和，前后相随"；东汉史学家班固在《汉书·艺文志》中也说道，诸子百家学说"相反而皆相成也"；等等。在幼儿园创造性教育问题的思辨上，"平等与等级、自由与规范、开放与管束、自律与他律、个体与集体、逆向与顺向、求异与求同、发散与聚合、顿悟与渐悟等等，看似对立的两极，其实如若达到一定境界，都只有一步之遥。从这个意义上讲，东西方文化要对话，而不

---

① HAYASHI A. Teaching expertise in three countries: Findings and policy implications from an international comparative study in early childhood education [J]. Comparative Education, 2022,58(3): 315-327.

是相互排斥，才是开展真正意义上的有益于儿童创造性培养的教育的基本思考"。[①]因此，在幼儿园创造性教育问题上，依据自身文化的特点和社会需求，在具体情境下辩证思考、选择和综合运用中外各项经验，或许是未来的方向。不过相辅相成和综合运用的过程肯定是灵活而错综复杂的，需要继续进行摸索和研究。

（二）共同发展和创造，推进幼儿园创造性教育

有差异并不意味着没有相通之处。在幼儿园创造性教育方面，中国经验与其他国家和地区的经验有相通之处，这种相通之处既源自人和创造性本身发展的规律，也源自全球化进程中国际交流频次的增加和国际信息传播速度的加快，各个国家的学前教育实践者都在相互学习和借鉴吸收其他国家的有益经验。即使是欧洲和美国等西方社会内部，不同国家的文化和教育也在全球化过程中呈现出各种各样的差异。如果按照时间顺序来梳理文献，各国经验之间相互交融借鉴的倾向度会越来越高，现如今，很难用"中国和西方"或"东方和西方"来对教育经验进行简单划分，例如在重视集体交流方面，中国教师与美国教师在理念上会有一定差异，但又会与意大利瑞吉欧教育理念和采用瑞吉欧教育方法的美国幼儿园教师的教育理念存在共同之处。我们似乎能在其他国家的学术研究或者实践中寻找到一些与中国教师经验相同的地方，但这些经验又不全部反映在所有研究和实践中，甚至还有学者会对这些经验提出反对；同时，因为文化根基的不同，我们又能在相似之处的内部寻找到细微差异。因此，教育是一个复杂的、动态发展的过程，在基于教育人类学对幼儿园创造性教育进行研究时，我们既要关注差异性和相对性，也不能忽视相似性和互鉴性。

中华文化历来强调会通精神，即思想文化的融会贯通。《易传·系辞上》有云："圣人有以见天下之动，而观其会通。"西汉史学家司马迁认为，"天下同归而殊途，一致而百虑"，诸子百家立论不同，但也有彼此相通的

---

① 朱家雄. 创造性教育与中国文化［J］.幼儿教育，2009（12）：4-5.

方面。从长远来看，人类只有一个地球，各国也共处一个世界，通过创造不断为人类谋求幸福以及将幼儿培养成能造福人类的具有创造性的人，是全世界人民的共同向往。联合国教科文组织在《反思教育：向"全球共同利益"的理念转变？》的报告中也指出，需要将教育重建为全球共同利益，重新思考和重建共同点。因此，在幼儿园创造性教育的理念和方法策略上，东西方教育在保留各自特点的同时，可以各取所长、融会贯通、共同创新。

综上所述，如果从文化适宜性的角度来考量幼儿园创造性教育，我们应鼓励包括中国在内的每个国家都根据各国幼儿园创造性教育的实际需要和各自社会文化的特点，在继承本国已有经验和综合各国经验的基础上，创造发展出适合各国社会文化的幼儿创造性教育话语和实践体系。与此同时，无论是"中体西用"还是"西体中用"，东西方的幼儿教育工作者都应抛弃对立的二元思维模式和"一决高下"的零和博弈思维，突破以某种文化为中心或去文化背景的研究和实践范式，以兼容并蓄的价值观，共同为新时代背景下的幼儿园创造性教育提供有益的思路和经验，实现共同创造，帮助全世界幼儿幸福快乐、高质量地适应未来社会。

第二节　适合中国文化的幼儿园创造性教育研究展望

正如法国谚语所云，鱼是最后一个发现水的（动物）。对于教师来说，如果不是特意去思考或者被提醒，其实他们并不是很容易察觉文化对幼儿和教师行为的影响，他们更习惯于表达显性的"学院教育学"和"官方教育学"[1]中的说法。因此，本研究最后采取了质性研究的方法，并在样本选

---

[1] 周作宇.民间教育学：泛在的教育学形态［J］.教育研究，2021，42（3）：53-75.

择上做了一定的挑选，这导致样本不具有广泛的代表性。

与此同时，本研究虽然在幼儿创造性教育方面，基于对中国社会文化的考量为教育实践者提供了一些思路，但肯定没有穷尽所有的策略和方法，而且面对我国不同的地区和更为复杂的生态背景，这些策略和方法的适用性还面临更复杂的挑战，也有待做进一步探讨。不过，本研究的目的并不是穷尽"中国幼儿园该如何做"的诸多条目，而是希望通过较为系统的研究尝试为国内的相关理论研究提供一些立足我国文化的新思考，为我国幼儿园创造性教育实践提供一些新思路，同时也为国际相关研究补充社会文化层面上的观点和思考。此外，本研究想激发更多的研究、思考和实践关注幼儿创造性培养与中国社会文化背景之间的关联，希望在这方面起到抛砖引玉的作用。

另外，为了更深刻地理解"中国社会文化"以及传统文化中更丰富的思想精髓和内涵，本研究查阅了大量的文献资料，也请教了一些专家和同行，深刻感受到中国文化的博大精深以及在全球化背景下夹杂的稳定性、复杂性和变化性，因此本研究中对于中国文化的阐释可能并不到位，也期待学者同行们未来予以进一步赐教。与此同时，为了便于察觉中国文化下较为独特的教学法，本研究主要选取了与我国差异更大的西方文化中的幼儿园创造性教育相关资料进行比较和讨论，但也许我国幼儿园创造性教育和东方文化中其他国家的创造性教育之间也有细微的差异，未来也值得进一步探索。

创造性是涉及诸多因素的复杂而系统的能力倾向，尽管相关文献已经如浩瀚大海，但还有很多未知的领域和关系，也还有很多争论，多个学科的研究者们还在持续加深和拓宽该领域的研究，因而创造性研究领域本身是一个非常复杂且需要敬畏的领域。再加上与"中国社会文化""幼儿园"的关联，本研究的内容变得更为复杂。虽尽力从多个因素和层次表达自己的思考和理解，但难免有未尽之处，也期待读者们能够予以指正。

由于研究更倾向于学术上的剖析和提炼，虽然尝试给出了一些教育建议，但从教育实践者的角度看，可能并没有基于不同阶段幼儿年龄特征，或者结合幼儿不同学习和发展领域，给出十分接地气的具体可操作的流程和方法。在研究过程中，曾经考虑过是否把研究发现的重点策略和方法画成一个模式流程图，但最后打消了这个念头，因为这虽然增加了可操作性和可视性，但会将旨在促进创造性的教学过程变得刻板和标准化，与创造性教育的初衷背道而驰。幼儿创造性的培养需要有创造性的教师和创造性的管理，因此本研究更期待研究结果能够在促进幼儿创造性发展方面给予广大教师一些灵感，教师们可结合自己具有个性的教育智慧和创造力在万千纷呈的教育情境中形成百花齐放的教学经验和教育故事。

无论如何，本研究在尝试探寻适合中国社会文化的幼儿园创造性教育研究上做出了一点努力，也盼望能够引起读者的共鸣以及更多元的思考和探索，也期待有更多的研究来共同推进这个方向的探究和思考。

参 考 文 献

【中文文献】

［1］CRAFT A.可能性的思维和智慧的创造力：英国教育的未来？［M］//BEGHETTO R A, KAUFMAN J C.培养学生的创造力.陈菲，周晔晗，李娴，译.上海：华东师范大学出版社，2013.

［2］FAIRWEATHER E, CRAMOND B.让创造性和批判性思维在课程中两相得宜［M］// BEGHETTO R A, KAUFMAN J C.培养学生的创造力.陈菲，周晔晗，李娴，译.上海：华东师范大学出版社，2013.

［3］HENNESSEY B A.课堂中的内在积极性和创造力：我们又回到原点了？［M］// BEGHETTO R A, KAUFMAN J C.培养学生的创造力.陈菲，周晔晗，李娴，译.上海：华东师范大学出版社，2013.

［4］SAWYER R K.创造力学习［M］//BEGHETTO R A, KAUFMAN J C.培养学生的创造力.陈菲，周晔晗，李娴，译.上海：华东师范大学出版社，2013.

［5］SAWYER R K.创造性：人类创新的科学（第二版）［M］.师保国，等，译.上海：华东师范大学出版社，2013.

［6］爱泼斯坦.创造性艺术——关键发展指标与支持性教学策略［M］.霍力岩，等，译.北京：教育科学出版社，2018.

［7］ISBELL R T, RAINES S C.幼儿创造力与艺术教育［M］.王工斌，杨彦捷，王景瑶，等，译.北京：北京师范大学出版社，2012.

［8］阿弗里卡·泰勒，维罗妮卡·帕西尼—凯奇巴，明迪·布莱瑟，等.学会融入世界：适应未来生存的教育［J］.陕西师范大学学报（哲学社会科学版），2021，50（5）.

［9］爱泼斯坦.我是儿童艺术家——学前儿童视觉艺术的发展［M］.北京：教育科学出版社，2012.

［10］陈红敏，莫雷.幼儿科学创新人格的架构及其培养［J］.当代教育论坛，2005（1）.

［11］陈静静.创新素养培育的实践误区与解决方案——基于创新素养模型、阶段特征与人才类型的剖析［J］.教育发展研究，2007（18）.

［12］陈向明.优秀教师在教学中的思维和行动特征探究［J］.教育研究，2014，35（5）.

［13］程学琴.放手游戏，发现儿童［M］.上海：华东师范大学出版社，2019.

［14］董奇.E.P.托兰斯的创造力研究工作［J］.心理发展教育，1985（1）.

［15］董奇.儿童创造力发展心理［M］.杭州：浙江教育出版社，1993.

［16］费斯特.人格对艺术和科学创造力的影响［M］//斯滕博格.创造力手册.施建农，等，译.北京：北京理工大学出版社，2005.

［17］许翠单.我看见了"星星"［J］.幼儿教育，2021（5）.

［18］甘第尼.历史、理念与基本原则：对话罗里斯·马拉古齐［M］//爱德华兹，甘第尼，福尔曼.儿童的一百种语言：转型时期的瑞吉欧·艾米利亚经验（第3版）.尹坚勤，王坚红，沈尹婧，译.南京：南京师范大学出版社，2014.

［19］甘秋玲，白新文，刘坚，等.创新素养：21世纪核心素养5C模型之三［J］.华东师范大学学报（教育科学版），2020（2）.

［20］甘自恒.中国当代科学家的创造性人格［J］.中国工程科学，2005，7（5）.

［21］格尔茨.文化的解释［M］.韩莉，译.南京：译林出版社，2014.

［22］郝宁，汤梦颖.动机对创造力的作用：研究现状与展望［J］.华东师范大学学报（教育科学版），2017（4）.

［23］胡文芳.幼儿园创造教育研究［D］.武汉：华中师范大学，2005.

［24］教育部基础教育司.游戏·学习·发展——全国幼儿园优秀游戏活动案例选编［M］.北京：人民教育出版社，2020.

［25］华爱华.幼儿园游戏理论［M］.上海：上海教育出版社，2000.

［26］华国栋.差异教学的中华文化根基［J］.教育研究，2019（4）.

［27］华莱士.思想的方法［M］.胡贻谷，译.北京：商务印书馆，1936.

［28］怀特.文化的科学：人类与文明研究［M］.沈原，等，译.济南：山东人民出版社，1988.

［29］吉尔福特.创造性才能——它们的性质、用途与培养［M］.施良方，沈剑平，唐晓杰，译.北京：人民教育出版社，1991.

［30］加登纳.艺术与人的发展［M］.兰金仁，译.北京：光明日报出版社，1988.

［31］教育部基础教育司.《幼儿园教育指导纲要（试行）》解读［M］.南京：江苏教育出版社，2002.

［32］卡西尔.人论［M］.甘阳，译.上海：上海译文出版社，1985.

［33］雷斯尼克.终身幼儿园［M］.赵昱鲲，王婉，译.杭州：浙江教育出版社，2018.

［34］李吉林.中国式儿童情境学习范式的建构［J］.教育研究，2017（3）.

［35］李季湄，冯晓霞.《3—6岁儿童学习与发展指南》解读［M］.北京：人民教育出版社，2013.

［36］李玲，陶厚永，宋浩.玩兴氛围、创造性过程投入对突破性创新行为的跨层次影响［J］.科技进步与对策，2022，39（7）.

［37］李新生.意境：在审美空间的想象和再造中发生——论中国山水画的审美理想及其艺术表达［J］.河南师范大学学报（哲学社会科学版），2017，44（2）.

［38］林崇德.创造性心理学［M］.北京：北京师范大学出版社，2018.

［39］刘宝根，李菲菲，徐宇.幼儿教师创造性儿童特征内隐观研究［J］.学前教育研究，2007（7-8）.

［40］刘诚，许娜娜，吴恩泽.创造力：当东方遇上西方［M］.程励，金培，译.成都：四川人民出版社，2016.

［41］刘佛年.幼儿创造教育门外谈［J］.幼儿教育，1985（3）.

［42］刘文，张嘉琪，车翰博.3—4岁幼儿创造性人格与气质的交叉滞后分析［J］.心理科学，2020，43（3）.

［43］刘文，齐璐.幼儿的创造性人格结构研究［J］.心理研究，2008，1（2）.

［44］刘晓东.解放儿童（第三版）［M］.南京：江苏凤凰教育出版社，2008.

［45］刘学兰.儿童创造力教育的体系构建［J］.教育导刊，1996（10）.

［46］刘仲林.中西会通创造学：两大文化生新命［M］.天津：天津人民出版社，2017.

［47］庞维国.创造性心理学视角下的创造性培养：目标、原则与策略［J］.华东师范大学学报（教育科学版），2020（11）.

［48］齐璐.3~5岁幼儿创造性人格的结构、发展特点与类型［D］.沈阳：辽宁师范大学，2007.

［49］齐孟阳.个人主义/集体主义对团队创造力的影响研究［D］.太原：山西大学，2014.

［50］切尔西·白丽.我眼中的"安吉游戏"［J］.浙江安吉县幼儿教育研究中心，译.幼儿教育，2021（1、2）.

［51］秦燕.山坡上的直升机——发现建构游戏中的幼儿深度学习［J］.上海托幼，2023（3）.

［52］上海市教育委员会教学研究室.我是快乐的艺术家——高瞻课程创造性艺术活动本土化实践研究［M］.上海：上海教育出版社，2020.

［53］师保国.对创造性的理解误区与教育启示［J］.人民教育，2016（21）.

［54］师曼，刘晟，刘霞，等.21世纪核心素养的框架及要素研究［J］.华东师范大学学报，2016（3）.

［55］石中英.中国传统文化阻碍创造性人才培养吗？［J］.中国教育学刊，2008（8）.

［56］舒越，盛群力.聚焦核心素养，创造幸福生活——OECD学习框架2030研究述要［J］.中国电化教育，2019（3）：9-15.

［57］斯滕博格.创造力手册［M］.施建农，等，译.北京：北京理工大学出版社，2005.

［58］宋国恺.群学：荀子的开创性贡献及对其精义的阐释［J］.北京工业大学学报（社会科学版），2017，17（4）.

［59］索耶.创造性课堂：为了21世纪学习者的创新教学［M］.柴少明，译.上海：华东师范大学出版社，2022.

［60］坦普尔.中国的创造精神：中国的100个世界第一［M］.陈养正，译.北京：人民教育出版社，2004.

［61］陶行知.陶行知全集第四卷［M］.成都：四川教育出版社，1991.

［62］托宾，薛烨，唐泽真弓.重访三种文化中的幼儿园［M］.朱家雄，薛烨，译.上海：华东师范大学出版社，2014.

［63］汪洁.基于学前儿童创造性思维培养的STEAM教育活动设计与实践研究［D］.南昌：江西科技师范大学，2020.

［64］汪刘生.创造教育论［M］.北京：人民教育出版社，2000.

［65］王炳照，郭齐家，刘德华，等.简明中国教育史［M］.北京：北京师范大学出版社，2007.

［66］王灿明，吕璐.幼儿教师创造教育内隐观的调查研究［J］.南通大学学报（社会科学版），2015，31（3）.

［67］王灿明，孙琪.学前情境教育影响儿童创造性思维发展的实验研究［J］.教育研究与实验，2018（5）.

［68］王灿明，周思雨.我国学前创造教育研究40年：回溯与前瞻［J］.教育理论与实践，2020，40（23）.

［69］王灿明.儿童创造教育新论［M］.上海：上海教育出版社，2015.

［70］王灿明，等.学前儿童创造力发展与教育［M］.南京：南京大学出版社，2016.

［71］王佳，徐蓓.“安吉游戏”课程中的阅读活动——以大班幼儿阅读《西游戏》为例［J］.幼儿教育，2021（11）.

［72］王小英.学前儿童创造人格的构成与塑造［J］.东北师大学报，2003（2）.

［73］王小英.幼儿创造力发展的特点及其教育教学对策［J］.东北师大学报，2005（2）.

［74］王中江.中国古典语境中的差异性、多样性和共同性话语［J］.哲学动态，2018（11）.

［75］韦斯伯格.如何理解创造力：艺术、科学和发明中的创新［M］.金学勤，胡敏霞，译.成都：四川人民出版社，2017.

［76］维柯.新科学［M］.朱光潜，译.北京：人民文学出版社，1986.

［77］沃德，史密斯，芬克.创造性认知［M］//斯滕博格.剑桥创造力手册.施建农，等，译.上海：东方出版中心，2021.

［78］吴康宁.自主创新：幼儿的天性、天能与天权［J］.学前教育研究，2002（4）.

［79］希森.热情投入的主动学习者——学前儿童的学习品质及其培养［M］.霍力岩，房阳洋，孙蔷蔷，译.北京：教育科学出版社，2016.

［80］希斯赞特米哈伊.创造力：心流与创新心理学［M］.黄珏苹，译.杭州：浙江人民出版社，2015.

［81］夏莫.U型理论：感知正在生成的未来［M］.邱昭良，王庆娟，陈秋佳，译.杭州：浙江人民出版社，2013.

［82］夏雪梅.指向创造性问题解决的项目化学习：一个中国建构的框架［J］.教育发展研究，2021，41（6）.

［83］杨莉君.儿童创造教育障碍论［M］.长沙：湖南师范大学出版社，2008.

［84］叶荻琪.3—6岁儿童创造性思维特点研究［D］.广州：广州大学，2020.

［85］叶澜.回归突破——“生命·实践”教育学论纲［M］.上海：华东师范大学出版社，2015.

［86］叶平枝，马倩茹.2—6岁儿童创造性思维发展的特点及规律［J］.学前教育研究，2012（8）.

［87］英格利斯.文化与日常生活［M］.张秋月，周雷亚，译.北京：中央编译出版社，2010.

［88］余震球.维果茨基教育论著选［M］.北京：人民教育出版社，2005.

［89］郁亚妹.培育幼儿创造力：幼儿园“乐创教育”十年行动纪实.上海：华东师范大学出版社，2020.

［90］袁爱玲.学前创造教育课程论［M］.北京：北京师范大学出版社，2001.

［91］臧莺.创造力是中国学生的“短板”——时报专访国际著名数学家丘成桐［J］.基础教育论坛，2012（3）.

［92］张春妹，周权，殷冉.个人主义/集体主义对团队创造力的影响：隐性知识共享的中介作用［J］.中国社会心理学评论，2020（2）.

［93］张岱年，程宜由.中国文化精神［M］.北京：北京大学出版社，2015.

［94］张光曦，金惠红.中华文化与大学生创造力的培育［J］.高教发展与评估，2014，30（5）.

［95］张华.让学生创造着长大——2022年版义务教育课程方案和课程标准核心理念解析［M］.北京：教育科学出版社，2022.

［96］张婕，托宾.关注多层次的中国幼儿园传统文化教育——基于人类学视角的思考［J］.学前教育研究，2021（9）.

［97］张先敏.幼儿园3—6岁幼儿创造力培养策略研究［D］.南充：西华师范大学，2016.

［98］张晓芒.“譬”的思维方法及其在现代教学中的作用与意义［J］.湖南科技大学学报（社会科学版），2004，7（2）.

［99］张亚坤，陈宁，陈龙安，施建农.让智慧插上创造的翅膀：创造动力系统的激活及其条件［J］.心理科学进展，2021，29（4）.

［100］赵勇.国际拔尖创新人才培养的新理念与新趋势［J］.华东师范大学学报（教育科学版），2023（5）.

［101］周作宇.民间教育学：泛在的教育学形态［J］.教育研究，2021，42（3）.

［102］朱家雄.创造性教育与中国文化［J］.幼儿教育，2009（12）.

［103］朱永新.创新教育论［M］.南京：江苏教育出版社，2002.

【英文文献】

［1］ ACKERMANN E. Piaget's constructivism, Papert's constructionism: What's the difference? ［J］. Future of Learning Group Publication, 2001, 5(3).

［2］ AGARWAL P K. Retrieval practice & Bloom's taxonomy: Do students need fact knowledge before higher order learning? ［J］. Journal of Educational Psychology, 2019, 111(2).

［3］ ANTONIETTI A, COLOMBO B. Creative cognition: How cultures matters ［M］// GLĂVEANU V P. The Palgrave handbook of creativity and culture research. London: Springer Nature, 2016.

［4］ ALFONSO-BENLLIURE V, MELÉNDEZ J C, GARCÍA-BALLESTEROS M. Evaluation of a creativity intervention program for preschoolers ［J］. Thinking Skills and Creativity, 2013(10).

［5］ AMABILE T M, PRATT M G. The dynamic componential model of creativity and innovation in organizations: Making progress, making meaning ［J］. Research in Organizational Behavior, 2016, 36(10).

［6］ AMABILE T M. The social psychology of creativity: A componential conceptualization ［J］. Journal of Personality and Social Psychology, 1983, 45(2).

［7］ AMABILE T, MUELLER J. Handbook of organizational creativity ［M］. New York: Lawrence Erlbaum Associates, 2008.

［8］ ANDERSON N, POTOČNIK K, ZHOU J. Innovation and creativity in organizations: A state-of-the-science review, prospective commentary, and guiding framework ［J］. Journal of Management, 2014, 40(5).

［9］ ANDERSON-LEVITT K. Teaching cultures: Knowledge for teaching first grade in France and the United States ［M］. Cresskill, NJ: Hampton Press, 2002.

［10］ AYMAN-NOLLEY S. Vygotsky's perspective on the development of imagination and creativity ［J］. Creativity Research Journal, 1992, 5(1).

［11］ BAER J, KAUFMAN J C. Bridging generally and specificity: The amusement park theoretical (APT) model of creativity［J］. Roeper Review, 2005, 27(3).

［12］ BATESON P, MARTIN P. Play, playfulness, creativity and innovation［M］. Cambridge: Cambridge University Press, 2013.

［13］ BEGHETTO R, KAUFMAN J C, HEGARTY C B, et al. Cultivating creativity in early childhood education: A 4 C perspective［M］//SARACHO O N. Contemporary perspectives on research in creativity in early childhood education. Charlotte: Information Age Publishing, 2012.

［14］ BRAUN V, CLARKE V. Using thematic analysis in psychology［J］. Qualitative Research in Psychology, 2006, 3(2).

［15］ BRUNER J. The culture of education［M］. London: Harvard University Press, 1996.

［16］ CAMPOS A, GONZÁLEZ M A. Self-perceived creativity and vividness of mental imagery ［J］. Perceptual and Motor Skills, 1993(77).

［17］ CELIK P, STORME M, DAVILA A, et al. Work-related curiosity positively predicts worker innovation［J］. Journal of Management Development, 2016, 35(9).

［18］ CHEN C, HIMSEL A, KASOF J, et al. Boundless creativity: Evidence for the domain generality of individual difference in creativity［J］. The Journal of Creative Behavior, 2006, 40(3).

［19］ CHENG H, DAI Y D, YANG P, et al. QEOSA: Testing a pedagogical model of creative problem solving for preschool children［J］. Creativity Research Journal, 2021, 33(4).

［20］ CHENG V M Y. Tensions and dilemmas of teachers in creativity reform in a Chinese context［J］. Thinking Skills and Creativity, 2010, 5(3).

［21］ CHIEN C Y, HUI A N N. Creativity in early childhood education: Teachers' perceptions in three Chinese societies［J］. Thinking Skills and Creativity, 2010, 5(2).

［22］ CHOI J N. Individual and contextual predictors of creative performance: The mediating role of psychological processes［J］. Creativity Research Journal, 2004, 16(2-3).

［23］ CRAFT A, CREMIN T, BURNARD P, et al. Possibility thinking: Culminative studies of an evidence-based concept driving creativity?［J］. Education 3-13, 2013, 41(5).

［24］ CRAFT A. Creative thinking in the early years of education［J］. Early Years: An International Journal of Research and Development, 2003, 23(2).

［25］ CREMIN T, BURNARD P, CRAFT A. Pedagogy and possibility thinking in the early years ［J］. Thinking Skills and Creativity, 2006, 1(2).

［26］ CREMIN T, GLAUERT E, CRAFT A, et al. Creative little scientists: Exploring pedagogical synergies between inquiry-based and creative approaches in early years science［J］.

Education 3–13, 2015, 43(4).

［27］CSIKSZENTMIHALYI M. Creativity: Flow and the psychology of discovery and invention
［M］. New York: Harper Collins, 2014.

［28］DAI D Y, CHENG H, YANG P. QEOSA: A pedagogical model that harnesses cultural
resources to foster creative problem-solving［J］. Frontiers in Psychology, 2019(10).

［29］DE BONO E. Lateral and vertical thinking［M］//HENRY J. Creative management.
London: Sage, 1991.

［30］ENNIS R. Critical thinking: A streamlined conception［J］. Teaching Philosophy, 1991, 14
(1).

［31］FEIST G J. The function of personality in creativity: Updates on the creative personality
［M］//KAUFMAN J C, STERNBERG R J. The Cambridge handbook of creativity (second
edition). New York: Cambridge University Press, 2019.

［32］GIBBS R. Metaphors［M］//RUNCO M A, PRITZKER S R. Encyclopedia of creativity.
San Diego: Academic Press, 1999.

［33］GLĂVEANU V P. Creativity as a sociocultural act［J］. The Journal of Creative Behavior,
2015, 49(3).

［34］GROSSNICKLE E M. Disentangling curiosity: Dimensionality, definitions, and distinctions
from interest in educational contexts［J］. Educational Psychology Review, 2016, 28(1).

［35］GUILFORD J P. Creativity［J］. American Psychologist, 1950, 5(9).

［36］HELSON H, BEVAN W. Contemporary approaches to psychology［M］. Princeton
(N.J.): Van Nostrand, 1967.

［37］GUPTA A. Vygotskian perspectives on using dramatic play to enhance children's
development and balance creativity with structure in the early childhood classroom［J］.
Early Child Development and Care, 2008 (8).

［38］HARDY J H, NESS A M, MECCA J. Outside the box: Epistemic curiosity as a predictor
of creative problem solving and creative performance［J］. Personality and Individual
Differences, 2017(104).

［39］HAYASHI A, TOBIN J. Teaching embodied: Cultural practice in Japanese preschools
［M］. Chicago: University of Chicago Press, 2015.

［40］HAYASHI A. Teaching expertise in three countries: Japan, China, and the United States
［M］. Chicago: The University of Chicago Press, 2022.

［41］HAYASHI A. Teaching expertise in three countries: Findings and policy implications
from an international comparative study in early childhood education［J］. Comparative
Education, 2022, 58(3).

［42］ HENNESSEY B A. Creative behavior, motivation, environment and culture: The building of a systems model ［J］. The Journal of Creative Behavior, 2015, 49(3).

［43］ HENNESSEY B A. Taking a systems view of creativity: On the right path toward understanding ［J］. The Journal of Creativity Behavior, 2017, 51(4).

［44］ HENNESSEY B. A. Motivation and creativity ［M］//KAUFMAN J C, STERNBERG R J. The Cambridge handbook of creativity (second edition). New York: Cambridge University Press, 2019.

［45］ HO W. The challenges of implementing diverse political directives in contemporary China: Between creativity and confucianism ［M］//KALLIO A, WESTERLUND H, KARLSEN S, et al. The politics of diversity in music education. Cham: Springer, 2021.

［46］ ISBELL R, YOSHIZAWA S A. Nurturing creativity: An essential mindset for young children's learning ［M］. Washington: The National Association for the Education of Young Children, 2016.

［47］ JANKOWSKA D M, KARWOWSKI M. Measuring creative imagery abilities ［J］. Frontiers in Psychology, 2015(6).

［48］ JEFFREY B. Creative teaching and learning: Towards a common discourse and practice ［J］. Cambridge Journal of Education, 2006, 36(3).

［49］ KAUFMAN J C, BEGHETTO R A. Beyond big and little: The four c model of creativity ［J］. Review of General Psychology, 2009, 13(1).

［50］ KAUFMAN J C, GLĂVEANU V P. A review of creativity theories: What questions are we trying to answer? ［M］//KAUFMAN J C, STERNBERG R J. The Cambridge handbook of creativity (second edition). New York: Cambridge University Press, 2019.

［51］ KRATHWOHL D R. A revision of Bloom's taxonomy: An overview ［J］. Theory into Practice, 2002, 41(4).

［52］ KROEBER A L, KLUCKHOHN C. Culture: A critical review of concepts and definitions ［M］. Cambridge: Peabody Museum Press, 1952.

［53］ LAN L, KAUFMAN J C. American and Chinese similarities and differences in defining and valuing creative products ［J］. The Journal of Creative Behavior, 2012, 46(4).

［54］ LANGER J A. The interplay of creative and critical thinking in instruction ［M］//DAI D Y. Design research on learning and thinking in educational settings: Enhancing intellectual growth and functioning. New York: Routledge, 2012.

［55］ LEBOUTILLIER N, MARKS D F. Mental imagery and creativity: A meta-analytic review study ［J］. British Journal of Psychology, 2003, 94(1).

［56］ LEGGETT N. Early childhood creativity: Challenging educators in their role to intentionally develop creative thinking in children [J]. Early Childhood Education Journal, 2017, 45(6).

[57] LEHANC S. The creative child [M]. New Jersey: Practice Hall, 1979.

[58] LI Z, JOHNSTON A. Promoting creativity in Chinese classrooms: An examination based on educational policies [M] //WEGERIF R, LI L, KAUFMAN J. The Routledge international handbook of research on teaching thinking. London: Routledge, 2015.

[59] LI Z, LI L. An examination of kindergarten teachers' beliefs about creative pedagogy and their perceived implementation in teaching practices [J]. Thinking Skills and Creativity, 2019(32).

[60] LOHMAN D F. Teaching and testing to develop fluid abilities [J]. Educational Researcher, 1993, 22(7).

[61] LUBART T, ZENASNI F, BARBOT B. Creative potential and its measurement [J]. International Journal for Talent Development and Creativity, 2013, 1(2).

[62] LUCAS B. A five-dimensional model of creativity and its assessment in schools [J]. Applied Measurement in Education, 2016, 29(4).

[63] MAUSS M. Techniques of the body [J]. Economy and Society, 1973, 2 (1).

[64] MAYNARD C, KETTER K J. The value of open-ended art [J]. Teaching Young Children, 2013, 7(1).

[65] MCARDLE F, PISCITELLI B. Early childhood art education: A palimpsest [J]. Australian Art Education, 2002, 25(1).

[66] MEDNICK S A. The associate basis of the creative process [J]. Psychological Review, 1962, 69(3).

[67] MENG W, HE M. Utilisation and design of kindergarten outdoor space and the outdoor activities: A case study of kindergartens in Bergen, Norway, and Anji in China [M] // GRINDHEIM L T, SØRENSEN H V, REKERS A. Outdoor learning and play: Pedagogical practices and children's cultural formation. Cham: Springer, 2021.

[68] MISHLER E. Validation in inquiry-guided research: The role of exemplars in narrative studies [J]. Harvard Educational Review, 1990, 60(4).

[69] MOHAMMED R. Creative learning in the early years: Nurturing the characteristics of creativity [M]. London & New York: Routledge, 2018.

[70] MULLET D R, WILLERSON A, LAMB K N, et al. Examining teacher perceptions of creativity: A systematic review of the literature [J]. Thinking Skills and Creativity, 2016 (21).

[71] MUMFORD M D, GUSTAFSON S B. Creativity syndrome: Integration, application, and

innovation〔J〕. Psychological Bulletin, 1988, 103(1).

〔72〕 NIKKOLA T, REUNAMO J, RUOKONEN I. Children's creative thinking abilities and social orientations in Finnish early childhood education and care〔J〕. Early Child Development and Care, 2022, 192(6).

〔73〕 NIU W, STERNBERG R J. The philosophical roots of Western and Eastern conceptions of creativity〔J〕. Journal of Theoretical and Philosophical psychology, 2006, 26(1-2).

〔74〕 NIU W. Confucian ideology and creativity〔J〕. The Journal of Creative Behavior, 2012, 46(4).

〔75〕 NIU W. Eastern-Western views of creativity〔M〕//KAUFMAN J C, STERNBERG R J. The Cambridge handbook of creativity (second edition). New York: Cambridge University Press, 2019.

〔76〕 PLUCKER J A. Is the proof in the pudding? Reanalyses of Torrance's (1958 to present) longitudinal data〔J〕. Creativity Research Journal, 1999, 12(1-2).

〔77〕 PLUCKER J A. Reanalyses of student responses to creativity checklists: Evidence of content generality〔J〕. The Journal of Creative Behavior, 1999, 33(2).

〔78〕 PLUCKER J A, BEGHETTO R A. Why creativity is domain general, why it looks domain specific, and why the distinction does not matter〔M〕//STERNBERG R J, GRIGORENKO E L, SINGER J L. Creativity: From potential to realization. Washington, D.C.: American Psychological Association, 2004.

〔79〕 PLUCKER J, BEGHETTO R, DOW G. Why isn't creativity more important to educational psychologists? Potentials, pitfalls, and future directions in creativity research〔J〕. Educational Psychologist, 2004, 39(2).

〔80〕 QIAN M, PLUCKER J A, YANG X. Is creativity domain specific or domain general? Evidence from multilevel explanatory item response theory models〔J〕. Thinking Skills and Creativity, 2019(33).

〔81〕 ROOT-BERNSTEIN M. Inventing imaginary worlds: From childhood play to adult creativity across the arts and sciences〔M〕. Lanham, MD: Rowman and Littlefield Publishers, 2014.

〔82〕 RUEDY E, NIRENBERG S. Where do I put the decimal point?: How to conquer math anxiety and increase your facility with numbers〔M〕. New York: Henry Holt and Company, 1990.

〔83〕 RUNCO M A. Creativity: Theories and themes: Research, development, and practice (2nd ed.)〔M〕. London: Elsevier Academic Press, 2014.

〔84〕 RUSS S W. Pretend play: Antecedent of adult creativity〔J〕. New Directions for Child and Adolescent Development, 2016(151).

［85］RYHAMMAR L, BROLIN C. Creativity research: Historical considerations and main lines of development［J］. Scandinavian Journal of Educational Research, 1999, 43(3).

［86］SAMUELSSON I P, CARLSSON M A. The playing learning child: Towards a pedagogy of early childhood［J］. Scandinavian Journal of Educational Research, 2008, 52(6).

［87］SCHUTTE N S, MALOUFF J M. A meta-analysis of the relationship between curiosity and creativity［J］. The Journal of Creative Behavior, 2019, 54(4).

［88］SEFTON-GREEN J, THOMSON P, BRESLER L, et al. The Routledge international handbook of creative learning［M］. New York: Routledge, 2011.

［89］SELIGMAN M, CSIKSZENTMIHALYI M. Positive psychology: An introduction［J］. American Psychologist, 2000, 55(1).

［90］SHARP K. Developing young children's creativity: what can we learn from research?［J］. Topic, 2004(32).

［91］ŠIMLEŠA M, GUEGAN J, BLANCHARD E, et al. The flow engine framework: A cognitive model of optimal human experience［J］. Europe's Journal of Psychology, 2018, 14(1).

［92］SINGER D G, SINGER J L. The house of make-believe: Children's play and the developing imagination［M］. Cambridge, MA: Harvard University Press, 1992.

［93］STERNBERG R J. Creativity is a decision［M］//COSTA A L. Teaching for intelligence II. New York: Skylight Training and Publishing Inc, 2000.

［94］STERNBERG R J. Enhancing people's creativity［M］//KAUFMAN J C, STERNBERG R J. The Cambridge handbook of creativity (second edition). New York: Cambridge University Press, 2019.

［95］STERNBERG R, LUBART T. An investment theory of creativity and its development ［J］. Human Development, 1991, 34(1).

［96］STERNBERG R J. A triangular theory of creativity［J］. Psychology of Aesthetics, Creativity, and the Arts, 2018, 12(1).

［97］STERNBERG R J. The nature of creativity［J］. Creativity Research Journal, 2006, 18(1).

［98］TABA H. Curriculum development: Theory and practice［M］. New York: Harcourt College Pub, 1962.

［99］TOBIN J T, WU D Y H, DAVIDSON D H. Preschool in three cultures: Japan, China, and the United States［M］. New Haven and London: Yale University Press,1989.

［100］TOBIN J, HAYASHI A, ZHANG J. Approaches to promoting creativity in Chinese, Japanese, and US preschools［M］//SEFTON-GREEN J, THOMSON P, BRESLER L, et al. The Routledge international handbook of creative learning. New York: Routledge, 2011.

［101］VAN VLEET M, FEENEY B C. Young at heart: A perspective for advancing research on play in adulthood ［J］. Perspectives on Psychological Science, 2015, 10(5).

［102］VYGOTSKY L S. Imagination and creativity in childhood ［J］. Journal of Russian & East European Psychology, 2004, 42(1).

［103］WEINER R. Creativity and beyond: Culture, values, and change ［M］. New York: State University of New York Press, 2000.

［104］WEISBERG R W. Creativity: Genius and other myths ［M］. New York: Freeman and Company, 1986.

［105］WELLING H. Four mental operations in creative cognition: The importance of abstraction ［J］. Creativity Research Journal, 2007, 19(2–3).

［106］YUE X D, RUDOWICZ E. Perception of the most creative Chinese by undergraduates in Bejing, Guangzhou, Hong Kong, ang Taipei ［J］. The Journal of Creative Behavior, 2002, 36(2).

［107］ZHA P, WALCZYK J J, GRIFFITH-ROSS D A, et al. The impact of culture and individualism-collectivism on the creative potential and achievement of American and Chinese adults ［J］. Creativity Research Journal, 2016, 18(3).

［108］ZHU J, ZHANG J. Contemporary trends and developments in early childhood education in China ［J］. Early Years, 2008, 28(2).

后　记

　　本研究是对中国幼儿园创造性教育持久思考的一个阶段性总结。漫漫研究路途中，能以成书作为学术生涯中的一个研究成果，也是因为有幸得到诸多老师的帮助。

　　首先，本研究得到了我的两位恩师朱家雄教授、Joseph Tobin 教授的极大启发，他们长期强调学前教育的文化适宜性，并且认为中国学前教育有着促进幼儿创造性发展的自我经验，这直接引发了我对创造性教育和教育人类学视角的关注。非常感谢他们在研究方向和研究方法上对本研究的引领以及对我的长期支持。在研究过程中，Tobin 教授和我的日本同学、日本庆应义塾大学副教授 Akiko Hayashi 博士从不同文化比较的视野给予我很多启发，这些"文化局外人"的看法帮助我意识到中国文化的特有元素和中国幼儿园创造性教育的特有经验。华爱华教授是我在幼儿游戏领域研究的引路人，她一直持续进行幼儿园游戏研究，并且关注游戏对幼儿创造性发展的促进作用，她的观点为本研究深入思考游戏对幼儿创造性的作用以及关注到更多国际学者、实践者关于中国幼儿园游戏的相关看法提供了很多支持和启发。我的同事李召存教授一直关注学前教育的文化适应性，也曾经对上海幼儿园教师关于幼儿园创造性教育的内隐观和实践情况进行了调研，非常感谢他毫无保留地为本研究提供了他在前期研究中积累的思考和资料。非常感谢美国孟菲斯大学薛烨教授、华东师范大学姜勇教授和黄瑾教授，他们长期关注社会文化和幼儿园教育的关系，为我的研究提供了诸多建议和支持。另外，在同事古秀蓉博士的引荐下，很有幸参与了卜玉华教授主持的国家社会科学基金重大课题"未来学校组织形态与制度重构的理论与实践研究"的课题组学习和研讨，课题组关于未来教育方向的研讨也促使我更加深刻地认识到，培育创造性和关注中国文化基础是未来教育的两个重要取向。课题组与国内外著名学者的对话也促动了本研究更多、更深刻的思考。古秀蓉博士长期关注儿童哲学的研究，她经常提及儿童哲学思考中的创造性，这为本研究提供了重要建议。

本研究得以完成，还必须感谢上海市教师教育学院（上海市教育委员会教学研究室）的周洪飞老师、徐则民老师、贺蓉老师和王菁老师的支持。正是她们的鼎力相助，我才有机会拥有与诸多幼儿园园长和教师直接对话的机会，才有机会收集到丰富的资料，也才能在与实践的碰撞中重新思考。也非常感谢各位幼儿园教师的支持，没有诸位老师毫无保留的交谈和资料提供，也不可能有本研究的顺利完成。

本书得以出版，非常感谢上海教育出版社编辑老师专业的支持、建议和辛苦的编辑工作。

感激系领导、同事和亲密伙伴们对我的关心、支持和帮助，让我能够有精力、时间和勇气来完成这本著作。我的家人在我日复一日投入研究和写作的过程中所给予的温暖支持和关爱，也是我的坚强后盾，本书得以出版，也有他们的功劳。

最后，恳请广大读者批评指正。

张　婕

2023 年 5 月

图书在版编目（CIP）数据

探寻适合中国社会文化的幼儿园创造性教育：基于
教育人类学的视角 / 张婕著. — 上海：上海教育出版
社，2023.12
ISBN 978-7-5720-2355-2

Ⅰ.①探… Ⅱ.①张… Ⅲ.①创造教育 – 教学研究 –
学前教育 Ⅳ.①G610

中国国家版本馆CIP数据核字(2023)第213074号

策　　划　时　莉
责任编辑　钱　吉
封面设计　赖玟伊

探寻适合中国社会文化的幼儿园创造性教育
——基于教育人类学的视角
张　婕　著

出版发行　上海教育出版社有限公司
官　　网　www.seph.com.cn
地　　址　上海市闵行区号景路159弄C座
邮　　编　201101
印　　刷　上海龙腾印务有限公司
开　　本　700×1000　1/16　印张 15.25
字　　数　215 千字
版　　次　2023年12月第1版
印　　次　2023年12月第1次印刷
书　　号　ISBN 978-7-5720-2355-2/G·2084
定　　价　88.00 元

如发现质量问题，读者可向本社调换　电话：021-64373213